POR QUÉ SPAIN

西班牙冷知识 第二版

大米良 编著

U0797909

東華大學出版社·上海

图书在版编目（CIP）数据

西班牙冷知识：西、汉 / 大米良编著 . —2 版 .—上海：东华大学出版社，2020.1

ISBN 978-7-5669-1681-5

I. ①西… II. ①大… III. ①西班牙—概况—西、汉 IV. ① K955.1

中国版本图书馆 CIP 数据核字（2020）第 001182 号

西班牙冷知识
POR QUÉ SPAIN

大米良　编著

责任编辑　沈　衡
书籍设计　903 工作室

东华大学出版社
上海市延安西路 1882 号，200051
网址：http://dhupress.dhu.edu.cn
淘宝店：http://dhupress.taobao.com
天猫旗舰店：http://dhdx.tmall.com
营销中心：021-62193056　62373056　62379558
投稿信箱：83808989@qq.com
常熟大宏印刷有限公司印刷

开本 890 mm × 1240 mm　1/32　印张 9.5　字数 382,000　印数 0001- 3000 册
2020 年 1 月第 2 版　2020 年 1 月第 1 次印刷

ISBN 978-7-5669-1681-5
定价：42.00 元

P 序

大米良

我在西班牙生活了 10 年，总是忙着追西班牙政治经济的热点，出的新闻写的评论，一两天就失去了阅读价值。2015 年，突然想写一些可以沉淀的内容，写一些 1 年、2 年甚至 10 年之后都还有阅读价值的内容。于是，就开了微信公众号：西班牙冷知识。

起初，公号的名字叫：西班牙秘术。本打算以自己风水术士的基础，来深入研究西班牙神学巫术等神秘学相关内容。写了几篇灵怪故事之后，发现读者把这些文章，当成纯粹的娱乐，并没有把这些故事背后的科普内容当真。灵怪内容本身，缺少阅读和传播的价值。分享术法，还不如直接放飞想象，编一个惊天地泣鬼神的仙灵故事。于是我把公号的名字改为：西班牙冷知识，从写鬼神，调整为写西班牙的民俗和文化。

西班牙人见面要亲两下，这个习惯是怎么来的？应该先亲左脸还是右脸？西班牙人生活中有哪些迷信禁忌？这些禁忌背后反映了西班牙人什么样的生活态度？Gilipollas 这个西班牙语高频骂人词汇，最早其实是指两个未婚的大家闺秀；“求婚”的西语表达是 Pedir la mano，大家都误以为这个 mano（手）是新娘的手，真相却是另外一个滑稽的场面……在这些西班牙人生活中司空见惯的习惯、概念和俗语后面，都有一段有趣的历史。挖掘日常生活中的历史，讲一个有趣的故事，就成了现在“西班牙冷知识”在内容上的主要定位。

我是纸媒方向的新闻专业生，不是西语科班生。马德里康普新闻官硕毕业后，我一直浸泡在媒体中，经历了纸媒衰落和新媒体兴起的转型期。阅读，是人类精神世界的刚需，内容，决定了阅读的价值。新媒体降低了内容写作和传播的门槛，人们的阅读习惯和偏好也今非昔比。作为传统媒体人，动笔之前总会思考这篇推送的阅读价值在哪里？是否有干货？在阅读的知识性和娱乐性之间，我选择了知识性。我一直在努力地让这些枯燥的“干货”变得好玩有意思。我努力提高自己的幽默感，用一种轻松的方式去解读一个枯燥的概念。毕竟，写一篇有人读得懂且愿意读的内容，才能实现内容传播的目的。如果我说“西班牙历史上的菲利佩五世，是波旁王族在西班牙第一个国王。他的继位引发了西班牙王位争夺战”这段历史很重要，但我这样说，你或许转头就忘了。但如果我说：

菲利佩五世总是幻想自己是一只青蛙，还一直不换内裤。或许这两个点，与西班牙的历史发展毫无关系，但却是好玩的记忆点。无论是哈布斯堡王族还是王位争夺战，就有了一个记忆的基点。从这些基点出发，构建起来的知识体系更利于传播。

关于西班牙的干货，自然无法回避西班牙的历史和艺术。我在内容输出的同时，收获了一批科普大神朋友。在这些术业有专攻的大神面前，我照见了自己的浅薄。我把公号的内容介绍“西班牙野史民俗考据咖”偷偷地改成“大米良的学习笔记”。认真考据，是一种踏实的态度，但我还不足以成为一个“大咖”。我不是西班牙历史、艺术和建筑的专家，远未登堂入室，我只是阅读量比较大而已。我所做的，就是攫取零散的相关信息，整理成一篇好玩的内容。每写一篇推送，我对西班牙的了解就更为深入。与其说是科普，不如说是和大家分享我的学习笔记。

边学习，边输出，这应该是新闻专业生的优势吧。两年的时间，写了近 400 篇内容。这两年，真的要感谢那些专业的科普大神对我不离不弃。关于西班牙的历史和艺术，我一直抱着豆瓣大神 Iris de Mayo 伊神的大腿。

当我说：幻想自己是只青蛙且不换内裤的菲利佩五世，是现在西班牙国王菲利佩六世的爷爷的爷爷。用“爷爷的爷爷”这个含糊的概念来表示两者间的亲属关系时，伊神会非常清晰地理顺两者的关系，告诉我：菲利佩五世，是菲利佩六世爷爷的爷爷的外公的爷爷的爸爸。在严谨的科普大神面前，我只能献上膝盖。

除了伊神（胡蔚），内容写作上要特别感谢冷知识群里一直为我补充西班牙战争史知识的和泉守（施江龙）；为大家补充南美历史的历史哥（安梁）；为大家分析地缘政治经济的 Santi 老师（王子刚）；为我补充美食知识的大葱妹碰碰（彭矞芃）和土豪婆（叶菁）；还有西语精读文法分析的最燃老师（邓兰），帮助我把内容做得更有趣、幽默只服他的犬老师（田宏正）和抛图侠曾阿牛（王鹏）。还要感谢在西班牙冷知识开设初期，给我打气的大白羊（项迎玮）、蛇姐姐（姚天慧），以及诚心替我推介的小羊（杨明杰）。最后感谢默默为我挑同音错别字依然没有挑干净的四磕唐品（唐基秀、唐明治、唐武杰、唐咸荣）。

一直以来，我都本着学习西班牙民俗历史的态度来写内容，沉淀自己的同时分享给大家。两年前某个深夜，出版社的沈衡问我是否有意愿结册出版。我们挑选了 87 篇文章，分成常识篇、词源篇、历史篇、节日篇、城市篇、美食篇，集结成第一本《西班牙冷知识》。当第一版出现在学校图书馆，出现在书店书架上，都有小伙伴拍了照片发给大米良。非常感谢这些小伙伴们的支持！现在要出第二版了！除了修正第一版中的一些错误，还增加了新的篇幅。希望《西班牙冷知识》能够成为了解一个活色生香的西班牙的窗口，也希望可以成为西语专业学生的文化补充读物。

2019 年 11 月

巴塞罗那

目录

常识篇

词源篇

历史篇

节日篇

城市篇

常识篇

1.1 西班牙人见面要亲亲！先左还是先右？用嘴还不用嘴？

西班牙人见面要来个贴面礼，两个 Besitos，要亲亲！

对于见面亲亲、告别亲亲这回事，在许多国家都有。正式解析西班牙人的两个 Besitos 之前，咱们来看看世界上的奇葩 Besitos。

亲亲，是人的自然反应。古希腊人，嘴对嘴亲，只限于父子和非常亲密的朋友。柏拉图就非常喜欢和不同的男性亲嘴。亲多了，就有了柏拉图式精神恋爱了！ 大家懂的。

古罗马时期，公开场合的亲亲，只是大人对小孩，尤其是女性对小孩。不仅亲脸蛋，还要亲额头、亲小肚子、亲脚丫子，全套亲下来才够亲昵。

古凯尔特人认为亲吻是有魔力的。直接舌吻的魔力，我们都知道——会引起远程器官的增值反应。古凯尔特人认为人的嘴唇，是人的感情和精神最敏感有效的出入口。与大地亲吻，可以直接从大地汲取能量。古凯尔特人特别喜欢用嘴唇去亲东西，许多关于凯尔特人的电影中，动不动就亲吻大地、亲吻大树，还要亲吻自己的宝剑。真相只有一个：从被亲吻的物体中获取能量！

凯尔特人亲吻土地是为了获取大地的能量。天主教徒的亲吻，比如亲教皇的戒指，甚至亲吻教皇的鞋子和脚下的土地，是虔诚和敬重的表现。

中世纪的时候，骑士是不能乱亲女士的，尤其是意大利的骑士。如果忍不住亲了一个黄花大闺女，这位姑娘就“破处”了，一辈子都要跟着这名骑士！难怪大家闺秀的父母，都不敢让女儿轻易见男人。

古波斯男人之间，只要是地位相当，打招呼就是嘴对嘴。对地位比自己低下的人，只是亲亲脸蛋，不亲嘴。

古代的英国，受邀做客，要亲主人，主人老婆，主人孩子，还要亲主人的狗狗和猫咪！

在古苏格兰，亲嘴就更有意思了。在婚礼最后，老爸要嘴对嘴亲自己的女儿。在晚宴狂欢上，娘家的男人要排成一圈，围着新娘。新娘要一个挨一个地亲遍所有娘家男人的嘴。作为回报，男人们要给新娘一点钱！拿亲嘴换钱，估计老公也不会介意的吧。

亲嘴发展到现代，在大部分国家就变成了爱人和亲人特供。除了你家的猫猫狗狗，你的嘴，不是谁都可以亲的。

不亲嘴，但可以亲脸呀。欧洲许多国家见面、道别都有亲脸、贴脸的习惯。那么，到底是亲几下呢？先左还是先右呢？

大部分英国和德国人，只有家人见面才亲一下的。但诺曼底人见面，无论是家人还是朋友，要亲四下！左边：Muak，Muak，右边 Muak，Muak。

俄罗斯有的地区，见面要亲六下。男人见面不仅亲脸蛋，还要直接嘴对嘴亲亲。

比利时人、荷兰人和法国人，见面要亲三下，从右脸开始亲。据说在荷兰的某些地方，熟悉的男性女性朋友之间，要嘴对嘴亲一下。

西班牙和意大利是亲两下，左右各一下。意大利和西班牙的两个 Besitos，先左还是先右也是有讲究的。

根据两国贵族圈最严谨的礼仪要求，西班牙的两个 Besitos 的原则是先献出自己的右脸。意大利则相反，先给出自己的左脸。

再考究一点，意大利人亲亲，只是贴贴脸，一般不用嘴的。西班牙人亲亲，是贴脸还是用嘴亲脸，也是有区别的。

西班牙人的亲亲，有特殊的历史含义。除了普通人之间的亲亲问候，有一种亲亲是表示战友之情。

大工业时代，公共场合亲吻被认为是有伤风化，要亲，只能回家亲。西班牙在 19 世纪 60 年代也是不允许公开亲亲——有伤风化！

在西班牙内战（1936-1939）前后，亲脸颊是被严令禁止的。为啥？

因为亲脸颊是共和党人的暗号。见面来个贴面礼，说明我们都是同志。比“天王盖地虎”这种对暗号要省事得多呀！两个男人在出生入死之后，会直接嘴对嘴亲亲。那是莫逆生死之交！

这个极富政治含义的亲吻，源自 1968 年法国的五月革命。学生组织反对戴高乐政府，得到了左翼联盟的支持。在那场声势浩大的运动中，就产生了“是同志就要亲亲”的典故。

大米良最讨厌的“和着俺们更能”党（Podemos）的小辫子党魁 Pablo Iglesia，曾经在国会上放肆地嘴对嘴亲了 Xavier Domènech。因为后者的发言直击政敌的痛处。在全国直播的国会现场，两个男人嘴对嘴搞基，这不是情到深处，更不是激动得唯有以舌吻来表达，而是有政治含义的——向共和民主致敬！

小辫子嘴对嘴亲 Xavier，就是宣示他们左翼造反到底的身份，是向历史上的左翼分子致敬。同志之间贴面礼，生死战友嘴亲嘴，这也就是西班牙内战期间共和党人的暗号。现在小辫子用这种方式来唤醒大家对历史的记忆，表明自己的政治态度。

撇开政治因素，大米良现在就认真地科普一下西班牙人两个 Besitos 的正确打开方式。

1. 家人之间，无论对方是男是女，都是两个 Besitos。只是贴贴脸表示关系一般，要表示喜欢很亲昵，则要用嘴唇亲吻对方的脸蛋。一般情况，年长者亲吻小朋友的脸蛋。当父母老了，成年子女用嘴唇亲吻父母的脸蛋。

2. 兄弟之间，也是两个 Besitos。一般是贴贴脸蛋，不用嘴巴亲脸蛋。亲完之后，再单手抱抱，感受一下对方的胸肌或者大肚子，用手在后背拍一到两下。

3. 不是亲属关系的，对任何女士，都是贴脸蛋的，而不是握手。当然，现在好多西班牙女士，也理解东方人不喜欢被亲亲，尊重咱们中国人的习惯，主动伸出手。不过呢，为了表示我们尊重西班牙人的习惯，我们可以直接上去给两个 Besitos。

4. 关系一般的人，用脸颊贴两下，就算礼仪到位了，用嘴亲，反而有点过了。关系好的，则要出点声音：Muak，Muak！自带音效，是表示你的热情，认可你们之间的亲密关系。

最后，除了家人和非常亲密的朋友，男人和男人之间熊抱一下就够了，是不用给两个 Besitos 的。只有一种情况例外：同志之间见面时，会互相 Besitos 一下，因为都是“姐妹”嘛！

根据西班牙约定俗成的礼仪，女士是要和所有人行左右贴面礼的，男人之间则握手或者熊抱。同志之间，姐妹相称，自然要行亲亲贴面礼啦。

所以，当你见到一个西班牙小 G，如果你主动去 Besitos，表示你也是同道中人。如果你只是伸出手，对方就会知道，你是直的。这点，对自己菊花的自然绽放很重要呀！

1.2 只差个 A，好胃口变去尿尿！餐前祝福该用哪个词？

不是所有西班牙人都能正确使用西班牙语！很多短语，西班牙人自己都不知道来源，甚至一直在错误使用。比如 Buen provecho（好胃口）

在有文化的西班牙人眼里，那些把“Buen provecho”当作是“好胃口” 的人，是没文化的表现！

正确的餐前礼仪表达是：¡Que aproveche!

Buen provecho 是错误的！

那为什么还有人用 Buen provecho？而且很多西班牙人都认为是祝好胃口的意思！

Provecho 的原始意义是：打嗝。

婴儿喝母乳之后，总会打嗝，有时还伴随着呕吐。婴儿的这个动作就是 Provecho。如果用 Buen provecho，意思就是“好好打嗝呕吐”。对于欧洲人来说，别说打嗝了，就是吃饭张开嘴咀嚼，或者发出声音都是没有教养的。说 Buen provecho 绝对是不符合欧洲人的用餐礼仪。

但是这个用语的确存在呀！是从啥时候开始被误用的呢？是从摩尔人统治伊比利亚半岛的时候，也就是公元 9 到 15 世纪。

和日本人吃面一定要弄出响声一样，北非阿拉伯人吃完饭，只有大声打嗝，才算是对主人或者厨师的尊重。于是，半岛上的摩尔人，为了表示饭菜很美味，都会打嗝，而且会使劲的 Provecho。逐渐的，buen provecho（使劲打嗝）就成了赞美美味的一个方式。但这是在用餐后，而不是用餐前。

天主教双王将摩尔人赶出伊比利亚半岛之后，吃饭打嗝是失礼的行为，必须安安静静地吃！重新恢复了欧洲贵族的习惯。餐前礼仪是：Que Aproveche。

Aporvechar 是“利用”的意思，Que Aproveche 意思是：充分“利用”桌上的美食，好好享受美味，翻译成中文就是：请尽情享用！

如果要祝“好胃口”，应该是 Buen apetito。

有很多西班牙人依然把 Buen provecho 当成“好胃口”的意思来用，这个就像在中国人把“不可理喻”当成“不可思议”来用一样，你会侧目吗？

所以捏，用餐之前，你可以 Buen apetito，可以 Que aproveche，但是千万别 Buen Porvecho！

当然，如果有人说你用错了，你可以说：我是沿袭摩尔人的习俗！这样，你就成功逆袭变身历史考据咖了！

最后补充一点：Buen provecho 在南美用的很多，每个国家的具体含义有所区别，比如在阿根廷，用餐时要站起来去尿尿或者便便，就会说“Buen provecho”，在西班牙则要用“Disculpa（抱歉）”。

1.3 为什么在西班牙问人收入是没教养？工资 Salario 为啥是咸的？

工资叫 Salario，和英语的 Salary 是同一个词源。

Salario，从词源上看，和 Sal（盐）有很大的关系——不仅工资和盐的关系很大，Salud（健康）也和盐有关系。

Salario 来自古拉丁语 salarium, 意思是 pago de sal（用盐支付）。古希腊罗马时期，盐是很重要的物资，不仅要用来腌制鱼肉贮藏食物，还有医用价值——身体缺盐可是会致命的。所以，在古罗马时期，很多贵族用“盐”来支付佣人或者工人工资。

在古埃及，也有用盐来支付工钱的历史，甚至用黄金做秤砣来称量盐的重量。

西班牙人在说收入工资时，通常使用两个词：Salario 和 Sueldo。你要问西班牙人，他们也不会觉得有啥区别。

好，大米良今天就让大家比西班牙人更了解西班牙语。

拿一张西语的工资单，你会看到工资单上有各种名目：sueldo（底薪），horas extras（加班工资），salario vacacional（度假补贴），compensaciones（补偿金），etc... 所有这些项目加起来，就是一个人的 Salario。所以，Salario 准确的翻译是：收入，而 Sueldo 则是底薪，或者一般西班牙人说的工资。

再深入考据一下，Salario 和 Sueldo 在早期是有明显的贵贱之分。

在 19 世纪 60 年代之前，从事脑力劳动的人，比如律师、银行职员、办公室职员，他们的收入叫做 Sueldo。而体力劳动者，比如建筑工人、管道工人、出租车司机，他们的收入叫 Salario。可以想象，当年拿着 MAC 在星巴克做 PPT 的人，一定是优雅地端起一杯咖啡，抱怨到：公司只给我的 Sueldo 涨了两倍，太少了！来星巴克修机器的人，只能想着自己少得可怜的 Salario 默默鄙视！

大米良要特别特别特别强调，在西班牙，问人家收入是非常非常非常没教养的！

这个习惯从啥时候开始的？从 19 世纪开始的。

大工业时代之后，社会财富分配产生了巨大的差异。靠工业、商业发家致富的新贵，和靠血统世袭的贵族之间，因为财富多少而出现了“身份”与“财富”自豪感的矛盾。传统贵族看不起暴发户，而暴发户认为贵族穷酸。在这样的社交背景下，老贵族们就忌讳谈钱，忌讳告诉别人其实自己并没多少钱。从那时起，问对方的财富和收入，就被认为是很失礼很没有教养的行为。

暴发户不会忌讳问贵族的家产财富，但老贵族们会认为这是对他们的羞辱。于是，老贵族就开始以不问对方收入和财富作为一个有教养的表现。

虽然这是老贵族为了保持自己骄傲而捏造出来的做法，但沿袭到今天，欧洲社会把不问对方收入作为一个有教养的行为准则！

在现在的欧洲社会，和欧洲人做朋友、谈恋爱，问人家工资多少？月入多少？赚多少？在欧洲，是很失礼没教养的，知道了不？

不问收入工资，这点，对中国大妈大叔们来说，有点忍不住哦！

1.4 西班牙人生活中的迷信禁忌

有人的地方，就有迷信，因为大家都希望走好运，不要倒霉！中国人有我们自己祈求好运和免遭厄运的小技巧。在西班牙人的生活中，同样有各种各样的禁忌和喜好。大米良，今天给大家来一个进阶版的西班牙生活的迷信禁忌喜好。

1. 四叶幸运草的由来　un trébol de cuatro hojas

幸运草一般都是三片叶子，如果能找到四片叶子的幸运草，那就能带来好运。

四叶幸运草有什么特别之处呢?

古凯尔特人说："透过四叶草可以看到魔鬼。"

天主教徒说："夏娃被驱逐出伊甸园时，偷偷带了一棵伊甸园的四叶草。人间的幸运草都是三叶的，只有四叶草才真正拥有来自伊甸园的神力。"

2. 破碎的镜子　Romper un espejo

一旦镜子破碎，必定会带来 7 年灾祸！

西班牙人对镜子非常迷信，坊间流传着各种关于镜子的传说，尤其是关于巫师巫婆如何利用镜子施术的故事特别多。

对普通西班牙人来说，镜子是脆弱的，他会真实地映照出你的状况。一旦镜子突然破裂，那是镜子在提醒你：你要倒霉了！而且要倒霉 7 年！

为啥是 7 年呢？因为西班牙人认为，人体全部更新一次的时间是 7 年。

严格来讲，不是镜子破裂会带来厄运，而是镜子碎了，提醒你已经厄运缠身了。

中国的玉碎，是玉为主人挡灾。西班牙的镜子碎了，只是镜子通过"自杀"的方式提醒你：主人，你要倒霉了，我先撤了！

3. 不要从梯子下经过 Pasar debajo de una escalera

从梯子下穿过，会带来厄运！

为啥呢？因为梯子搭起来之后，呈三角形！

很久远很久远以前，三角形被认为是邪恶且受到诅咒的象征。比如魔鬼的符号是两个三角形，巫师的许多法器也是三角形。

这个概念引申到生活中，从三角形里穿过，就会倒霉！比如说：梯子！

当然，这个说法是经不起推敲的。因为很多正能量的符号也是三角形，比如天主教中象征着圣父圣子圣灵的符号就是一个三角形。

关于从梯子底下穿过会带来厄运的说法，更正确的解释是：经常爬梯子的人杜撰出来的！爬梯子作业是件危险的事情，要是人们尤其是小孩，还在梯子底下穿来穿去，危险程度大大增加。于是，不知道哪位爬梯工人编造了这么个“从梯子底下穿过会带来厄运”的说法！

4. 盐瓶不能撒 Derramar la sal

盐的瓶子或罐子，绝对不能翻倒！一旦盐瓶子或盐罐子翻到，盐还洒出来了，那就会带来厄运！

这个说法，源自公元前的古凯尔特人。古凯尔特人认为：盐是纯洁而不会被玷污的。在古罗马人之前的那个时代，盐是男人和男人之间纯粹兄弟友谊的象征。当餐桌上的盐瓶倒了，里面的盐撒了出来，那象征着兄弟朋友的情谊岌岌可危了。

在远古时代，男人的友谊实际上是一个部落部族团结凝聚的核心力量。男人之间不团结，协同劳作能力还是战斗力都会被削弱！出于对部族繁荣发展的考虑，人们对象征着团结的盐瓶才那么敬畏！

盐从翻倒的盐瓶里撒出来，从男人的友谊破裂，发展到具有强烈感情色彩的“背叛”。后来，盐在生活中出现的频率越来越高，打翻盐瓶的几率也越来越高。“男人兄弟战友情谊的背叛”就被弱化成了适合在场所有人的“倒霉”。

在和讲究的现代西班牙人用餐时，在餐桌上递盐瓶，不可以直接把盐瓶交到对方手里，而是应该把盐瓶放在他的盘子附近。不然直接接手盐瓶的那个人会有厄运。

如果不小心接了对方那个马大哈递给你的盐瓶，那就立刻撒点盐在手上，再从肩膀处往后撒出去。

5. 深井投石愿望成真 Tirar monedas a un pozo o una fuente

欧洲许多热门旅游景点，会看到很多喷泉里有人投了无数硬币。夜深人静地时候，“喷泉环卫人员”大把大把地把硬币从池子里打捞出来充公！往水里投硬币的传统，最早源自伊比利亚半岛上的古迦太基人。

古迦太基人认为：深水潭拥有不可预知的魔力，可以满足个人愿望。向深不见底的水潭许愿后，往水潭里投一块石头。如果从水潭下冒了一个圆滚滚的水泡泡，那说明愿望被水潭里的女神听到了。如果没有冒泡，那愿望就白许了，根本不会实现。

后来，这个深水潭的功能被移植给了水井。再后来，有人嫁接给了人工喷泉。投石子，也被替换成“更虔诚更有诚意”的“投硬币”。

6. 新娘新婚百家服 El día de la boda, llevar algo prestado, algo nuevo, algo azul y algo viejo

传统的西班牙人在结婚时，婚礼当天新娘要佩戴4样东西：

algo viejo, algo nuevo, algo prestado y algo azul 旧的东西、新的东西、借来的东西和蓝色的东西。

旧的东西象征爱情永不变质地延续下去；新的东西象征着未来的美好；借来的东西象征着有贵人相助；而蓝色的东西，则是“纯粹”“纯洁”的象征。

这个传统不知道从啥时候开始的。大米良很诧异这种习俗的。毕竟，前面三样东西是可以随意解读的。比如，algo viejo，tambien es algo de segundamano，旧的东西，也可以解读为用过的、二手的东西呀。

关于西班牙人结婚的忌讳，在没有结婚意愿的时候，不要随意试穿婚纱，那样会搅乱自己的姻缘。因为你在试穿别人的婚纱，属于你的婚纱，只有在你被求婚之后才会出现！

结婚当日下雨的话，新娘婚后也会因各种事情哭哭啼啼！

7. 掉睫毛会被魔鬼盯上 Una pestaña caída

这也是一个无从考据来源的迷信。传说，魔鬼喜欢收集睫毛！一旦发现自己有根睫毛掉了，就要小心魔鬼盯上你。

这个时候，千万要镇定，不要忙乱。

西班牙人的传统处理方法是：将掉落的睫毛放在手背，从肩膀上，把睫毛挥走。或者，把睫毛放在鼻尖，使劲吹口气把睫毛吹掉。

8. 床脚直对门口 Poner la cama con los pies hacia la puerta

中国风水上讲究卧室的床不要直冲窗户或大门。西班牙人也觉得不能这样摆。尤其是床尾不能直接对着大门。

为啥呢?

因为在西班牙，抬死人出门的时候，总是双脚先出。床尾对着大门，就是死人的睡法。

在西班牙的中世纪，大家都是半躺着睡觉的。因为只有死人才是直挺挺的全身躺下去的。这也是为什么，我们看到西班牙中世纪的床榻那么短小的原因。

9. 面包反着放是诅咒 Colocar el pan boca abajo en la mesa

面包是西班牙人佐餐最常见的食物。一个法棍面包，朝上的部分是龇牙咧嘴的，朝下的部分相对齐整。面包你可以随便切、随便撕，但是千万不要把面包反着放。

为啥呢?

因为面包象征着受难基督的身体。你把基督的身体都翻过来了，太失礼了吧。

如果你是给人家递一块面包过去，放在桌子上的时候，千万记得！反着把面包放人家盘子里，那些虔诚且敏感的人，会认为你在诅咒他。

记住：面包可以撕、可以切，就是不能翻面被侮辱。

10. 帽子扣床上 Poner un sombrero sobre la cama

西班牙和意大利很多地方，都很忌讳把帽子直接扣在床上。不仅会降低人的智慧，还会引发各种灾难。

为啥呢?

因为帽子被看做人的大脑。床是休息、忘记一切、与现实世界暂时隔绝的地方。把脑子放在与世隔绝的地方，容易导致经常“大脑一片空白”“脑子越来越迟钝”“缺少灵感”等等恶果。

另外一个相反的说法是：我们的奇思妙想、胡思乱想都在我们的大脑里。整天和大脑为伴的帽子，多多少少沾染了各种不安分的念头。放在床上，会把这些胡思乱想放大，变成噩梦影响睡眠。

西班牙人的生活中还有很多迷信：

敲木头可以避免厄运。

剪刀用完要收好，不要开着剪刀叉放桌上！

每天醒来，不要先动左脚，而是要先动右脚！

西芹是会带来好运的植物。

家里的扫把要倒着放，不要正放。

一根火柴不要连续点三支烟。

搬新家不要把旧的扫把带进去！

扫地拖地千万不要碰到单身女性或者寡妇的脚。

门后挂个马蹄铁可以辟邪！

1.5 历史乌龙，对打喷嚏的人说 Salud 其实不是关心

说到打喷嚏，中西习惯真的很不一样。在西班牙，看到人家打喷嚏了，还要礼貌地说一句：Salud 或者 Jesús。经常看到板鸭人打喷嚏时，会努力忍着不出声，看着都觉得肺疼。咱们中国人打喷嚏，必须用尽全身气力，惊天动地地来那么一嗓子，才感觉浑身舒畅！咱们这种动静巨大的喷嚏，在西班牙是非常失礼的。打完喷嚏，向在场的人道完歉，在场的人还会给你来一句：Salud 或者 Jesús。

为啥要说 Salud 或者 Jesús 呢？大米良今天就给大家讲一讲这个两千年前就有的习惯。

打喷嚏之后那一瞬，会感觉全身松弛疲软。两千年前的古罗马人被认为此时是人体能量最虚弱的时候，邪灵或者瘟神会乘机附身。也有古罗马人认为打喷嚏，是邪神在体内发作。

为了对“被附身”打喷嚏的人表示关心，古罗马人会说：Que Júpiter te conserve! 或者 Zeus te salve。Júpiter（朱庇特），是罗马神话的最高神。Zeus（宙斯），是古希腊神话的最高神。这句话的基本意思就是：愿宙斯保佑你！

到了天主教统治欧洲的时代，打喷嚏就被赋予了更多的含义，尤其经历了各种大灾难之后。打喷嚏，被认为是瘟神和魔鬼在活动。

天主教里没有宙斯，但打喷嚏这种事情，又不能去烦劳上帝，人们就祈求耶稣保佑。于是，从最早古罗马人祈求 Zeus 保佑，演变成了祈求 Jesús 保佑。之前罗马人说的 Salve，就变成了 Salud。

Salve 和 Salud，虽然发音相似，但意思差别还是蛮大的。这里有一个文化的转变。

古罗马人说 Salve 是祈愿神来保佑你。到了天主教统治的中世纪，各种奇奇怪怪的病痛折磨着人们，打喷嚏这种“被魔鬼附身”的行为，会引起所有人的嫌弃和惶恐。

在那个黑死病肆虐的年代，人人自危，自求多福。于是，当一个人打喷嚏之后，人们都会说一句 Jesús 或者 Salud，但并不是对打喷嚏的人说的，而是对自己说的。基本意思就是：“耶稣啊，保佑我不要被他传染！”或者说：“主啊，保佑我一个健康的身体，不要被传染啊！”当然，说的时候必须轻轻地说。自己打了喷嚏，可能会传染给别人，

可能会给其他人带来疾病，非常内疚。为了求得心理安慰，就得补一句：对不起！

中世纪欧洲人说 Salud 时，是为了不让自己被喷嚏带出的魔鬼附身。叫耶稣，也是求耶稣保佑自己不被病魔骚扰。这个才是真相！

所以，当有人打喷嚏时说 Salud 或者 Jesús 时，真正的含义不是关心对方，而是关心自己！

当然，时代在变化，到了 19 世纪，欧洲人更愿意相信这是一种善意的关心。

当有人打了个喷嚏，你要及时说：Jesús 或者 Salud！对方会感激地回一声："Gracias"（谢谢）。

英语中，见人打喷嚏会说：Bless you！这个说法都是后来演变的。工业文明，"美化"了中世纪的粗鲁和自危。

欧洲人是忌讳大声打喷嚏的，自己打了喷嚏，还要向周围的人道歉！那种宁愿憋出内伤，也不大声打喷嚏的做法，实在是西班牙生活的痛苦之一！

1.6 餐巾这样用就丢脸了！没发明餐巾之前，欧洲贵族拿啥擦嘴？

大发明家达芬奇发明了无数叹为观止的东西，但大家可能不知道，我们常用的餐巾，也是达芬奇发明的。

注意，是餐巾，不是餐巾纸！

餐巾不就是一块拿来擦嘴的抹布吗？这还需要发明？

是的，在达芬奇发明餐巾之前，欧洲贵族们吃饭时，用来擦嘴擦手的东西你绝对想不到。

大米良还是从最早的古罗马开始讲起吧。

在古罗马时期，奥古斯都大帝之前，食物都是直接铺陈在桌子上的。从奥古斯都大帝后期开始，开始会在桌子上铺上一块有镶边的亚麻桌布。贵族们用餐，会自备一条方巾，类似于现在感冒了用来擤鼻涕的小方巾。但是，这块小方巾是自带的，不是主人准备的。古罗马时期的西班牙贵族，自然也是会优雅地使用鼻涕方巾擦嘴。

古罗马使用方巾的习惯，到西哥特人和中世纪的天主教贵族那里就完全被无视了。到了达芬奇那个时代，贵族们的用餐习惯非常不卫生。

在达芬奇那个时代，贵族们就餐的餐桌，通常会铺上一块大大的桌布，桌布垂落在四周。就餐的时候，座位上垂落的桌布就是餐巾了。

达芬奇的主要资助者：卢多维科·斯福尔扎公爵（Ludovico Sforza），经常邀请达芬奇和贵族们一起吃晚饭。有身份有地位讲究的贵族，在吃饭的时候，会在椅子底下栓上一只毛茸茸的可爱小兔子。这只兔子，就是用来擦手的！

达芬奇在他的日记里写道："卢多维科公爵大宴宾客时，喜欢拿座位底下的小兔子来擦拭自己油腻的双手，毫不顾忌地撩起桌布擦拭使用过的刀叉。相邻坐着的两个人，使用同一个区域的桌布擦拭的（多余）刀叉。"

上升星座是处女座的达芬奇，在擦拭自己刀叉时，都小心翼翼地找一块干净的地方，不要和人家吃过的食物残渣混在一起。

当然，也有比较 Fino 比较 Pijo 真的讲究的贵族，比如 Beatriz 夫人。她就拿自己的白色手套来擦拭用过的刀叉。Beatriz 夫人吃一顿饭就要换上三幅手套。她认为其他人也应该像她一样——卫生用餐。

达芬奇为了解决卫生用餐问题，就把大块的浴巾，剪成小块，并进行了精心的裁剪和刺绣。

达芬奇的构想是：这块餐巾不能直接放在桌子上，而是铺在腿上，这样擦拭脏手和刀叉之后的污渍不会被其他客人看到，因此餐巾必须比普通手帕大许多。做餐巾的布料必须是不透油的，不会因为油腻渗透而弄脏了裤子。所以，餐巾都是两层的。至今，上档次的餐厅所用的餐巾，至少是两层的。当然，现在布艺科技先进，一层也有不透油的。

1491 年发明餐巾之后，达芬奇在卢多维科公爵的大型宴会上，正式推出他这一发明。

客人入座后，并不知道怎么使用这块布。有的人拿来当手帕擤鼻涕；有的人拿起来垫在椅子上；有的人则因为看着精致，塞进包里，准备拿来包裹首饰。

达芬奇在那场宴会中正式推向贵族们介绍了“餐巾”的使用规则。后来的故事我们都知道了。从 17 世纪开始，整个欧洲无论贫贱，都开始使用餐巾了。

西餐就餐礼仪，沿袭了达芬奇老爷爷的设计理念，餐巾的正确使用方法是铺在大腿上，而不是把一个角压在盘子下让餐巾垂下来。把餐巾一角压在盘子下的习惯，似乎在西班牙某些地区的华人圈里非常流行。

用餐完毕后，不要把餐巾四四方方整整齐齐地折叠起来。因为四四方方规规矩矩折叠起来的餐巾，油渣都被折在里面，在回收清洗时，清洁工还要把它展开。使用过的餐巾，不要对折，直接散放在餐桌上才是正确的。

最后，大米良要和大家分享一个西班牙朋友的吐槽。

现代社会和家庭，餐巾纸代替了餐巾。对西班牙人来说，餐巾纸是用来擦嘴的，而圈筒纸则是用来擦屁股的。当一个西班牙人看到中国人习惯性地在餐桌上放一卷筒纸，会觉得难以接受，特别恶心反胃。

1.7 西班牙午睡 Siesta 是从中国学来的？圣本笃表示很生气！

都说中国和西班牙在生活习惯上非常相似。最被人津津乐道的是西班牙人爱午睡，甚至把睡午觉当成西班牙特色！

Siesta（午睡）！你们中国人也睡午觉的呀？！

对呀！有啥好奇怪的！很多中国人都有夏天睡午觉的习惯！

西班牙人的午睡，和中国人的午睡，有历史渊源吗？

大米良可以非常负责任的告诉你：完全没有！

不是五千年中华文明不够灿烂，西班牙人的午睡习惯真的和中国没有半分钱关系！

中国人睡午觉，完全是因为太热，睡会儿继续干活！

西班牙人睡午觉，是因为正午了，睡一会儿好继续祷告！嗯，祷告！

是的，西班牙人睡午觉的行为，是从天主教教规中演化出来的！

追根溯源，西班牙睡午觉这个习惯源自 6 世纪的意大利！

Siesta 这个词，来自 sexta hora（第六个小时）。这第六个小时，是古罗马计时法中的正午！

古罗马用日冕计时，每一天始终都以日出日落为基准。日出，是第一个小时的开始，是白天的开始。从日出到日落，总共分为 12 个小时。第一小时，必定是日出那个时刻。sexta hora 第六个小时，必定是日照当空的正午！

晚上则没有分得那么细。日落到日出，总共分为四个时间段。大约是现代 2 个小时为一个时间段，类似于中国的“时辰”。从日落到日出，一共四个时辰。

Siesta 来自第六个小时 SEXTA HORA。这第六个小时要干嘛？

要保持安静，要平心静气，要修身养性！

于是，在第六个小时休息的做法，就衍生出了动词：sestear，或者 Guardar la siesta。再通俗一点，就变成了 Echar la siesta 了。

为啥第六个小时就要静心养性不要躁动呢？

这个规矩来自西方修道院制度的创立者：圣本笃（San Benito Abad）。

圣本笃出生在意大利。在罗马学习之后，开始进山灵修。灵修一段时间之后，和一群灵修的小伙伴组建了灵修团体。小团队影响力一点点扩大，最终修建了12座隐修院！

圣本笃依从圣经指引进行灵修，依然属于天主教范畴。在小有名气之后，圣本笃感化了许多异教徒，并把异教徒神庙改建成本笃修道院。

一起修行的小伙伴越来越多，为了让管理走上正轨，529年圣本笃编纂了本笃教规（Regla de los Benedistas）。

圣本笃教规非常严格。比如吃饭时不能说话；除了教会配给的生活物品，自己不能私藏辣条、薯片、手机、漫画书这样的私人物品。其中还包括在第六个小时的时候，也就是太阳最大的正午，大家要禁言保持安静。

圣本笃制定的教规，奠定了天主教制度的基础，并被广泛采用。

当圣本笃教规流传到西班牙，第六个小时要禁言守静的做法，在民间"非常受欢迎"。教士们禁言守静可以，你要天生就话痨的普通西班牙老百姓大中午的不说话，那就只能休息睡觉啦！不然大眼瞪小眼的，还只能手语交流，得憋死多少话痨呀！

逐渐的，这个"第六个小时"禁言守静的教会规矩，就演变成了民间的"别废话！睡觉觉"。

所以呢，西班牙的Siesta午觉，是假借教会规定之名，行偷懒睡觉之实！

西班牙人很不要脸地把睡午觉发挥到了极致。以至于到现在，Siesta都成为西班牙人津津乐道的文化符号！他们给这个国粹进行了演绎。

在诸多Siesta中，有Siesta del Carnero（公羊式午睡）！

这是啥午觉呢?

这是指在吃午饭之前小憩一会的午睡。大概就20分钟的样子！这种习惯，一般都来自牧羊人、赶牛倌、农夫这样的劳苦大众。干了一上午活，回到家，等吃饭的当口，小憩一会儿。

饭前午觉，还有很多种说法：siesta del borrego（乳羊式午睡）、del burro（蛮驴式午睡）、del gorrino（懒猪式午睡）、del perro（狗式午睡）。

各种动物式午睡中，都是指还没吃午饭，你就睡着了！

还有一种午觉，叫：siesta canóniga 或者 siesta del canónigo（祷告午觉）。

这种午觉是：在中午祷告时，小睡一会！

这种 siesta canóniga（祷告午觉），怎么看都像是祷告的时候不小心睡着了，就找了这么一个借口吧?

1.8 误用板鸭人姓名，赞美变骂人！姓和名怎么用才正确？

用西语信件往来，经常会面临如何称呼一个西班牙人的问题。是直呼其名，还是使用他的姓氏？

西班牙人的姓名，除了名字还有爸爸姓 + 妈妈姓。表示尊重这个问题，可以类比中文，原理是一样的。

王教授，李主管，老赵……为了表示尊重，通常也是使用西班牙人的姓氏，而不是名字！

西班牙人的姓氏有一些简单的使用规则，大米良今天就给大家科普一下常用的规则，太刁钻的个例，就不涉及了！

1. 介绍一个人：名 + 姓

在介绍一个西班牙人时，至少使用名 + 姓。大米良就曾经闹过笑话。

在一次项目陈述时，同组的小伙伴都是西班牙人，Manuel，Olga，Joaquin！我在 PPT 的首页，就只写了他们的名字，没有姓！

PPT 一放出来，就有同学开玩笑说："你这几个小伙伴都是从石头里蹦出来的吧，没爹没娘的！"

虽然是开玩笑，但非常说明问题。

每天都叫人家 Jose，满大街都是 Jose，为了表示区别，除非有一个共同的语境，大家都知道是哪个 Jose，否则，第一次提起，得使用名 + 姓！

去办公室找人，去聚会上找人，不要说"我找 Jose"，而要说"我找 Jose Perez"！

在正式场合，使用"名 + 姓"介绍对方，是一种尊重。

刚认识一个西班牙小伙伴，问她叫啥名时，她通常会说：Soy Elena! 如果只是一面之交，记住 Elena 就好！如果你想要进一步发展，那最好问：y apellido？ 记住"名字 + 第一个姓"，对方会感觉被尊重。

当然，Whatsapp 聊天，就别带着人家的姓，感觉好生疏。

在作自我介绍时，也要加上姓。比如我们有一个字母名，大米良就使用 Liang。我们会习惯说：Soy Liang。朋友之间可以随便点，第一次见面或者相对严肃的场合，应该是：Soy Mi Liang Da！

不带姓，就等于没爹没娘。

很多小伙伴也习惯，Soy Maria，Soy Manuel，比较地道的说法是：Soy Maria Chen，Soy Manuel Wang。

2. 姓名书写规则

书写一个人的姓名时，名和姓的首字母都要大写。比如 Jose Manuel Ortega Garcia。

有些姓氏是有前置词、介词、连词。比如：de，de los, de las, von, ibn...

这些位于姓氏当中的介词连词，虽然是一个单词，但统一小写！

比如：Fernando Ortega del Campo。

Ortega del Campo，是一个姓，del 小写。

又比如 Luis de Torres。

这是某些家族的独特用法，Luis 是名字，de Torres 是父亲的姓，是的，就是以 de 开始的！这种以“de XXX”开始的姓，如果不提及名字，直接就是“de XXX”时，这个“de”就要 D 大写，变成“De XXX”。这个“Luis de Torres”单提姓的时候，就是 Sr De Torres。或者 Don De Torres。

3. 西班牙人的姓氏规则

西班牙人穷讲究，姓氏里藏着这个家族的历史地位。许多姓氏，是有贵族渊源的。

一般情况下，西班牙人的名字结构是：名 + 父姓 + 母姓。比如 Juan Pérez Gómez。Pérez 父姓，Gómez 母姓。

但有时候会使用复姓，比如上面这个 Juan 的父亲，如果是个复姓：Pérez Gómez，又没有连接词连接，母亲的姓是 Gómez。这个时候，父姓的复姓就要用横杠，把所有单词连接起来。Juan Pérez-Gómez Gómez。这个情况下，Pérez-Gómez 是父姓，Gómez 是母姓。

如果复姓使用了 de，del 这样的连接词，那就不需要使用小横杠。为了区分父姓和母性，就会使用小写的“y”。

比如：

Ramón Gómez de la Serna y Puig

父姓：Gómez de la Serna

母姓：Puig

Álvaro Pombo y García de los Ríos

父姓：Pombo

母姓：García de los Ríos

4. 将错就错的新姓氏

大家都知道，西班牙人在严肃的问题上通常比较随意。很多姓氏，一次写错，就将错就错了。

Dávila（最早是 De Ávila），Torralba（最早是 de Torre Alba）。既然人家的姓已经是 Dávila 了，那就按照 Dávila 来写。就像如果大米良的孙子，把“大”字，误写成了“太”，从此以后，大米良一系，就变成“太米良”一系了。

比这个更夸张的是：好多原本有介词、连词的姓，不知道哪一代偷懒，没有分开写，后来就全部连在一起了。

比如：San Segundo 和 Sansegundo, La Fuente 和 Lafuente。

几百年前是一家，是同一个姓。但不知从哪世祖宗开始，La Fuente 连在了一起写成了 Lafuente，从此以后，La Fuente 和 Lafuente 就变成了两个姓。书写规则自然不同。一个是：Jose la Fuente，另一个是 Jose Lafuente！

5. 姓氏的性别，阴性阳性

中国人喜欢使用姓来表示尊敬或者亲密。比如小湛，老王。西班牙人也同样有这样的用法。

不使用名字，而直接使用姓氏时，会有特殊的感情色彩。可以是非常尊重，也可能是揶揄，总之就是带有一种强烈的感情色彩！

比如一个姑娘叫 Maria Martínez。当你觉得她特别风骚时，你可以说：最骚的就是那个 la Martínez。类似于：你看那“王家的”……

单独使用姓氏，一般都会加个 el 或者 la！是男孩就加 el，是女孩就 la！

6. 表示尊敬要用第一个姓

为了表示尊重，至少要使用第一个姓氏，而不是名字！

比如 Manuel Gomez García。如果不熟，你可以叫 Sr Gomez，稍微熟一点 Sr Manuel Gomez！再熟一点就是 Manuel!

要是写桌牌，纸片太小写不下时，第一姓氏是一定要保留的。

写邮件，书面表达都是如此。为了表示尊重，就是多用第一个姓氏。口头上也可以多用，对方会感觉受到尊重！

比如塞万提斯的全名是 Miguel de Cervantes Saavedra。为了表示尊重，大家都直呼他第一个姓 Cervantes。大画家戈雅的全名是：Francisco José de Goya y Lucientes，为表示尊重，也是使用他第一个姓：Goya。

7. 王室成员直呼其名

一般情况下，都以使用第一姓氏表示尊重。唯一一个例外，就是王室成员！王室成员表示尊重，是不使用姓氏的，而使用名字：比如 Rey Felipe VI。菲利普是国王的名字。Reina Leticia，莱蒂西亚王后。

莱蒂西亚王后，全名是 Letizia Ortiz Rocasolano。如果这位平民王妃没有成为王室成员，她成名成家之后，大家会尊称为 Doña Ortiz。但因为变身王室成员，现在就 Doña Letizia。

为啥只有王室成员要直呼其名呢？

因为王位是世袭的，老朱家的天下，不管是儿子还是孙子都是姓“朱”。西班牙也一样，那么长的姓，一口气念完要半年！

只有王室成员和教皇依从这个规律。比如卡洛斯五世、本笃六世。卡洛斯和本笃，都是名字。

侯爵贵族是不享受这个待遇的。比如 2014 年去世的，世界上贵族头衔最多的女公爵：席尔瓦公爵，简化版的名字是：María del Rosario Cayetana Fitz-James Stuart y de Silva。一般媒体都使用：第 18 代席尔瓦公爵，或者用其中一个姓：Cayetana（卡叶塔娜）！而不会使用她的名字：María。

8. 姓氏中隐藏的家世信息

历史上的贵族姓氏，都是复数！比如 los Austrias, los Borbones。许多表示父子父女关系的姓氏，已经演变成 -z 结尾，这也算是复数。比如前面的席尔瓦公爵的：Fitz-James。常见的还有 Rodriguez，Álvarez，Enríquez。

注意，在姓氏书写时，姓氏会以 s 结尾表示复数。但在指代一个家族成员时，则用单数。

比如：los García；Los Alcover，意思是 García 家族的那些人，Alcover 家族的那些人。

这个用法，其实是为了区别名和姓。当用了 los 这个复数时，接的是单数，则说明是姓！如果接的是复数，则说明是名字。

比如：

Los Alonsos de mi clase son muy simpáticos。

这里的 Alonso 是名字，指那几个名字叫 Alonso 的同学。

Los Alonso de mi clase son muy simpáticos。

这里的 Alonso 是家族姓氏。指来自 Alonsos 家族的同学。

根据这个规则，在提问时，也可以听出差别：

¿Cuántos Pimentel conoces? 你认识 Pimentel 家族里的多少人？

¿Cuántos Pimenteles conoces? 你认识几个叫 Pimentel 的人？

历史上显赫的家族或者王朝，提起这个家族或者王朝时，一般是拟人化地说：los Habsburgo, los Trastámara, los Tudor, los Borgia……

为了显得有逼格，大米良决定改造一下自己的西语名字：

Mi Liang Da de Lengs-Zhiz y Shi del Wechat！

挡不住的贵族范呀！

1.9 西语名字里那些不靠谱的爱称——Paco 和 Pepe 其实都是在喊“爹”

有的西班牙人名字很长，为了节约口水，就有一些约定俗成的叫法。比如 Mari 是 Maria 的昵称；Manu 是 Manuel；Fanny 是 Estefania；Lore 是 Lorena；Liang 是 Damiliang 的昵称，叫我 Liancing 也可以。

但有几个名字的昵称，不是简称。比如叫 Jose 为 Pepe，称 Francisco 为 Paco。

为啥 Francisco 会被叫做 Paco 呢？无论从词源还是语音上，都不沾边啊？！

历史上最有名的 Francisco 是 San Francisco de Asís，说西语名大家可能不熟悉，但他创立了一个赫赫有名的会：方济各会！

最早到中国传道的就是方济会的传教士。1289 年，中国还是元朝。方济会会士孟高维诺主教，受罗马教廷派遣前往中国传教。孟高维诺主教经海路 1291 年抵达泉州港，1294 年抵达大都（今北京）这是有记载的最早的去中国传教的天主教传教士。

这个创立方济会的 San Francisco de Asís 自然得到会里所有修士修女的尊重。方济会里苦修的修女，称 Francisco de Asís 为：Pater Comunitas (Padre de la Comunidad)（教父）。两个单词的头两个字母就是 PA·CO。从那以后，就把 Francisco 简称为 PACO，而 PACO 实际意思是：教父！

另外一个类似的昵称是 Jose。叫 Jose 的西班牙人，有时会被叫做 Pepe。

根据圣经故事，San Jose 就是耶稣的养父，修女修士都把 San Jose 尊称为 Pater Putativus（padre putativo）。额，翻译成地道的中文，应该是：名誉父亲！

在教会里，把 Pater Putativus 名誉父亲简称为 P.P.，读出来就是 PePe 了。

无论是 PACO 还是 PEPE，其实都是尊称，比圣者本身的名字更具宗教神圣意味。

你叫人家 Francisco 时，是在叫人家名字。当你叫人家 Paco 时，其实你是在叫“教父”。

当你叫 Jose“Pepe”的时候，其实是在叫人家“名誉爸爸”。

这个历史被挖掘出来，大米良决定不再叫人 Paco 和 Pepe 了。之前觉得好亲密，现在觉得：我就是喊人家“爹”，感觉好吃亏！

这两个名字已经被彻底街头通俗化了，一说起 Paco，就想到安达卢西亚肥胖的大妈扯着大嗓门从二楼窗户超小巷里喊：“Paco，ven pa ca，a comer！”（赶紧回家吃饭！）

爱称，西语叫 diminutivo。许多名字都有爱称。

前面说的 Francisco，Paco 是宗教意味的简称。Francisco 作为名字本身也是有爱称的，叫 Pancho！哈哈哈，Francisco, Paco，Pancho 都是同一个人！也有直接叫 Chico 的。还是 Paco 比较好听吧？Pancho 一下从胡同小哥变身大山伐木工呀！

Juame（Jaime）的爱称是 Pere。

José María 的爱称是 CHEMA

Alberto 的爱称是 Beto

Ernesto 是 Neto

Hector 是 Tito

Ignacio 是 Nacho

这个感觉，和国内叫王二狗的感觉好相似。

西班牙女人的名字简称，也有很奇葩的。

Susana 的昵称是 Susy。喂，日本寿司店吗？

Josefa 的爱称是 Jo。Jo puta，说的不是你啦！

大米良突然想起自己悲惨的身世。我妈一直叫我“良狗”，从小叫到大。几个月前，我妈不知道从哪个算命先生那里听来，说我这个“良”字取得不好，得换！于是，叫了几十年的“良狗”突然就变成了“越狗”了。

西班牙人常见名字的昵称和简称，见附录。

1.10 西班牙哪种大蒜可以驱魔?

在西班牙，大蒜是具有驱魔作用的。

在西班牙南部的安达卢西亚有一个关于大蒜的传说。当年蛇诱惑了夏娃偷吃禁果，上帝为了惩罚蛇，夺取了蛇的手脚，永远只能用肚皮走路。就在蛇的手脚消失的那一瞬间，左脚踩的土地上，长出了一颗大蒜苗，右脚踩的土地上成了一颗葱。这个无从考据的说法，就给大蒜和葱赋予了封印恶魔的作用。

在埃及传说中，有恶灵会贪婪地吸食小孩睡觉时呼出的精气，当一个小孩的精气太旺，就会被恶灵抓走。为了防止孩子被恶灵抓走，就在孩子睡觉的床头放几瓣蒜。

古罗马人就经常吃大蒜，许多古罗马贵族每天都吃大蒜，就是为了防止恶灵入侵。为什么会有这么个说法呢?

在古罗马的星象学中，大蒜是受火星控制的，同时受到白羊座和天蝎座的影响，在火星和两个星座的影响下，大蒜具有恢复流失能量的作用。由于火星是战神常驻的地方，在对付各路邪灵的时候，就需要上天战神的帮助。大蒜拥有来自火星的能量，自然就被认为是有战神加持的啦。

由于贵族的这个习惯，吃大蒜驱邪的说法迅速传遍整个帝国。

在古罗马，当人去世后，会在尸体的嘴里塞几瓣大蒜，一来防止尸体被恶灵侵占利用，而来防止尸体发生尸变而起尸。在火葬之前，也会有一种特殊的油来擦洗尸体，这种油就是加了大蒜的橄榄油。

在古凯尔特人的巫术体系中，大蒜就拥有驱魔和辟邪的作用。当一个人被邪灵附体的时候，有一个驱邪的古方:

在满月又刚好是星期六的晚上，取 7 头大蒜，用粗麻线串起来挂在脖子上 7 个星期。在第七个星期六取下来，就可以永远不被邪灵骚扰了。用于驱邪的大蒜，必须在月圆之夜采摘。

在古罗马和西哥特人时代，商人是不被待见的。商人总要背负各种指责和咒骂。为了驱赶这些恶意的咒骂和恶意，商人家庭会在窗户和大门上挂上一串大蒜。后来用大蒜来驱赶吸血鬼，也是从商人的这个做法演绎出来的。

在西班牙现代巫术中，有一些使用大蒜的小魔法。在西班牙，大蒜是分公母的。Ajo macho（公大蒜）和 Ajo hembra（母大蒜）。简单来讲，我们中文里说的大蒜，一头大蒜里有很多瓣的，那是母大蒜。公大蒜就是我们说的大蒜头，整头蒜没有其他蒜瓣，就一个蒜瓣。

现代巫术魔法中，都是使用公大蒜 Ajo Macho 来施术的。还有公大蒜做成的香皂、蜡烛和粉末，都是用来辟邪除晦的。

西班牙人的转运魔法

当一个人非常倒霉的时候要转运，可以用一个公大蒜头，一片香叶（Una hoja de laurel），放在一张锡箔纸上，再用粗盐把大蒜和香叶都覆盖上。在月圆之夜，在月亮下祈求早点结束厄运，早点转运。许愿之后，锡箔纸折起来，做成一个小包，这个就算是一个简易的辟邪香囊了。

修复人际关系魔法

当你想和 EX 重修旧好，或者想和一个闹翻了的好朋友恢复友谊，这里有一个用大蒜来实施的小魔法。

准备一头公大蒜和 7 个长钉。在一个新月的星期五晚上，用长钉在大蒜上刻下你和对方的名字，将刻字的这根长钉顶在两个名字的中间。然后竖着再钉入三根长钉，顺序是：刻字的长钉排在第二个。剩下的三根横向排列，顺序是：刻字的长钉排在第二个。最终的效果是：长钉排着一个十字架。

钉好后，双手捧着大蒜，大声许愿：希望与 XXXX 重修旧好。许完愿之后的大蒜，放在橱柜里就行。

巫术魔法，就是讲讲，是否有效，因每个人的心念而异。不过呢，每天吃一瓣大蒜，对身体是绝对有好处的。像大米良这种不留胡子就逆生长的，就是每天都吃一瓣自己做的醋泡蒜。哈！

1.11 西班牙药房标志为啥是条蛇?

西班牙药房和医药学符号,是一条缠绕着一只杯子的蛇。为什么是蛇? 蛇不是诱惑夏娃偷吃禁果的魔鬼代言人吗?

大米良发挥了一下考据精神,发现这条蛇不是天主教世界的蛇,而是希腊神话中的蛇。

阿斯克勒庇厄斯(Asclepio),是古希腊神话中的医神,他是太阳神阿波罗之子。他的女儿伊海雅(Higea)是主管清洁、医疗和医药的女神。相当于,爸爸阿斯克勒庇厄斯是主治医生,女儿伊海雅是助理医生 + 护士。

阿斯克勒庇厄斯在人间行医治病,大大提升了人类病愈的几率,导致冥界人口锐减。冥王哈帝斯以天雷杀死阿斯克勒庇厄斯后,宙斯将其灵魂升上天空并化身成蛇夫座。

阿斯克勒庇厄斯的形象就是手持蛇杖。但是阿斯克勒庇厄斯手中的蛇杖,并不是西班牙药房符号中的那条蛇。那条缠绕着杯子的蛇,属于医神阿斯克勒庇厄斯的女儿伊海雅(Higea)。

阿斯克勒庇厄斯有好几个女儿,都是主管清洁、医疗和医药的女神,但是小女儿伊海雅(Higea)是父亲的最爱,一直陪伴在父亲身边,替父亲配药。

伊海雅(Higea)也养有一条蛇,这条蛇会向伊海雅配药的神杯中吐出毒液。这种毒液,可以致命,但和不同的草药混合在一起,却有神奇的治愈作用。

于是,最早的医药符号,就是伊海雅(Higea)手中的神杯,以及缠绕在神杯上的那条准备吐出毒液的蛇。这个形象逐渐简化,伊海雅(Higea)被隐去,只留下了她配药的神杯和蛇。

所以，医药世界有两条蛇，如果是缠绕在神杖上的，那是阿斯克勒庇厄斯的蛇；如果是缠绕在一只高脚杯上的，则是他的女儿伊海雅饲养的蛇。一条是治病的，一条是配药的。

1.12 西班牙王室接待礼仪：如何称呼、穿着、用餐才得体不失礼？

西班牙现任国王费利佩六世（el rey Felipe VI）是一个追求王室平民化的暖男国王。除了简化各种礼仪之外，还主动削减了王室成员的预算。

哪些人才属于王室成员呢？

王室成员（Miembros de la familia real）的定义：国王和王后，国王的直系子女，国王的父母。国王直系子女的配偶，亲家都不算王室成员。

为啥要说国王的爸爸妈妈呢？因为西班牙王室被中断过。现在国王的爷爷，也就是老国王胡安卡洛斯的爸爸，并没有加冕成国王。为了照顾爷爷的面子，所以现任国王爸爸的爸爸，也属于王室成员。

老国王逊位后，依然被称为国王（Rey）。所以，老国王的子女，现任国王的两个姐姐，在老国王逊位后，依然属于王室成员，但他们的配偶不是。比如那个陷入贪污丑闻的驸马乌丹加林，一直以来就不算是王室成员，只是公主的老公。

哪天老国王驾崩了，现任国王的两个姐姐，就不再属于王室成员了。

王室出席活动接待规则

王室和平民的主要区别在于血统，西班牙作为一个君主立宪国家，接待王室成员，和王室成员一起出席活动时，有一些礼仪是必须注意的。

比如国王和王后在场的时候，谁先说话，应该如何称呼，都是有讲究的。下面大米良经过学习，来给小伙伴们分享一下，如何和国王、王后一起出席活动，应该如何得体表现：

1. 由国王和王后决定以何种方式问候。

问候有很多方式，但握手，拥抱，不在考虑范围之内。外交礼仪中，国王会“屈尊”采取握手的方式。对于王后，最多最多，只能抓一下她的手指，不能握到掌心去。

2. 与国王王后握手的时候，双手不能拿东西。尤其是女士，不能一只手去和国王王后握手，另一只拿着手包或者挎包，这样非常失礼。拿着手包还要和国王握手是，最好是把手包放下。

3. 不能先于国王和王后开口说话。

不管是见面，还是问候，都要等国王和王后先开口。如果国王和王后不开口，那就闭嘴，行礼就够了，不要主动开口说 HOLA。

4. 对国王和王后的尊称是：Su Majestad。不管在任何情况下，对国王、王后开口说话，都要以 Su Majestad 开始。

比如，晚宴当中，国王盛赞你之后，让你来给父老乡亲讲几句，你张嘴的前两个单词，必须是：SU MAJESTAD，不能是 Gracias，也不能是 Hola。必须先来句 Su Majestad。

5. 在晚宴当中，只有在碰杯的时候才可以拍照。不管是记者，摄影师还是与会者，只要王室成员在吃东西，就不能拍照。手机偷拍都不行！只有在大家起身举杯的时候，偷拍一张两张才不会被王室安保要求删除照片。

6. 正确的着装是有外套的深色正装，可以是西装，也可以是中山装，或者本国民族礼服。而穿着牛仔裤，羊毛衫配衬衣这种休闲打扮，绝对就是失礼没有教养的。

凑合着我们能党的党魁这样穿，就是带有政治目的的故意挑衅，不是不懂礼仪，而是这个极左派领导人对王室权威的故意挑衅。

7. 直立站着时，无论是拍照还是站立交谈，无论穿的是中山装，西装还是任何国家的民族服装，都不能敞开胸襟，而要扣上扣子或者拉上拉链。起身后的第一个动作，应该就是吸上外套的扣子。

接待国家元首的宫殿

接待国家领导人，等级不同，选择的地点也不同。国王出席的外交活动，一般是元首级的接待。作为西班牙的象征，王室必须有一个符号化象征性极强的接待地点。

每一任国王在登基后，都会有一套属于自己的礼仪规范，其中就会特别强调不同等级的接待所使用的不同等级的宫殿。一旦决定就很难更改。

临时更换接待的宫殿是非常失礼的事情。就像人家国家主席来了，老国王没空，找王子代替一下。接待的宫殿也是如此，不可被临时替换。

老国王胡安卡洛斯把马德里近郊的宫殿 Palacio del Pardo 作为接待国家元首级别的宫殿，新国王费利佩六世则将接待元首级的宫殿改为马德里市中心的王宫 Palacio Real。

因此，习大大来访西班牙，国王也将在市区的王宫接待。晚宴也将在马德里王宫举行。这个星期，王宫不对外开放参观。

王室接待和宴请的着装规矩

关于着装礼仪，大米良仔细查了很多资料，发现可以写一篇硕士毕业论文了。等大米良再深入学习后，单独再写一篇。现在分享一些简单的最保守不会犯大错的规则。

1. 正确的着装是有外套的深色正装，可以是西装，也可以是中山装，或者本国民族礼服。

穿着牛仔裤，羊毛衫配衬衣这种休闲打扮，绝对就是失礼没有教养的。

2. 直立站着时，无论是拍照还是站立交谈，无论穿的是中山装，西装还是任何国家的民族服装，都不能敞开胸襟，而要扣上扣子或者拉上拉链。

起身后的第一个动作，就是系上外套的扣子。

3. 特殊剪裁的正装

普通西装是正装，还不是男士礼服系列。男士礼服主要三类:

Chaqué 晨礼服

esmoquin 晚礼服

Frac 燕尾服。

穿着的时间和场合都不一样。

【Chaqué 晨礼服】

晨礼服，严格意义上讲只在早上穿，现代放宽到了下午 6 点。一旦天黑了，不管是任何活动和仪式，都不适合穿晨礼服。

晨礼服源自 19 世纪的英国，最早就是绅士贵族早上聚会后骑马时穿的。现代社会，下午可以晨礼服服的场合是: bodas（婚礼）和 carreras de caballos（赛马场）。

重大官方庆典活动，比如西班牙国庆节等重大纪念日，只有在上午上午上午上午上午举行的，才选择穿晨礼服。

【Esmoquin 晚礼服】

与晨礼服相对的是晚礼服，这种庆典仪式上常见的礼服，只在晚上的庆典活动上穿。是庆典，不是晚宴。

【 Frac 燕尾服】

级别最高的正装。只适用于特别隆重的聚会。比如国王举行招待晚宴。或者国家元首级别的招待晚宴。

中间的夹克背心颜色有讲究。在参加宗教仪式和学院派庆典时，夹克必须是黑色的，其他主题的庆典只能是白色的。蝴蝶结的颜色同理。所以，国事访问时，中间的背心和蝴蝶结都是白色的。

外交国事访问尊重本国民族服装，西方人是西装礼服，咱们自然是中山装。如果搞不清楚啥时候该穿哪种礼服，干脆就全部穿中山装了!

中国人穿中山装，可以应付一切场合!

否则，你一身普通西装站在人家燕尾服的晚宴上，就算是爱马仕，那也是失礼了!

【王室宴会规矩】

就算尊贵如元首，也是要一日三餐的。早餐一般是 Almuerzo privado（小型早午餐），中午的午餐基本上是商务餐（Comida de negocio），最正式的接待是晚宴（cena de gala）。

早午餐和午餐，普通西装就可以了。超级有逼格的晚宴则必须特别注重着装。不仅是王室晚宴，只要是庆典型高级晚宴（cena de gala）着装就有特殊的要求。

在参加 cena de gala 晚宴时，出于对王室的尊重，男士最好是穿 Frac（燕尾服），女士穿长的晚礼服（Traje Largo）。

男士穿 Frac（燕尾服），佩戴的蝴蝶结必须是白色的，因为黑色蝴蝶结只有在宗教和学院主题高级宴会中才用。王室活动和其他主题高级晚宴佩戴白色蝴蝶结。

晚宴的座位安排必须有讲究。国王的对面坐咱们的大大，西班牙王后和大大坐一起，麻麻则和国王坐一起。

每位到访嘉宾有自己单独的邀请卡，会标注清楚具体的座位位置。

入座后的用餐规矩，基本上就是西餐的用餐规矩。

【西餐用餐规矩】

在晚宴当中，只有在碰杯的时候才可以拍照。不管是记者，摄影师还是与会者，只要王室成员在吃东西，就不能拍照。

手机偷拍发朋友圈不行！只有在大家起身举杯的时候，赶紧抓怕偷拍一张两张，才不会被王室安保要求删除照片。

手肘不要撑到桌面上，也不要把手放桌下，而是把前手臂放桌上。只是前手臂放桌面，手肘不要撑到桌面上。

餐巾要铺开放大腿上。千万不要学某些华人把餐巾一个角压在盘子下。也不能直接围在胸口。

一道菜还没有吃完只是在休息时，刀叉放盘子里，组成一个 A，叉子放左边，刀子放右边。如果不再吃了，刀叉并在一起，斜放在盘子上的 4:20 方向，也可以是 6:30 方向。刀口朝内放置，勺子的勺口朝上放置。

如果你的刀叉掉地下，不要弯腰去捡，直接找服务生要一套新的。服务生会负责去捡地上的。

用餐时要挺直腰杆，不要弯腰凑近盘子去接食物。用叉子或勺子把食物往嘴里送时，身体的前倾角度不要超过 30 度。也就是说，你身体和桌面形成的角度，不要低于 60 度。

手里拿着刀叉的时候，不要与人打手势。

对大块的面包，平时我们手撕成小块。在高级宴会中，用刀把面包切成小块。这种宴会时，面包不要去裹盘子里的汤汁。但可以用小面包快，把盘里的零碎食物推到叉子上。

咀嚼时一定一定一定要闭着嘴。如果你刚好在咀嚼食物时，好死不活有人对你说话。这个时候，你可以一只手挡住嘴巴，另一只手示意对方稍等。此时，不开口说话，比不回答更有礼貌。等咀嚼完成咽下之后，再回答对方。

这也提示：塞到嘴里的食物不要太大块，否则几分钟都嚼不完，容易被尴尬。

不同造型的杯子，用来装不同的饮料。倒酒的时候，倒多满，这是服务生的问题。平时我们自己宴请时，可以参考一下。参加宴会，搞清楚四个杯子，不要用错就行。

水杯→红葡萄酒杯→白葡萄酒杯→香槟杯

四个杯子造型高矮胖瘦不一样，香槟杯是最容易被识别的。水杯是杯壁最厚的。如果你搞不清楚，那就记住这个顺序。正规西餐摆盘时，杯子一定是按照这个顺序摆的。

永远使用右手拿杯子。所有杯子的摆放，也是适应右手的。

拿酒杯也特别要注意，不管是哪种杯子，都不要握到杯身上。

【王室称谓使用规矩】

对国王极致尊重的称谓是：

Su Majestad el Rey Don Felipe VI

这是王室官网上的范例。这个极致称谓中有几种称谓类别。

王室称谓格式：

1. 只用尊称：Su Majestad 和 su Alteza Real

2. 只有尊称和头衔：Su Majestad el Rey / el Rey

3. rey（头衔）+ 名 + 序号

4. don/doña + 名 + 父姓 + 母姓

5. el/la Rey/Reina Don/Doña + 名字 + 序号

大米良看来，对王室成员的称谓就是：有加名字和不加名字两种规则：

1. Su Majestad 和 su Alteza Real

对国王和王后尊称为：Su Majestad。对王室其他成员尊称：su Alteza Real。

Su Majestad 和 su Alteza Real 这是不加名字的尊称，类似于中国的“陛下”“殿下”。

Su Majestad + Rey/Reina 也是不加名字且非常尊重的称谓。

有 Su Majestad 在的时候，一般不加名字。如果要加名字，那就要加个："don" 和 "doña" 。比如王室官网的全称：Su Majestad el Rey Don Felipe VI。

2. don/doña + 名 + 父姓 + 母姓

称呼国王 / 王室成员时，尤其是文稿和文案中，使用 don/doña 的格式是：

don/doña + 第一个名字 + 父姓 + 母姓。

比如菲利浦六世的全名是：Felipe Juan Pablo Alfonso de Todos los Santos de Borbón y Grecia。

使用 don 来称呼写成：don Felipe de Borbón y Grecia。

严谨地写法是姓氏一起加上，现代也可以不加姓氏。

3. rey（头衔）+ 名 + 序号

如果使用 Rey 来称呼，就是：rey + 第一个名字 + 序号。（不使用姓氏！）

rey + Felipe + VI。一定是三个部分，rey Felipe 不对，Felipe VI 也不对。

使用贵族头衔来称谓，也是只加名字，不加姓氏。是否加序号，看具体情况。比如：la infanta Elena， el príncipefelipe，la reina Sofia。

称谓大小写规则

大小写规则是件很烦躁的事情。即便是西班牙《ABC》这样亲王室的西班牙第三大报也会经常出错。这个大小写规则，是王室形象管理部门的规定，在媒体和民间使用时，很多错误。王室也很无奈。对于大米良这种特别粗心的人，看着就很焦躁。

大米良总结了一个规律：

1. el/la 永远小写

2. don/doña 一般小写，用于国王王后时可以大写

3. 名字 > 地区 > 头衔

有名字出现时，名字首字母大写，其他一律小写；

名字 + 地名同时出现时，名字和地区首字母大写，其他一律小写；

没有名字，没有地区出现时，头衔首字母大写，其他一律小写；

4. 所有头衔类的称谓和尊称，加王室成员名字时，或者加国家地区名字时，一律小写！

比如： doña Letizia, el rey Felipe VI, la reina Sofia, la infanta Leonor。 el rey de España, el príncipe de Asturias。

5. 如果不加名字，不加地区国家，只用头衔来指代这个人，那头衔第一个字母大写。

比如：el Rey, el Monarca, el Príncipe, la Infanta。

唯一一个例外是用于国王王后时：Su Majestad / Sus Majestades。

是复数的时候，只有国王王后可以用大写字母。公主王子都不行。

比如 los Reyes 或 Sus Majestades，但其他王室成员则只能是小写：las infantas 或者 sus altezas reales。

理论上，对于王室的三种称谓，一般不能两两叠加。要么三个全部加上，要么就只用一种。比如：don Juan Carlos，要么就是 rey Felipe VI，绝对不可以是：don rey Juan Carlos.

两个叠加王室称谓只允许出现在两个国家王室同时出现，为了以示区分而使用。比如 los reyes de España de Inglaterra, el rey Juan Carlos y la reina Isabel, el Rey (por don Juan Carlos) y la Reina (por Isabel II)

最后，王室称谓绝对不能缩写！比如 don Felipe 不能写成 D. Felipe; Sus Majestades 不能缩写成 SS.MM.

词源篇

2.1 西语的 Ñ 是怎么发明出来的？真是西语中独有的吗？

Ñ，是最具西班牙语特色的字母，甚至可以成为西班牙语的“指代符号”。这个 Ñ 是怎么来的？

关于 Ñ 由来的说法，大米良看得比较多的说法是：曾经有一个西班牙国王，由于鼻炎，发出来的 N 很奇怪，就像现在的 Ñ，朝中大臣为了拍国王马屁，纷纷效仿这个发音，Ñ 就成了一种西班牙上流社会的口音，并最终成为西班牙语中最具特点的字母。

这个故事还真的蛮板鸭风格的，不过事实真是如此吗？

虽然现代板鸭人极不靠谱，但西班牙语却是极为严谨且考究的。大米良查了一下 Ñ 的来源，遗憾地发现，这个西语标志性字母，并没有故事中讲的那么欢乐。

在现代语言体系中，字母 Ñ 真是西班牙语 (Castellano) 中绝无仅有的吗？

我们常说的西班牙语，实际上是卡斯蒂利亚语 (castellano)。与卡斯蒂利亚语同时属于官方语言的还有加泰罗尼亚语、加利西亚语和巴斯克语。在另外三种语言中，加利西亚语和巴斯克语中，也有 Ñ。加泰罗尼亚语没有，所以加泰罗尼亚语中把 Ñ 写成 NY。

伊比利亚半岛统一之后的历史中，最强大的是卡斯蒂利亚王国和阿拉贡王国。阿拉贡王国主要就是今天的阿拉贡地区和加泰罗尼亚地区，说的是加泰罗尼亚语。其他地区，则受到卡斯蒂利亚王国控制。所以，虽然加利西亚语和巴斯克语也是非常独立的语言，但受卡斯蒂利亚语影响较深，Ñ 也被植入了当地语言。

这个 Ñ 是怎么产生的呢？

无论是卡斯蒂利亚语还是加泰语，都源自拉丁语。在古拉丁语中，许多单词中含有重叠的字母，比如 anno 和 Hispanna。

在印刷术发明出来之前，书籍都是手抄的，为了节省书写空间，就将重叠的字母上下排列。 两个并排的 NN，就变成了一个大 N 背着一个小 n。排排坐变成你背我的还有 O 和 A。

卡斯蒂利亚的传教士在抄写圣经时，逐渐将大 N 背上的小 n，变成了一条小虫。一同头上变成小虫的还有 oo 和 aa，就是：

简化书写并不只在卡斯蒂利亚语种出现，古拉丁语在其他国家和地区也发生了演变。比较没有创新意识的地区，就保留了古拉丁语原来的拼读模式。比如古拉丁语中的“年”，anno，西语中是 año, 而意大利语中则没有这个变化，依然沿用拉丁语的拼写：anno。

为什么只有西班牙会演变出 Ñ？

因为西班牙的卡斯蒂利亚地区曾经强大了很多很多很多年，在天主教控制欧洲的年代，卡斯蒂利亚王国拥有举足轻重的作用，卡斯蒂利亚王国抄写流出的圣经和书籍，自然也被奉为圭臬。

这个 Ñ 字母，目前只在西班牙语中出现，但这个读音却不是西语独有的。许多语言中都有 Ñ 这个音，但写法完全不一样。

Ñ 这个读音，在加泰罗尼亚语中写成 ny 。匈牙利语、拉迪诺语、马来语、印尼语、埃维语、林加拉语、塞索托语、斯瓦希里语和祖鲁语都把 Ñ 这个读音写成 ny。

葡萄牙语和奥克语中，把 Ñ 的读音写成 NH；

荷兰语，塞尔维亚语，克罗地亚语，法罗群岛，弗里斯兰语中写成 NJ；

捷克语，斯洛伐尼亚语和罗马尼亚语种写成 ň；

波兰语中写成 ń 。

最后，被传教士写成 Ñ 的，还不仅仅是重叠的 N，还有 mn。比如：damnum：daño，somnum：sueño， autumnum：otoño。还有一些不规则的拼写，但读音相近的，也被简化成了 Ñ, 比如 seniorem：señor、vineam：viña 、ligna：leña。

曾经不是还有 õ = oo 和 ã = aa 吗？为什么后来消失了？

现代西班牙人很懒，西班牙语的拼写和发音也要追求经济实惠。西语元音只有一种读法，辅音元音搭配拼读规则也非常简单。西班牙语逐渐简化，两个元音字母的单词，直接简化成一个元音字母，之前 õ = oo 和 ã = aa，这种复杂的拼写方式，就简化成了 o 和 a，复叠的方式就被取消了。头上顶条小虫的，就只剩下 Ñ。

2.2 字母 X 代表未知，原来是向这位西班牙国王致敬！

在西班牙的星期七天分别是：

Lunes 星期一，

Martes 星期二，

Miércoles 星期三，

Jueves 星期四，

Viernes 星期五，

Sábado 星期六，

Domingo 星期天。

简写时，采用每个单词的首字母，L,M,X,J,V,S,D。但是，对于星期三，简写为什么是X。

为啥呢？

是为了不和星期二 Martes 的 M 重复！

但是为啥是用 X，而不是用其他字母呢？

在西语里，为了不重复一个字母时，通常会选择X。表示一个未知的时候，也会使用X。

为啥是 X 呢？

选定 X 是为了向一个对西班牙文化产生深远影响的国王致敬。这个国王就是智者阿丰索十世（Rey Alfonso X el sabio）。

阿丰索十世（1221 年 11 月 23 日 – 1284 年 4 月 4 日），卡斯蒂利亚王国国王，在位时间为 1252 年 – 1284 年。他在位期间，同时担任莱昂王国国王、加利西亚王国国王。他还试图竞选神圣罗马帝国皇帝。

阿丰索十世非常重视文化发展，自己也非常勤勉好学！对天文地理无所不通！是当时欧洲最有学问的国王之一，被称为“智者”（el sabio）。在他的统治下，西班牙成为欧洲文化最发达的国家。

阿丰索十世出钱建立了托莱多翻译学校，是西班牙最早的翻译学校，也是欧洲最早的翻译学校之一。他下令把诸多拉丁文、希伯来文以及阿拉伯文的作品翻译西班牙语，让更多人可以读懂。

阿丰索十世还亲自主持编纂历史。主要作品有历史著作《世界历史》和《西班牙编年通史》。他主持编纂的法学的巨著有《法典七章》，科学著作有《阿丰索星表》、娱乐方面著作有《对弈集》。

总之，这个阿丰索十世在西班牙人眼中就是智慧与权力的化身。马德里的国家图书馆门口坐着的就是阿丰索十世的雕像。

2.3 El quinto pino（第五棵松）到底有多远?

当西班牙人表示一个地方非常远的时候，会使用一个表达：Está en el quinto pino。在第五棵松那么远！

五棵松？！为什么第五棵松树会很远？！！远古时代的马德里完全被松林覆盖，据说一直猴子穿越马德里可以一直不着地，一棵松树接一棵松树攀援而过！

按理说，五棵松的距离，应该很近的呀！

这个 el quinto pino 的说法源自 18 世纪。当时的西班牙国王菲利佩五世（Felipe V），是个非常关心马德里绿化的国王。菲利佩五世决定在马德里的 Paseo recoletos 移植五棵非常粗大的松树。

第一棵，在现在马德里的 Plaza Ciberes， 也就是 Paseo Recoletos 的起点。

每隔几百米就移植另外一棵。第五棵松树，栽种到了当时的 Paseo de Recoleto 的终点，也就是现在的 Nuevos Ministerios 那里。

从 Plaza Ciberes 走到 Nuevos Ministerios，得走一个小时吧！

虽然只有五棵松树，却非要如此做作地移植到如此遥远的地方。这个荒诞的行为在民间流传。人们会开玩笑说：“哇，你家住得比第五棵松树还要远！”慢慢的，第五棵松树就变成了非常遥远的存在。

Su casa está en le quinto pino! 他家非常的远！！

第五棵松树，在当时已经到了城乡结合部。许多男女私会，为了避免在市中心被八卦，就直接约在第五棵松树处。慢慢的，第五棵松，也成为马德里郊区的幽会圣地！

2.4 为啥西班牙人叫小偷为 Chorizo（香肠）？

Chorizo，正常的意思的是香肠。各种香各种肠！

但在西班牙语里，经常有把小偷、盗贼称作 Chorizo。对那些贪污受贿的政府官员，西班牙人也会说：son unos chorizos(都是一些贪污犯！窃贼)。

为什么香肠会和盗贼联系在一起呢?

大米良最先想到的是老鼠偷香肠！但是，偷香肠的是老鼠，香肠是受害者，怎么还背上这个污名呢?

仔细查一下这个 Chorizo 作为窃贼这个表达来源，原来作为窃贼的 Chorizo 和我们吃的 Chorizo 不是同一个东西。

最早把 Chorizo 当窃贼来使用的地区是安达卢西亚，这个大北非国有很多很多很多的吉普赛人 Gitano，吉普赛人有自己的语言，叫 Caló（卡洛语），也翻译成伊比利亚吉普赛语。很多吉普赛人家庭都使用这个语言，更像是吉普赛人的黑话。

在吉普赛人的卡洛语中，对盗贼的说法是 Chorí, choraró。这里需要脑补一下身体高大肥胖吉普赛大妈站在街上扯着大嗓门喊：El puto mierda de Chorí, que me ha robado mi calzoncillo!!（XTMD 小偷，偷了我的内裤！）

Chorí 就是盗贼的意思，估计是吉普赛人聚集区小偷猖獗，Chorí 这个词就被普及了。越来越普及，西班牙人就“借尸还魂”，把更为普及的大众小吃 Chorizo 来指代小偷窃贼了！

Chorí	**chorizo**
吉普赛卡洛语	**西班牙语**
小偷	**香肠**

所以，真正的 Chorizo 是被冤枉的，和小偷没有半毛钱关系。

大米良发扬一下考据咖精神，吉普赛人的卡洛语，其实对西班牙语的影响也蛮大的，很多西语词汇都来自吉普赛人的卡洛语。

Gachó / Gachí 男人 / 女人

chaval 小孩

Currar/curro 工作（动词 / 名词）

Chungo 坏的，淘气的

Molar/mola 喜欢

Sobar 睡觉

mangar 偷

achanta la muí 闭上你的臭嘴

最后，卡洛语中，吉普赛人也有专门的单词指吉普赛人和非吉普赛人。吉普赛人 Calé, 非吉普赛人 Payo。所以，在吉普赛人聚集区，要你背后听到 Payo 这个词，你就是被吉普赛小伙嘲笑了！

2.5 西语的"拍马屁"为啥是"操蛋"？Hacer la pelota，是谁的蛋？

在西语里，"拍马屁"最常用的说法是"Hacer la pelota"。

为了晋升拍上司马屁（hacer la pelota a tu jefe）

为了爱爱拍老婆马屁（hacer la pelota a tu mujer）

为了包包拍老公马屁（hacer la pelota a tu marido）

简单地说，拍马屁就是带有目的性的"讨好"。为啥这个 Pelota（球）能够讨好别人？

这个 Pelota（球）不是单纯的球！而是指妓女！

大米良看到这个来源时也很惊讶，不过西班牙皇家词典 RAE 的确就是这么收录的。

再进一步考据，这个 Pelota 不是泛指所有的妓女，而是棒棒鸡，站街妓女！或者需要拉客的妓女！

这些妓女需要做好自我营销，需要进行公关，需要掌握商务谈判技巧，最关键的，是要会讨好顾客，让顾客满意，给五星好评！

为啥会用 Pelota 来称呼妓女呢？

嗯，这个，就不用大米良亲自解释了嘛！"看，那两个球！""哇，看那个球！"是吧，懂了没？

逐渐的，站街妓女进行营销和公关的环节，就被称为 Hacer la pelota。引申到生活工作中，就是"讨好""拍马屁"！

随着中文的进步与发展，"拍马屁"发展出比较形象的说法，这 Hacer la pelota 比较接近最近流行的"跪舔"。

前面说了，Pelotas 是指站街妓女，比较低级！那么，高级妓女又叫啥呢？叫：escort。

Escort 的原意是护送、陪伴的意思！从字面意思，都可以看出来，这种除了啪啪啪，还有精神交流、出行陪伴的工作，的确是比较高档的！没有文化，没有聊天技巧，不存点笑话和段子，是应付不来的！

Escort 这种高级职业，在中文也有一个非常贴切的翻译：清吟小班！中国古代懂琴棋书画有修养的卖艺卖身劳动者！

为了让这个庸俗的话题更有历史的厚重！大米良再给大家科普一个非常优雅的叫法：Ramera！

Ramera 这个词，源自 Ramo。树枝，花束！

中世纪的西班牙，除了官窑，民间私宅也是可以经营卖肉项目的。为了低调地打个招牌，就会在门楣上挂一束鲜花，或者树枝！

在大门上挂树枝，本来是古代酒吧餐饮业发明的。门口挂了树枝的客栈，意思是：咱们有特殊服务。就像那些粉色发廊！

后来民间私宅也可以搞这个营生，私人住宅大门上也开始出现花束或者树枝！再到后来，大家就知道了，人们就开始直接用 Ramo 来指代妓女，单词的人称指代就变成了：Ramera！

在《新约圣经·启示录》中有一个寓言式的邪恶人物：Ramera de Babilonia 巴比伦大淫妇。就是来自这个词。

Ramera 这个词，和中国的"花街柳巷"接近！最后，科普一个中文词汇。为啥青楼妈妈会被叫做：老鸨？

鸨，是一种生性淫荡的大鸟，明代朱权《丹丘先生曲论》："鸨似雁而大，无后趾，虎纹。喜淫而无厌，诸鸟求之即就。"

由于鸨，这种鸟来者不拒，就被用来称呼性工作者。负责安排的妈妈叫老鸨，而负责接客的，则叫鸨儿！

好，现在大家知道 Hacer la pelota，最早最早的意思就是站街卖肉。你现在还能直视这个词嘛？

给你上司 Hacer la pelota？

哈！

2.6 Pedir la mano 是求谁的手？反正不是新娘的手

电影电视剧里，最动情的瞬间，莫过于有钱有颜又年轻的男主，单膝跪地，向长得一般但能击退一切高颜值小三的女主求婚！

Casate conmigo！（嫁给我吧）

求婚这个行为，在西语里是：Pedir la mano！

直译过来不是“申请牵手权”，而是，呃，大米良也不知道怎么直译。

Pedir，是“要”“申请”“请求”，动词。la mano，就是手！

这个手，是谁的手呢？

电影里都是男主单膝跪地，拉着女主的手，深情地给她戴上鸽子蛋！于是，我们就想当然地以为 Pedir la mano 就应该是女主的手！

错！在这个西语表达中，这个 Mano，其实是女主老爹的手！

Pedir la mano 这种做法，从古罗马时期就开始了！

虽然古罗马的知识女性有很大的自主权，可以自由恋爱、自由爱爱、自由私奔！但是，在结婚这件事情上，却不能自己说了算。

小伙子要是看上了哪家姑娘，该做的都做了，到了谈婚论嫁的时候，还需要征得一家之长的同意！

为啥要征得一家之长的同意呢？因为那个时候嫁女儿，是需要嫁妆的！没有丰厚的嫁妆，女儿是嫁不出去的！

你以为，男主只是看上了你家姿色平平的女儿的才华吗？

为啥中世纪会有那么多不嫁人却要去做妓女的妹子，就因为家里没有嫁妆去嫁人！

在某些历史电影里，臣民或者信徒，会单膝跪地，亲吻国王或者主教的戒指。实际上，最早是亲吻手背的！有了象征权力的戒指，亲吻戒指就更有仪式感！

手，拉丁语里是 Manus，是权利的象征，中文的“掌控”“翻云覆雨”，和这个意思类似！

当小伙要娶人家闺女，就得向未来岳父请求“把你女儿连同大量的嫁妆一起嫁给我吧”！如果岳父大人伸出手来，给你亲吻，就说明他同意这门婚事了！如果岳父大人转身离开，连屁都没有留下，那你就另攀高枝吧！他家的嫁妆，你就别指望了！

所以，Pedir la mano 求婚，这句话的完整说法是：Pedir la mano del padre de la chica。哎，此时，连 Novia 都不算咯。

一旦亲到了未来岳父的手背，这门婚事就基本上定下来了。

不过，要把婚事正式定下来，得举行一个订婚趴，这个订婚宴叫：Esponsales（拉丁语是 Sponsus）。

这个词：Esponsales 订婚趴，和“负责”“责任”（Responsabilidad）是同一个词根！

Esponsales 订婚酒喝了之后，你们就要对彼此负责了。

西语里把老公老婆叫做 Esposo 和 Esposa，也是从这个 Esponsales 来的！

喝了订婚酒，你俩就是对方的 Prometido（未婚夫）和 Prometida（未婚妻）了！就再也不能 Meter（插足）到其他人的关系之中去了！因为你们已经提前（Pro）meter 了彼此！

后来，为啥求婚都是男人单膝跪地拉着女娃的手呢？

答案很简单：因为大家搞错了呀！都是近代影视作品胡乱拼接创造搞出来的。

最接近的历史画面是：骑士拿着一束花，单膝跪地献给自己心仪的姑娘！

当然，这个姑娘必定是身份地位都高于这个骑士的！如果是一个平民姑娘，比如美女与野兽里的农家女贝尔，场面必定是威武的骑士骑着高头大马，俯视着农田里拉着牛车的姑娘，远远地飞去一个媚眼！

近现代影视作品，把骑士向心爱的贵族妹子献花，和单膝跪地请求准岳父嫁闺女，进行了没有理由的组合，于是就衍生出了无数单膝跪地求妹子 marry me 的浪漫画面！这样拼凑，节约胶片，可以让故事更紧凑，节奏更快！只是，和历史真相无关！

所以要 Pedir la mano 求婚，就要知道是 pedir 谁的 Mano！你要 Pedir 你未来女儿妈妈的手，那是要娶你未来的女儿吗？你这禽兽父亲！！呸！

话说，好多西班牙人也不知道其实自己在乱伦呢！

- 亲爱的，te voy a pedir la mano！

- Oh，dios mio！

- 把你的女儿嫁给我吧！

- 纳尼？！！（啪 ~~ 啪 ~~）

在那个女孩家里必须赔上一大笔嫁妆，没钱没房没车都不好意思嫁女儿的年代，Pedir la mano 求婚，是要征求老父亲同意！在这个历史倒退反过来要求男方有房有车的年代，Pedir la mano 求婚，只要女方同意就行！

说好的历史是往前发展的呢？

2.7 西语爱爱词汇这样用，你就把自己当妓女了！

作为自然界延续的关键行为，关于“交配”的西语词汇，除了前面科普过的，还有两个常用的是 Fornicar 和 Echar un Kiki！

2016 年西班牙笑星 Paco León 推出了一部电影，叫 *Kiki*，这个词在西语中，意思是：就地快速来一炮”。

Echar un Polvo，是趁抽支烟的功夫去打一炮。这个 KIKI 比抽支烟的时间还要短。具体就是指：计划不如变化，既然都干柴烈火了，不管是在哪里，马上就地来一炮！

不用 KIKI 这么隐晦的方式，用地道西语就是：aquí te pillo！

KIKI 这个词，是从英语来的。英语中快速来一炮是 Have a quickie / Have a quicky。被西班牙人引进之后，Quicky 这个词，就变成了 KIKI。

现在，大家是不是更明白这张电影海报的意思了？

最后一个我们比较陌生的词是 Fornicar。

这个词源自古罗马的拉丁语！ Fornicar 这个词，源自拉丁语的 fornix (fornice)。意思是圆拱的内部空间。

在古罗马，许多站街小姐姐，常聚集在园拱之下，招揽客人！就像现在的洗头按摩小红粉发廊一下，当男人们说，去洗个头？在古罗马就是：去圆拱底下散个步？

本来圆拱是个名词，但去的人多了，也就有了动词！ Fornice 这个圆拱就被行动成 Fornicar！

一直以来，fornicar 都是招妓的意思，而且是廉价的站街妓女。后来演变成“婚外 XX 行为”“偷情”。再后来，西班牙妹子也无所谓自己是 Puta 还是 Zorra，就开始把这个招妓的动词，平民化成“爱爱”了！

2.8 西语“嫁祸于人”为啥和死尸有关？Echar el muerto a otro

在西语俗语中有一句：Echar el muerto a otro，中文意思就是嫁祸于人！为啥嫁祸于人和死人有关？这个俗语的历史背景是啥？

这句俗语源自战乱连年黑暗法治无序的中世纪。在黑暗的中世纪，不仅国家之间战乱不断，百姓生活也没有保障，城市治安非常之差，生死没有保障。

经常天一亮，就会在街口大道上发现一具死尸。这个不明不白的死亡，也无据可查。虽然电影里总是会选取一两桩重大疑案作为素材，但在中世纪，大部分的神秘死亡案件是无法查出真相的。

查不到真凶，那谁该为此负责呢？在中世纪的西班牙，但凡发现离奇死亡又查不出真凶的情况下，这个村子里的所有居民共同承担责任！不过，不是整个村子的人一起去服刑，而是向国王缴纳一笔数额不菲的罚金！

突然有人死了查不出来，国王是不亏的！但村子里的人就有了经济负担。本来国王是想通过这样的方式，督促村民们积极帮助破案。可在人人自危的情况下，大家碰到这种情况，不是积极破案，而是赶紧把这个尸体转移到隔壁村子！

于是，Echar el muerto a atro，就成为黑暗中世纪的一个社会现象，这个行为就成为“栽赃嫁祸”的代名词。

2.9 Montar el Pollo（骑公鸡）怎么就是找麻烦了？

在西语里有一个成语叫 Montar el Pollo 也有说 Montar un Pollo，中文直译过来是“骑公鸡”，这个表达的意思是：找麻烦！

骑一只公鸡和找麻烦有啥关系呢？骑一只鸵鸟还可能是自找麻烦，但一只公鸡？怎么骑？

大米良发挥了一下考据精神，对这个表达进行了探源。发现原来此鸡非彼鸡，更不是小鸡鸡。

在 19 世纪的时候，欧洲各国开始流行民主政治，各种在公共场合的政论宣讲、竞选演讲和投票宣传开始盛行。许多议员就会到各个城市去展开公共演讲，游说地方选民。当然，也不完全是为了拉选票，也是为了表达自己的政见。

最早是议员亲自出马去忽悠大众，后来就雇佣一些口才好的演说家，到各个村镇去，搭建起一个小台子，向来来往往的卖鱼大叔豆腐小妹广场舞大妈进行宣讲演说。

一般来讲，这样的公共演说，除了宣扬自己的政见，自然会攻击自己的政敌。对于政客来讲，最好所有的地方都是自己人，在为自己说话，一旦发现哪个闹市区被政敌的演说家占据了，就会觉得闹心。

这种在大街小巷上搭个小台子进行演说的政客，当时就叫 Poyo，源自拉丁语的 Podium，意思是公开演说者。这样的演说家一般都要搭建（montar）一个小台子，所以只要看到有 Poyo 在 Montar 小台子，大家就知道有好戏看了，只要不是自己人，心里就会有不详的预感：X，又要来攻击我了！于是，Montar un Poyo 就有了“找麻烦”的含义。

后来，西班牙吃货越来越多，文盲也越来越多，本来是街头演说的家的 Poyo，就被美味的 Pollo（鸡肉）给取代了，就成了现在的 Montar un Pollo 或者 Montar el pollo。

2.10 为啥“祝演出成功”的西语黑话是 Mucha Mierda（很多屎）

在西班牙演艺圈，上台之前或者演出之前祝人家演出成功，如果说：Te deseo mucho éxito（祝你成功）。那是外行！行里人都说：Mucha Mierda（很多屎）！

英语中也有类似的说法，不过英国人祝演出成功是“摔断一条腿”（Break a leg）。西班牙人不用摔断腿，直接来很多屎就可以了。

这个 Mucha Mierda（很多屎）祝福演出成功的典故是怎么来的？

关于这个典故，有两个版本，具体哪个版本更正确，大家自己判断。

一个版本是：不知道从哪个年代开始，有钱人出门看戏看演出，都是坐马车的。辛辛苦苦拉车到达剧院之后，主人是大摇大摆进去看戏了，可拉车的马，只能在外面无聊地等着！不能进去坐着看戏的马，就会很郁闷地在“马车停放处”拉屎。

演出开始之前，经纪人和剧场老板都会偷偷观察：如果地上的马屎比较多，就说明来看戏的有钱人多，当晚赚的钱就比较多。

于是，演出前，大家都会期待剧院门口有 mucha mierda。

马屎多多，有钱人多多。

第二个版本，是在中世纪的时候，艺人们都自己赶着马车到各个村镇去搭棚卖艺。当他们驱车走到一个村子时，如果这个村子地上的马屎牛屎比较多，说明这个村里的人比较多，人口比较活跃。在这里搭台唱戏，得到的打赏自然也会多一些。

于是，在艺人驾马出发之前，目送他远去的爱人，就会祝他能够找到屎多的村子。Mucha Mierda，人口多多，打赏多多。

两个版本都有一定的道理，大米良觉得第二个更合理一点。因为第一个直接数马车就好了呀，很多马车，就很多有钱人呀，干嘛非要看地上的马屎？！！

第二个说法，印证了中世纪的确没啥城市规划，生活排污系统都是非常凑合地修在地表，整个城市都是臭烘烘的。所以，屎多臭味醇厚，自然就意味着居民多，凑热闹的人多。

Mucha mierda 这个说法，最早是在戏剧圈里流行，意思是演出成功，掌声多多。后来延伸到所有艺术领域，祝画展成功，祝首演成功，还有祝考试好运气，都可以用 Mucha Mierda。

2.11 板鸭人拒绝求婚求爱，为啥是送南瓜汤？

在西班牙语里 Dar calabazas，类似于中国吃了个大零蛋，考试没有及格，挂科。同时，也有拒绝提亲，拒绝求爱的意思。

把南瓜来形容挂科，最早出现在西班牙动画片 *Zape*。这部动画片的知名度类似于中国的《皮皮鲁和鲁西西》。一次考试当中，zape 拿到了 10 分满分，而 ZIPI 却因为没有及格，被送了一个大南瓜。由于这部漫画和动画片太有名了，家长们就开始警告小孩子：小心得到一个大南瓜。意思就是小心像 ZIPI 那样，考试不及格，最后得到一个大南瓜。

当然，南瓜在西班牙文化中有更为悠久和深刻的文化内涵。

在加泰罗尼亚，南瓜在婚姻习俗中扮演着非常重要的角色。小伙子们主动上门求亲。女方的父母会热情的把小伙子请进门。如果女方父母给小伙子点烟，那说明父母对小伙子很满意。如果小伙子被招待了一碗南瓜汤，那就是说：吃饱了就赶紧走吧，我们不会把女儿嫁给你的。

所以，收到一个南瓜，对学生来讲就是挂科了，对提亲的人来讲呢，就是被拒绝了。

为什么加泰罗尼亚人会用送碗南瓜汤的方式来拒绝求爱的做法？为啥是南瓜汤，而不是西红柿蛋汤？紫菜汤？或者酸辣汤、敲鱼汤呢？

大米良一考据，发现其中大有讲究，选择南瓜是有原因的。

在古希腊，南瓜被认为是可以降低性欲的食物，在欲求不满或者寂寞闺中的贵族妇女，就会通过吃南瓜来降低对出征丈夫的渴求。

西语里有一个词是 Afrodisiaco，意思是性刺激、性欲望膨胀，能够降低性欲的东西就叫 antiafrodisíaca。南瓜，就是从古希腊时代开始，著名的 antiafrodisíaca。就像我们着凉了，要喝姜汤驱寒。在西班牙，要挠墙了，就吃南瓜平息欲火。

从古希腊到中世纪，南瓜一直被认为可以降低性欲，让人冷静下来。南瓜子，更是一种让人恪守妇道的神物。中世纪西班牙人最虔诚的时代，人们在做祷告时，都会吃几颗南瓜子，或者随身装一把南瓜子，以摒除淫思荡想和污行秽念。

所以呢，既然南瓜是冷却性欲的神物，送你一个南瓜，就是让你上面冷却冷却，下面也冷却冷却，别对我有非分之想。

最早是父母给小伙子一碗南瓜汤，语言发展到现在，拒绝一个人的求爱，就是给他一个南瓜，Dale calabazas。如果哪天一个西班牙人哭丧着脸说："她给了我一个南瓜！"你可千万别以为是万圣节装饰哈！

万圣节驱赶恶魔的南瓜，和西班牙人驱赶性欲的南瓜，没有半毛钱关系。

2.12 为啥西班牙人的扫把星是 Gafe？

西语里的 GAFE，中文的意思就是：扫把星，指那些给人带来霉运的人。

这个词最早是 GAFO，是指那些患了 GAFEDAD 病的人。GAFEDAD 就是“麻风病”，得麻风病的人会出现皮肤变异、四肢肥大。在医学不发达的时候，大家认为麻风病是会传染的，所以，那些得了麻风病的 GAFO，就像瘟神一样，大家都唯恐躲之不及。

后来证明麻风病是不会传染的，但 GAFO 这个词依然没有摆脱“瘟神”的含义。

西语中，很多词汇，阳性的时候拥有正常的意思，变成阴性就是在骂人了。

比如：

Perro：公狗，Perra：母狗。说 Perro 公狗时，是可爱的狗狗。说 Perra 母狗时，就指不检点的人。

Zorro：狐狸，Zorra：狡诈的人！

Gafo 这个曾经的瘟神，到现在，就变成了阴性：la Gafe。

2.13 为啥说生命另一半是半个橙子 Media Naranja？

当西班牙人寻找自己的另一半时，会说：Media Naranja，半个橘子！为啥另一半是橘子，而不是另一半苹果，另一半西瓜呢？

这个典故出自咱们伟大的哲学家柏拉图。柏拉图在公元前 380 年左右发表的著作《会饮篇》（*El Banquete*），也有翻译成《会饮》《飨宴篇》《宴话篇》的。这部著作中，阿里斯托芬（Aristofanes）作为一个外星人，出现在一群互相争执的雅典美男子中间，说：你们这些蠢蛋，最早的人类根本不像你们所说的这样。

最早的人类是有四条腿、四肢胳膊、两个脑袋的！而且雌雄同体，男女同体，同时可以看见前后左右，就像一个橘子，是一个四面体。

后来，因为人类得罪了奥林匹亚山上的众神之父宙斯，宙斯把人劈成了两半。于是，人就变成了现在的一个头、两只手、两条腿的样子。但是，人类从此不能同时看到前后左右了。人必须永远地寻找自己的另一半，就像一个被切开的橘子，只有两半橘子合起来，才算完整。

从那时起，人们就引用 Media Naranja 来比喻自己的另一半。

2.14 穿越回西班牙中世纪，该如何骂人?

阅读了一本关于中世纪生活的书，彻底打破了我对中世纪浪漫骑士生活的幻想。

中世纪的城市没有规划，房屋都是违章乱建的，没有章法。城墙里建不下了，就到城墙外随便占领一块空地。没有具体规划，街道狭窄也就算了。最难以接受的，是城市排污系统。生活废水完全是通过地表排。在古老的街道上，一条腥臭的排水沟从露天酒吧的桌子下穿过。呃，这种嗅觉功能紊乱的浪漫，是怎么流传百世的?中世纪贵族们手中的那把扇子，不是为了好看，而是因为除臭！因为环境真的很臭！

最奇葩的是个人清洁问题！如果大家都不洗澡，那么爱爱的时候……

现在我们经常使用的一些日常西语词汇，在中世纪的时候，却是非常羞辱人的用法。如果你穿越到了西班牙中世纪，或者被西班牙时间管理局聘用了，以下词汇要特别注意哈！

Judio，犹太人。在中世纪是的西班牙，王室贵族和天主教会都不能容忍犹太人。把人唤作犹太人是一种羞辱。

Cabrón，混蛋！这个词，大家经常听到，也经常用。在中世纪，**Cabrón** 可不是混蛋的意思，而是：通奸！是的，就是我们常说的婚外性行为。在中世纪，骂人家 **Cabrón**，不是混蛋，而是“婊子”，文雅点说就是“奸夫淫妇”。

Villano，流氓！在现代西语中，**Villano** 就是流氓、小混混的意思，但在中世纪，**Villano** 是指那些地位低下的乡野村民。如果一个高贵血统的贵族被叫作 **Villano**，那就是质疑他的血统，那就是骂了他祖宗十八代！

Mamón，呃，这个词，源自 **Mamar**，吮吸的意思。而 **Mamón**，西语中的指大词，我给一个现代的中文表达：吮吸狂人！就是特别喜欢吮吸的人。这个词在中世纪，专门指男人和男人之间 **XXOO** 时的某个性爱姿势，具体的意思，大家就发挥一下想象力吧！

除了语言羞辱，在中世纪，对男人最大的羞辱是：扯对方的胡子！胡子是男人地位和尊严的象征。扯对方的胡子，是蔑视侮辱的行为，比现在扇一个耳光还严重！

2.15 欧洲贵族拥有“蓝色血液”的真相，西班牙式不靠谱任性改写历史

Sangre azul 指代拥有“蓝色血液”的王公贵族。这个说法的来源，真的不是因为贵族们皮肤白血管呈蓝色。真相另有蹊跷！

西语里的 Sangre Azul （蓝色血液）是指贵族血统。英语、德语、意大利语和葡萄牙语里都有这个表达。

为啥贵族的血液是蓝色的？

最普遍的一个解释是：贵族们怕晒怕雨保养得好，皮肤雪白。在雪白皮肤的衬托下，皮下血管呈现出微微的蓝色。

就算后来大家发现这只是视觉误差，贵族的血液也是红色的！大家还是把“蓝色血液”作为约定俗成的表达来指代贵族。

正式文稿里用 sangre azul 指代贵族，就因为人家皮肤白？真心不是太有说服力！

欧洲的国王王子们都喜欢狩猎。经常在外狩猎追逐的人，怎么可能拥有雪白的皮肤？

大米良仔细考据了一下这个 sangre azul 的来源。真有语言学家对此进行严谨考据。（可能也只是一种更合理的解释。）“蓝色血液”不是因为皮肤白，而是又一个历史笔误。

最早用“蓝色血液”来描写王室贵族的，是古罗马时代的历史学家 Cornelio Tácito（生卒于公元前 1-2 世纪之间）。这位历史学家用拉丁语描述古罗马皇帝时，使用了：caelestisanguine (ortam)。翻译成西班牙语就是：nacido de sangre celestial。

celetial：天空的，来自天上的，来自天国的。

实际意思是：古罗马的王族，是天神的后裔，拥有天神不朽的血脉（procedencia divina y celestial）。

古罗马历史学家在记述奥古斯都·屋大维（Cayo Octavio Turino）的事迹时，也使用了 caelestisanguine 来抬高他的地位。

“天神血脉”怎么就变成了“蓝色血脉”了呢？

这里的关键词是拉丁语 caelesti，对应的西班牙词汇是 celetial（天空的，来自天上的）。比如天籁之音：música celestial。

西语里有一个同词根非常相似的词：Celeste（天蓝色的，天空般的）。

在 17 世纪的时候，一批西班牙修士在翻译古罗马文献时，像大米良一样没人校稿，伊神和蛇姐姐也还没出生。把拉丁语 caelestisanguine 翻译成了 Sangre celeste！

sangre celestial：天神血脉

Sangre celeste：蓝色血液

一夜之间，一个大米良式不严谨，古罗马帝王 1700 年的“天神血脉”（sangre celestial）秒怂成“蓝色血液”（Sangre celeste）。

西语里的 celeste（天蓝色），又通俗化成 Azul（蓝色）。西班牙修士翻译的文稿，从西班牙流传到其他国家。在其他语言中就出现了 sangueblu（意大利语）、sangue azul（葡萄牙语）、blauesblut（德语），以及英语的 blue blood。

这一错误在语言中继续演变。贵族们拥有蓝色血液，那“白马王子”就是 Principe Azul（蓝色王子）。天生贵气就是：ser de sangre azul。

如果西班牙修士没有出错，那王子们就不是蓝色了，而是 Principe celestial（锤哥）！

中国的皇帝自称天子，对应西语是 Hijocelestial。幸好西班牙修士没有试图把中文翻成西语，不然中国的“天子”肯定会变成“蓝精灵”。

2.16 西班牙 Hispania 名字起源：兔兔爱爱之地？

España，大家都知道这个名字源自古罗马人对伊比利亚半岛的称呼：Hispania。

当时的伊比利亚半岛上有凯尔特人、伊比利亚人。主要河流有杜罗河 (Rio Duero)，埃布罗河（Ebro），还有比利牛斯山（Pirinos），这些标志性的名字都和“Hispania”没有半点关系！

古罗马人怎么就把这个半岛取名为 Hispania？！

关于古罗马人为啥把伊比利亚半岛叫做 Hispania 这个问题，历史学家都还在互相撕，有好几种说法，大米良挑几个比较主流的观点。

首先，这个 Hipania 虽然是古罗马人命名的，但却不是来自拉丁语。语言学家认为，这是源自最早来伊比利亚半岛搞国际贸易的腓尼基人的语言：古腓尼基语。

古罗马诗人卡图卢斯（Gaius Valerius Catullus）在一首诗歌中，把伊比利亚半岛称为 cuniculosa (西语：conejera) 表示“兔子多的地方”。

在闪米特语 (lengua semítica) 中，sp^h(a) n，简单地写成 Spn，是 Conejo 兔子的意思。

腓尼基人来到伊比利亚半岛后，发现这里到处都是兔子，因为没有见过那么会卖萌的物种，就把这个半岛称为“XX 兔子 XX 之地”。

语言学家说，这个 sp^h(a) n（兔子）缺少定语状语，不知道这个 XX，到底是爱爱的 XX，还是表示未知的 XX。在古腓尼基语中，最接近 Hispania 这个发音的是：^{c}*i-šp^hanim(西语：Isla de conejos）兔子岛！

注意，这一解读的正确写法是："I-spn-ya"。兔子是 SPN，不是 SPAN。

腓尼基人在伊比利亚半岛上建立了一系列的城市，迦太基人全部占为己有。古罗马人打败迦太基后，伊比利亚半岛上第一批被征服的土地就是原迦太基的城邦。古罗马人当然要尊重前人的叫法。既然古腓尼基人和古迦太基人都把这个半岛叫：兔子岛，那我们就把这里叫做兔子岛吧。

到了喜欢美男的哈德良大帝时期，伊比利亚半岛上的钱币描绘的是：一个坐着的贵妇，旁边趴着一只兔子！

呃？这个不是嫦娥姐姐吗？莫非她骗后羿登月开发人类殖民地，怎么带着兔子去罗马统治下的伊比利亚了？！！不过，伊比利亚的兔子只是被印成货币，中国的兔子可以上天！

如果浪漫一点，Hipania 的正确解读就是：兔子的爱爱之地！

兔子不爱爱，怎么可能出现那么多兔子？！

几百年之后，西班牙人不承认自己是兔子爱爱的后代，就故意把半岛上疯狂爱爱的兔子，这一事实给刻意隐瞒了。1870 年西班牙硬币，嫦娥姐姐还坐在哪里，小兔兔却被西班牙人贬到天竺国勾引唐僧去了。

我堂堂世界第一个日不落帝国，怎么可能是兔子爱爱之地？！后来有史学家又从闪米特语找到了新的证据。

兔子是 SPN，虽然读音很像，但毕竟少了一个 A。

I-SPN-IA，是兔子爱爱之地。

I-SPAN-IA，兔子中间加个 A，这个 SPAN：金属器皿，金属铸件。

古腓尼基人最早也是看上了伊比利亚半岛上丰富的金属矿产，以及半岛上心灵手巧的小哥哥。

*I-span-ya, 西语：isla/costa de losforjadores o forjas (de metales)，善于铸造金属的小岛。

铸造毕竟是门手艺，也能体现当时伊比利亚半岛那个时代的特征和繁荣历史。支持这个“善于铸造金属的小岛”观点的人也蛮多。

再分享一个神级的起源。

大家还记得大米良之前讲大力神赫尔克勒斯的故事吗？

大力神赫尔克勒斯有一个儿子，叫 Hispalo，他的儿子又生了俩儿子叫：Hispano 和 Hispan。因为伊比利亚半岛上到处都是大力神的丰功伟绩，古罗马人借用大力神的儿子、孙子的名字来命名这片土地。

所以，Hipania 的另外一个意思是：都是孙子的土地！

最后来个稍微靠点谱的说法：

黎明降临之前，天上最亮的那颗星，中国叫启明星，天文学上叫金星，古希腊人叫：esperos。因为这颗星一直出现在西方，古希腊人把位于希腊西方的意大利和伊比利亚半岛用这颗西方最亮的星星来指代。

哦，伊比利亚半岛上的姑娘，就像启明星那样美艳！

esperos 在古希腊神话中是一个很著名的美女：阿弗洛狄忒！

是的，就是那个从贝壳里走出来的爱与美的女神！古希腊人的确喜欢贝壳。贝壳里走出来的美女可以化身爱与美的女神。放在中国，也就是：田螺姑娘！

以此为证据，很可能古罗马人借用了古希腊人把西方国土称为 esperos，罗马化改造一下，就成了：Hispania。

这些说法都是史学家、语言学家的推测，没有一个铁板钉钉的正确答案。所以，任何一个说法都是可能的。

你喜欢 HISPANIA 的哪个意思呢?

历史篇

3.1 清朝曾叫西班牙为“日国”。“西班牙”译名源自闽南话

中国对西洋国家的各种记录非常丰富，对西洋各国的名字，有各种不同的称谓和版本。西班牙、葡萄牙，这两个国家的译名，最早是 1848 年徐继畬（1795 – 1873）编写的《瀛寰志略》中确定下来的。

徐继畬，曾在清廷主管洋务，担任过总理各国事务衙门大臣，兼同文馆总管。《瀛寰志略》在当时算是一本非常权威的国外生活读物。本来相关读物就不多嘛，现在来一本官方出版的，自然是大受追捧！这本书里的相关译名自然成为官方的常用翻译。

徐继畬在厦门结识了美国传教士雅裨理 (Rev. David Abeel)，对他带来的世界地图极感兴趣，并问其各国之名，并一一记录下来。徐继畬和美国传教士的这次小抄笔记，这就成了日后编纂《瀛寰志略》的基本内容。雅裨理长期住在厦门，讲的是闽南话，许多国家的中文译名，如果用闽南话来读这几个汉字，与外语发音非常接近。

西班牙，早期翻译为“日斯巴尼亚”，简称“日国”。日斯巴尼亚，来自 Hispania。古罗马帝国时代，西班牙是当时帝国辖下的一个行省 (Hispania)，Hispania 音译即是：日斯巴尼亚。

西班牙：英语 Spain，西班牙语 España，发音 /espaɲa/。在闽南语、客家话里，牙的发音是 nga，其中 ng 可作前缀，发软腭鼻音 /ŋ/ 的音，比较接近硬腭鼻音 /ɲ/ 的音。

其他关于“西班牙”郭明的译法还有有：是班牙、实班牙、斯扁亚、士便、大吕宋等。徐继畬参考雅裨理西班牙文名：España 的译音，《瀛寰志略》就统一翻译为西班牙。

之所以最终定为“西班牙”也是因为徐继畬为了尊重西班牙的原国名“Esapaña”，用闽南话来读“西班牙”三个字，和 Esapaña 非常的相似。

西班牙之所以叫“西班牙”还是拜福建闽南音所赐！

《瀛寰志略》第七卷中《欧罗巴西班牙国》对西班牙进行记载和描述，其中提到罗马人征服伊比利亚半岛。在中国隋文帝建国时，西哥特人统治者西班牙。对摩尔人统治时代、光复运动和大航海时代都有记载。最后，说西班牙虽然从新大陆掠夺了大量金银气，但“近年衰弱已甚，且贫苦者，何也？富而无政，虽秦、隋不免覆亡，况区区之夷国乎！”

在徐继畬看来，西班牙的衰落，是政府不事勤政所致！尽管当时西班牙和中国已有往来，但清朝大臣，对这个西洋夷国颇为不屑。

西班牙当下屌丝党当道，更是不务实政。呵呵。

3.2 建在龙脉上的西班牙古镇：Itálica。古罗马俩最伟大皇帝是西班牙人

在伊比利亚半岛完全成为古罗马帝国行省之前，罗马人把伊比利亚半岛一分为二，一部分叫 HISPANIA CITERIOR（内西班牙），首府是 Carthago Nova（今天的卡塔赫纳）。另一部分叫 HISPANIA ULTERIOR（外西班牙），首府是 Corduba（今天的科尔多瓦）。

在古罗马人到来之前，伊比利亚半岛被迦太基人控制着。这群迦太基人的首领叫：汉尼拔！是的，就是几部美剧致敬的历史上真正的“汉尼拔”。

汉尼拔凶残勇猛，发誓要以伊比利亚半岛为基地，攻破罗马，消灭古罗马帝国。

罗马大将军大西庇阿（Publio Cornelio Escipión el Africano）是古罗马声名赫赫的开疆拓土大将军。他被派来对抗汉尼拔，灭灭迦太基人的嚣张气焰。

大西庇阿将军不仅把汉尼拔赶出了伊比利亚半岛，彻底将伊比利亚半岛收归罗马帝国旗下，还跨过地中海，直捣汉尼拔的老巢：迦太基王国。北非一战，汉尼拔没有雪耻，反而战败后被流放，最后抑郁自杀而死。

大西庇阿将军在西班牙在塞维利亚（Sevilla）附近找了一个小小的村落，把伤兵和老兵安排在这里。

看着伤兵们在这个村落里生活起居，大将军突然灵光一闪：他要在这里建一个殖民地。既然有一批伤兵在此修建了部分工事，那干脆就改建成一个小城市好了！

大将军按照传统的罗马城市来规划和建造这座殖民城市，这也让这个小城市，成为世界上第一个古罗马帝国疆土之外的古罗马城市。

当时罗马帝国所在的半岛叫 Península Itálica。作为第一座海外罗马殖民城市，就被荣誉地命名为 Itálica（意大利卡或者伊塔利卡）。

古罗马人根据罗马行政制度来管理伊塔利卡，伊比利亚半岛上第一次出现了地域行省管理制度。

凭借着伊比利亚半岛卓越的气候条件和丰富的物资，伊塔利卡很快成为古罗马上层贵族向往的定居之所。

这个海外殖民地，应该正好建在一个风水龙穴之上，因为古罗马最伟大的五位皇帝，

有两位是来自 Itálica（伊塔利卡）。

第一位是把整个地中海圈入古罗马帝国版图的 Trajano（图拉真大帝），另外一位是把古罗马长城修到英国去的 Adriano（哈德良大帝）。

西班牙斗牛的发源地

皇帝的故乡，必定受到重视。哈德良大帝扩建了伊塔利卡。在 117 年到 138 年间，修建了当时罗马帝国最大的斗兽场（El anfiteatro）。这个斗兽场 160 宽 137 米长，可以容纳 2.5 万观众。斗兽场的看台分为三个区：贵族区、穷人区和妇幼区。

整个斗兽场还分为不同的功能区，对应当年几种角斗模式：角斗士之间的厮杀（munus gladiatorum），人兽斗（venationes），当时许多罗马都看不到的珍禽猛兽都曾出现在这个斗兽场当中。

哈德良在伊塔利卡出生，放在现在，就是安达卢西亚人嘛。他是罗马五大皇帝之中最有人文情怀的。他一度禁止过人兽斗这种残忍的游戏。喜欢血腥的贵族不想完全放弃人兽斗，就把奴隶角斗士，换成了伊比利亚半岛上的公牛。于是，在这个斗兽场中，第一次出现了斗牛。

公牛虽然吃草，面对财狼虎豹，还是表现得非常勇猛凶狠。（疯狂动物城选水牛做警察局局长，是不是这个原因咯？）

西班牙人逐渐发现了公牛并不像其他野兽那样疯狂，只要不挑逗他，人和牛就相安无事。同时，公牛的野性，又能满足人们寻找刺激的欲望。

从伊塔利卡开始，伊比利亚半岛开始出现挑逗公牛的娱乐活动。这就是西班牙斗牛的发源之一！只是之一，真实情况也无法考据。

留胡子的罗马皇帝

伊塔利卡出生的罗马皇帝哈德良，是历史上出了名的同性恋皇帝。他从来不避讳自己喜欢美男子的性取向。

在他之前的几位皇帝统治时期，皇族和贵族都是不留胡子的。但有着一颗希腊复古心肠，并懂得欣赏男性之美的哈德良，留了一脸的大胡子。他留胡子，就是向古希腊文明致敬。从哈德良开始，古罗马皇帝和贵族才敢有人留大胡子。

男人的毛发，在特定情况下是雄性的象征。作为小同的哈德良，留个大胡子，才能区别于古罗马那些直男癌晚期的皇帝们嘛。

性感的哈德良国王精心修建的 Italica（伊塔利卡）城一直繁荣到 5 世纪。古罗马帝国衰弱后，西班牙这个古罗马贵族的享乐圣地也被废弃。

由于整个城市都是用大石头建起来的，这里就沦为一个天然的采石场。

3.3 西班牙开国皇帝竟死于春药中毒

Fernando el Católico.　　Isabel la Católica.

1469 年，伊莎贝拉和费尔南多在 Valladolid 结婚，实行王国共治。夫妻同心协力，最终统一了伊比利亚半岛。他俩被称为“天主教双王”：Isabel la catolica　和 Fernando el Catolico。1492 年，伊莎贝拉出钱支持哥伦布出海，当年发现了美洲大陆！作为西班牙历史上最有名的夫妻档，耙耳朵的费尔南多，有很多艳史趣闻。

费尔南多（Fernando el Catolico）生于 1452 年 3 月 10 日，双鱼座。他在 1469 年与伊莎贝拉结婚时，只有 16 岁。在两人结婚 35 年之后，1504 年伊莎贝拉去世，费尔南多突然变成了鳏夫，当时他 52 岁。

费尔南多和伊莎贝拉有两个孩子，一个是疯子胡安娜，一个是早死的胡安。费尔南多为了不让卡斯蒂利亚王国和阿拉贡王国旁落他人之手，一心想着续娶个老婆，再多生几个孩子。

于是，费尔南多迎娶了比她小 36 岁的萝莉：佛伊莎（Germana de Foix）。

当一个 52 岁的大叔，遭遇一个 16 岁的少女，床上生活虽然艰难，但也能扛得下来。可是，经过近 10 年的奋斗，52 岁的大叔变成了 62 岁的老头，老国王为了满足年轻王后的生理需求而被折磨得疲惫不堪，这让老国王觉得很丢人。

那个年代，虽然没有蓝色药丸，但春宫禁药还是有的。那时，春药的叫法还很正式：afrodisíaco。药师平时有给费尔南多配一些温和的催情药！年老体衰的费尔南多觉得还是不足以展现他男性的雄风，就强迫药师加大剂量，不要那么温吞吞半天没反应的，要来一些猛药！药师被逼无奈，配制了一款药效最强劲，效果立竿见影的春药。

费尔南多吃了这药后，立马燃气熊熊欲火，就在他和嫩模嘿咻造人的时候，突然感觉胃里翻江倒海，没一会儿，老国王开始抽搐，口吐白沫，没一会儿，就裸身死在了床上。

原来这幅药效强劲的春药，包含了公牛的睾丸（Testiculo）精华，由于配方复杂，成分相克，最终导致老国王因春药成分中毒而死。

西班牙国王有很多种死法，战死的，摔死的，噎死的，但因为春药中毒裸体死在嘿咻床上的，就只有费尔南多这个大奇葩。

3.4 西班牙直接入籍的神秘姓氏。西班牙 16 世纪前没有姓氏

西班牙有很多奇葩的姓和名，许多姓氏背后是一段家族的奇葩历史。在 16 世纪之前，西班牙人是没有姓氏的，现在看起来奇葩的姓氏，也是在 16 世纪的某一天，慌乱之中给安上的。而西班牙有一批很神秘的姓氏，只要你的姓氏在这个名单之中，就可以立马加入西班牙国籍！

西班牙人自己票选出最奇怪的名字：

Digna Marciana
Sindulfo
Ataúlfo
Filadelfo
Cancionila
Onesiforo
Ladislao
Firmo
Honorario
Pantaleona

最奇怪的十大姓氏

Toro Bravo（公牛）
Sin Mayordomo（无男佣）
Verdugo de Dios（上帝的侩子手）
Tenedor Cuadrado（方叉子）
Piedelobo（狼皮）
Marco Gol（标靶）
Macho Seco（无趣屌丝男）
Gavilán Víbora（老鹰蝰蛇）
Gallo Enamorado（恋爱的公鸡）
Camino Grande（康庄大道）

世界上最早的姓氏出现在中国，母系氏族社会就有姓氏。在公元前 1500 年的商朝，开始采用父亲的姓氏作为子女的标准姓氏，取缔了母亲姓氏，父姓作为家族的象征一代代沿袭下来。

欧洲最早的姓氏出现在古罗马。罗马贵族一般有三到四个名字。比如古罗马的将军 Publio Cornelio Scipio Africano。第一个 Publio 是他的名字，Cornelio 是他的宗族名称，Scipio 是他的家族名字，而最后的 Africano 则是他的家族封地。

拥有三到四个名字，是只有古罗马贵族才能享受的待遇。当古罗马帝国将西班牙纳为一个省时，并没有推广这种制度。因此，在古罗马时期，伊比利亚半岛上的居民，

只有一个名字，而没有姓氏。只有少数贵族有两到三个名字。

公元 410 年，尚武的哥特人开始大举侵略罗马帝国，罗马帝国分崩离析。欧洲进入黑暗的中世纪。伊比利亚半岛开始了西哥特人统治时代。

野蛮的西哥特王族废除了罗马帝国的传统，仅有少数贵族的名字保留了家族姓氏，所有老百姓和大部分贵族都只有一个名字。

到 12 世纪，欧洲人口出现了爆发式增长，同一个村庄同名的人越来越多，财产的所有权和登记管理也越来越重要。为了分配财产和管理遗产继承问题，政府觉得有必要使用后缀来区分同一个名字的不同市民。

由于信奉天主教的原因，居民通常采用圣者的名字。于是，同一个村庄中就有很多个 José，很多个 Antonio. 为了区别这个 José 和那个 José，村民之间开始以职业、居住地和人体特征为后缀。于是就有了 José Marinero（渔夫 José），Juan Herrero（铁匠 Juan），Jaime Moreno（黑皮肤 Jaime），María Gorda （肥胖的 Maria）Julian Pico（山顶的 Julian）,Ana Rio（河边的 Ana），Liang listo（机智的大米良）。

1501 年，枢机主教 Francisco Jiménez de Cisneros 要求所有的信徒都要固定使用一个姓氏，孩子的姓氏以父亲的为准。从那一年开始，西班牙境内的天主教徒们就开始采用村子里笑名作为姓氏。于是，鞋匠 ZAPATERO 成了姓，当年这个鞋匠也没想到 600 年后自己的子孙里会出一个西班牙首相。Delgado，Gordo，Rico 这些村里的笑名就在慌乱之中固定成了一个姓氏。

1538 年 9 月 5 日，主教 Thomas Cromwell 谏言国王，在全国建立推广姓名制度，所有人都必有使用父姓和母姓，并对婚姻、父子等关系进行登记。西班牙创建了欧洲最早的户籍管理制度！从那时起，西班牙全国人民才开始正式使用姓和名。

1564 年，罗马教皇颁布敕令，欧洲所有国家都要建立起一个有名有姓的户籍制度，对每个人的婚嫁丧娶都要进行登记。欧洲范围内的户籍制度逐步成型。

早期的姓氏，并不是像现在一直沿用父亲的姓氏。而是将父亲的名字加上后缀作为儿子的姓。西语姓氏中，有一些特殊的后缀，标识着儿子和父亲的关系。其中以 EZ 结尾的名字，大多是 XX 儿子的意思。

Pérez 就是 Pedro 的儿子，Rodriguez 就是 Rodrigo 的儿子，Martínez 就是 Martin 的儿子。

通常情况是，爸爸叫 Rodrigo Moreno，儿子就叫 José Rodríguez。儿子将 Rodríguez 作为自己的姓，意指 Rodrigo 的儿子。演变到后来，才将父亲的姓氏固定下来。

这个习惯，在英文名字中也有体现。当下很多以 SON 结尾的英文名字，就类似于西语 EZ，也是 XX 儿子的意思。

比如 Johnson,tomason,Stephenson。

西班牙最常见的姓氏

García， González，Rodriguez，Fernandez，López，Martínez，Sánchez，Párez， Gómez，Martin，Jiménez。

García 是西班牙最常见的姓氏，在这些大姓中，一般都是地方诸侯的后裔。

可以立马加入西班牙籍的姓氏

2015 年 10 月，西班牙政府出台了一项法令，公布了一个西班牙传统姓氏的清单，所有拥有清单上姓氏的外国人，只要愿意都可以获得西班牙国籍。这个姓氏清单，就是西班牙历史上被驱逐的犹太人常见的姓氏。这个法令预备案在 2014 年 2 月提出，顿时引来南美诸国国民的骚动，网络上流传各种姓氏版本。但真正开始实施是 2015 年 10 月。该政策咨询的官方网站是 nacionalidad-sefardi.com。

犹太人是地球上生命力最顽强的群体，他们会通过各种方式传承自己的文化，打上犹太人的烙印，尤其是名字。西语常见的姓 Suárez，真实含义就是 Salvador de Israel，以色列的救星。

3.5 不是任何海盗都可以戴耳环。海盗耳环是有特殊含义的！

有名的海盗头子，会在身上挂满了各种饰物。其中最有象征意义不能随便乱挂的是：耳环。

对于海盗船长来说，挂耳环是能力和身份的象征。并不是一个简单的装饰。

海盗船长戴耳环的历史典故是啥呢？

大米良又要开始讲故事了。

在没有谷歌地图和 GPS 的大航海时代，人们对地球大陆板块的全貌还不完全了解。麦哲伦完成首次环球航海之后，大家总算知道了地球原来是圆的。在麦哲伦之后，出现了第二位完成环球航行的航海探险家，是海盗出身的：弗朗西斯·德瑞克（Francis Drake）。

这位英国航海探险家，1567 年第一次探险航行，从英国出发，横越大西洋，到达加勒比海。1569 年第二次探险航行，从加勒比海再往前，到达了中美洲。

大家知道，哥伦布在 1492 年发现美洲大陆之后，南美大陆基本上是被西班牙和葡萄牙霸占的。随着英国荷兰的崛起，西班牙和葡萄牙的霸主地位受到严峻挑战。英国这位德瑞克船长，在西班牙人眼里，就是到处乱窜抢夺财富的“海盗”。

历史上的德瑞克，除了探险航海之外，的确是为了英国王室从葡萄牙、西班牙船队中抢夺来了不少财宝。虽然英国女王封弗朗西斯·德瑞克为爵士，但在西班牙人眼中，他就是一个 PIRATA（海盗）。西语文献对这个德瑞克船长有详实的介绍，虽然对他的行为不齿，却称他为 El Draque（蛟龙）。可见，这名蛟龙船长还是非常让西班牙人头痛的，在航海界的名气也不小。

在世界地图还不完整的大航海时代，非洲最南端的好望角对航海探险是非常大的考验。当时，大家都还不知道南美大陆最南端是啥样。

1577 年德瑞克船长再次扬帆出海探险掠夺。1578 年到达南美大陆后，德瑞克船长沿着海岸线南下，计划通过南美大陆南端最危险的麦哲伦海峡。在到达南美大陆最南端之前，德瑞克船长意外发现了一个险要海峡。这个海峡礁石众多，对船只威胁非常大。要顺利绕过去，难度那是非常之大！作为这个故事的男一，自带男主光环的德瑞克船长，带领着船队，最终顺利地绕过去了。

绕过去之后，德瑞克船长非常得意，用自己的名字来命名这个海峡，也就是现在的德瑞克海峡。

发现了德瑞克海峡，又成功绕过最南端的合恩角后，德瑞克船长心情大好。他心血来潮，在自己的耳朵上戴了一个纯金的小船锚耳环。船长戴金锚耳环的行为和绕过合恩角的事迹绑在一起，“戴耳环”就成为了海盗界一种荣誉的象征。

只有那些成功绕过了好望角或者合恩角的船长，才有资格在耳朵上挂一个耳环。所以，可以戴耳环的船长都是很牛的船长，耳环是航海能力的荣誉象征。

大家可以去翻翻《加勒比海盗》的人物造型，好多船长，虽然很牛，但好像并没有戴耳环！

3.6 明明会过敏，为啥到处种梧桐？让 800 万人花粉过敏的历史罪人！

每年春天，西班牙主要城市都是漫天飞絮，许多人因为花粉过敏鼻涕连连。

在西班牙，街上飞絮漫天舞最严重的城市是：塞维利亚、哈恩、 马德里、萨拉戈萨和巴塞罗那。在这几个城市里，引起花粉过敏的罪魁祸首是：橄榄树 （el olivo），柏树（el ciprés），猪毛菜（la salsola），法国梧桐 （el plátano de sombra ）和墙草系列植物（la parietaria）。

在几大妖媚的飞絮植物中，以法国梧桐 el plátano de sombra 的致病率最高。大家有没有发现，西班牙主要城市，满大街都是这种法国梧桐？！秋天是满地金黄，好看！可春天，漫天飞絮，嗯，浪漫是浪漫，就是有点缺德！

是谁那么缺德，满大街种那么多法国梧桐的？！！

不知道西班牙有 800 万人，每年因为这个法国梧桐的飞絮而整个春天都无法发春只能默默的在家里自撸抗过敏吗？！

要看清这个缺德城市规划工程的历史，那咱们得先从这个梧桐树说起。

梧桐树，在西语里是 el plátano de sombra（树荫梧桐），另外一种称谓是 el plátano de Londres（伦敦梧桐）。

Plátano 不是香蕉吗？

单词 Plátano，如果指果实，那就是香蕉；如果指树，那就是梧桐。

虽然西班牙人把这种梧桐叫做“伦敦梧桐”，但实际上，“伦敦梧桐”最早出现在 17 世纪的西班牙。西班牙人放任法国梧桐和美洲梧桐嘿咻嘿咻，就有了这个特别耐虫害的私生子梧桐。

私生子梧桐耐修剪，生命力顽强！夏天可以形成葱郁的树荫，冬天抖落一身的叶子，让街道更好的采光。他的树干也特别抗寒耐冻，还可以承受住厚厚的积雪！长得也一排排整整齐齐的，总之呢，就是美化城市的标兵典型！

这种梧桐被英国人发现之后，在英国街道上广泛种植，还非常无耻地命名为：London plane（伦敦树）。

London plane 就是印第安土著和法国混混的私生子，你们英国人还当宝了。英国人在城市的大街小巷大面积种植这个混血儿，最终成了城市绿化的典范。

本来是自己的东西，看到人家搞出新花样了，这是的西班牙国王就决定抄袭过来！

这个抄袭英国城市绿化模式，并最终让现在 800 万人花粉过敏的人，就是把马德里变成一个国际大都市的卡洛斯三世。

18 世纪下半叶，马德里近郊的 Aranjuez 王宫，最早采用了这种梧桐树做园林设计。

卡洛斯三世决定将当时那个建了一半的 Aranjuez 王宫搞得气派一点。花巨资，请人重新设计修建了这个皇家园林。

在这个皇家园林里，有一个王子花园。花园从世界各地移植了各种奇花异草，其中就包括那个私生子梧桐树！马德里遍地开花的害人梧桐树，就是从这个王子花园开始的。

主持修建这个王子花园的建筑师叫 Isidro González Velázquez。这位建筑师在欧洲各地游学，英国、法国甚至希腊，满腹经纶地学成归国！接受主持 Aranjuez 第三期工程时，他就模仿了英国的园林设计，大量种植私生子梧桐树！

私生子梧桐树以其不卑不亢卓越的表现，彰显了皇家园林的气派。使用梧桐树来做园林装饰，就成为一种非常时髦的选择。尤其是到了卡洛斯四世时，每年都会移驾 Aranjuez 王宫，邀请名人大腕整天轰趴。Aranjuez 这个大气的皇家园林，也成了当时上流社会的一个名利场。安静看着人们纸醉金迷的私生子梧桐，也就被那些想自己搞园林炫富的贵族富豪们 COPY 了去！

从那时起，私生子梧桐就开始出现在城市的主要街道上。时隔 300 年到现在，满城满城都是梧桐树。

所以，西班牙那么多的害人梧桐，都是马德里 Aranjuez 那群古老的梧桐的子子孙孙。大家去马德里参观 Arajuez 王宫时，不要忘记给这些导致大家都花粉过敏的妖王飞白眼！

白眼本不是刀，飞的人多了，也就成了刀！

冷秋深锁梧桐，鼻涕飞眼泪。过敏难寐！

3.7 菲利佩五世：他建了西班牙凡尔赛宫，画像却一直被倒挂！

中国皇帝可以后宫佳丽三千，欧洲的国王可没那个艳福！一夫一妻制的欧洲王室，唯一一个择偶的机会，还会因为政治需要，被迫娶了各路恐龙悍妇回家！

因为没有自由恋爱到民间挑选美女的机会，西班牙的阿布斯堡家族一直近亲结婚，导致后代越来越畸形，直到出现西班牙最丑国王：卡洛斯二世！

西班牙最丑的国王

卡洛斯二世，作为西班牙国王第一丑，要颜没颜，要气质没气质，历史上还是个战争种子！加泰罗尼亚一直闹独立到现在，都和他有关系。

卡洛斯二世在西班牙历史上，被称为 El Hechizado（着魔者）。巫术下咒和下蛊，就是用 Hechizar 这个词。

维基百科是这样描述卡二的：他是哈布斯堡家族的家族症下颚前凸（Mandibular prognathism）病患中最严重的，下颚由于过于巨大而使他无法咀嚼。他的舌头也大得使他讲的话无人听懂。卡洛斯二世 5 岁断奶，由于跛足，到 10 岁才学会走路。卡洛斯生命的最后几年，举止怪异。他曾来到埃斯科里亚尔修道院的先贤祠，要求把已故家属的棺材打开，当他看到第一任妻子玛丽·路易丝腐坏的遗体后，竟然十分感动，一定要拥抱她。这时的他已彻底残疾，头发及牙齿掉光，失聪及近乎失明，并且有严重癫痫。

就差一脸脓包全身溃烂了！大米良都不愿意去脑补那个画面！作为天蝎座，他没有怨恨自己父母近亲结婚吗？

卡洛斯二世的爸爸：菲利普四世，和自己亲妹妹的女儿结婚！也就是怪蜀黍娶了亲外甥女，这种乱伦关系就报复在了他们的儿子卡洛斯二世身上。

真正的报应是：卡洛斯二世一生残疾，把统治了 60 多年的葡萄牙弄丢了。

卡洛斯二世虽然丑，但毕竟是国王。还是有姑娘被迫嫁给他的。

比起可能是同性恋却误以为是“性无能者”恩里克四世，卡洛斯二世是真的性无能。娶了两个老婆，都没能生下一个孩子。这就导致了卡洛斯死后的“西班牙王位继承战争”。加泰罗尼亚就是在这场王位继承战争中背叛了兄弟姐妹站错队，被新任国王剥夺了自治权！

如果真是论长相，应该有比卡洛斯二世更丑的。作为历史关键时期的国王，有更高的关注度，在他统治期间，不仅丢了葡萄牙，还终结了哈布斯堡王族对西班牙的统治，这种历史责任，难怪会有人说他最丑！

爱爱狂暴症的青蛙国王

最丑的卡洛斯二世，是哈布斯堡王族在西班牙最后一位国王，而费利佩五世，成为法国波旁王族统治西班牙的第一位国王。现在的西班牙国王费利佩六世，也属于波旁王族。

费利佩五世，是法国太阳王路易十四的孙子！

费利佩五世虽然看起来是个高富帅，但他只想安安静静地作一只青蛙！奇葩的是，他不仅不能安安心心地做一只美美的青蛙，还被迫当了两次国王！

费利佩五世 1683 年 12 月 19 日（射手座）出生在法国凡尔赛宫！一手扩建了华丽凡尔赛宫的太阳王路易十四，是他的亲爷爷！

西班牙最丑的国王卡洛斯二世生前，知道自己不会有子嗣，就指名道姓要让费利佩五世来继承西班牙的王位。

1700 年卡洛斯二世结束了他丑陋的一生，当时的费利佩是不愿意离开法国的，也不稀罕西班牙王位。

费利佩五世，他爸、他妈、他舅、他婶开了好多次家庭会议，最后还是决定，让 13 岁的费利佩去西班牙做国王！同时，还开了一个条件：费利佩当了西班牙国王，就不能再继承法国王位，将从法国王位继承人名单中除名！

13 岁的费利佩五世非常不情愿地从法国启程去西班牙当国王！第二年，还被指婚，14 岁就有了王后！

当个小国王，就算年纪小，也有妈妈舅舅或者其他摄政王，不用自己日理万机！想玩泥巴玩泥巴，该吃火锅吃火锅！可是，偏偏有人不让他安心当国王，还挑起了 10 年之久的王位争夺战！

虽然丑陋到没有儿子的卡洛斯二世钦点的继承人是长得好看的费利佩五世，但是，当时还有其他人国家的王族成员也有西班牙王位继承权。

挑起王位争夺战的，就是最丑国王卡洛斯二世的“娘家”：奥地利哈布斯堡家族！奥地利的哈布斯堡王族并不甘心自己王族结束在西班牙的统治，也害怕法国波旁王族，既统治法国，又统治西班牙，会势力过大！就费尽心机找到一个 BUG，挑起了西班牙王位继承战争。

战争的结果是法国赢了！

曾经 13 岁的费利佩五世已经 23 岁，在这十年里，他一直处在恐惧之中，天天坐着一个随时都有可能被赶下来的王位上！

13 岁被迫离开法国，在一个完全陌生的国家，人们说着他完全不懂的语言，文化习惯也和法国完全不同。还要面临一场持续 10 年的“赶自己下台”的王位争夺战。就算把西班牙王位坐实，他也失去了法国王位继承权。这三重打击，对他幼小的心灵，造成了：

”被流放”

“被投诉”

“被拉黑”

三重创伤！

心理阴影面积每年都以乘方数扩大。最后，他毫无征兆地患上了各种各样的精神病！

历史记载费利佩五世患上了多种精神疾病：

（跟着大米良来学习一下西语！）

在费利佩五世所患的诸多精神病中，影响最大的三种病是：

Sexoadicto 性瘾者

neurosis maniaco-depresiva 抑郁狂躁症

hipocondría 疑病症

（大米良造句：hipo-gordura，疑胖症！）

历史文献说费利佩五世是：fue una frenética actividad sexual（爱爱狂热症）。当然，不是和所有人，而是和她的老婆 María Luisa Gabriela de Saboya。

有一种说法：费利佩五世狂暴的性格，在床上非常暴力，而且还特别上瘾！最终导致了王后的早逝！王后去世后，作为国王，又不能随便找人爱爱，于是很快就续娶了新王后——Isabel de Farnesio，是意大利帕尔马王储的女儿，一个野心勃勃的意大利女人！

各种精神疾病折磨着费利佩五世，晚上肯定是睡不好的！出现幻觉，精神恍惚是必然结果。

大臣们整天祈祷不要出问题。终于，在 1728 年，噩梦还是发生了。在接见外国使臣时，费利佩五世穿着睡衣就出来了，还光着脚！

此次一疯，就疯得一发不可收拾！

费利佩五世一直怀疑有人会要毒死他，新换的衣服可能是有毒的。他坚持天天穿着自己的睡衣，拒绝更换新的衣服，包括：内裤！（嗯……包括内裤）。衣服都磨出破洞了，也不愿意更换！

内裤磨损状况，书里没说！

他还拒绝修剪指甲，拒绝理发、剃胡子。手上的指甲估计比杨丽萍的还要长，有人伺候也没事！可是，费利佩五世脚上的指甲也不让剪，脚趾甲长到不能走路！

费利佩五世幻想症也越来越严重，晚上梦游都是轻的。很长一段时间，费利佩五世认为自己是一只青蛙！每天四脚着地，蹲在地板上，等待着空中飞过一只可以吃的苍蝇！还在地上做青蛙跳！要出门找他的青蛙小伙伴们！

好几次，他还企图骑上壁毯上的战马，要去征战！

1724 年费利佩想安安静静地做一只青蛙，不理朝政。这一年的 1 月，禅位给自己 17 岁的儿子：路易斯一世！

对于费利佩禅位，另一种说法是他还是想着继承法国王位，所以先放弃西班牙王位。不过，大米良觉得这种可能性较小，因为他的精神状况，根本无法做任何一件正常的事情，只适合当一只美美的青蛙！

禅位给 17 岁的儿子

不过，小青蛙的悠闲日子并没有过多久。他的儿子，路易斯一世，在位 7 个月，当年 8 月，就得天花死在了马德里王宫里！

路易斯一世，没来得及生孩子，就死了！

他的老婆是法国奥尔良公爵腓力二世之女露易丝•伊丽莎白。不当妈妈的女人，人生是不完整的！老公 17 岁就死了，青春年华，就要过没有爱爱的生活，伊丽莎白觉得自己白嫁了。

她找疯子公公闹，找婆婆闹，找爸爸闹。最后，大家都被她闹得一个头两个大，最终决定取消了她和已经死去的路易斯一世的婚姻！

就像处女膜修复一样，露易丝•伊丽莎白就像没结过婚没死过老公一样，重新变回一个黄花大闺女！

后妈王后专政

费利佩五世 14 岁被指婚，性瘾过重整死了自己的第一任老婆！没有老婆，怎么满足他的性瘾病。他续娶的王后是意大利帕尔马王储的女儿 Isabel de Farnesio！这位来自意大利的后妈，利用费利佩五世神志不清疯疯癫癫，成为西班牙实际掌权者！也是慈禧太后一样的人物！

费利佩五世偷偷签署禅让文书，让位给前妻的儿子（路易斯一世），意大利后妈王后就已经非常生气了！路易斯一世登基后，费利佩五世还强迫和有政治野心的后妈王后搬离了马德里的王宫：Palacio Real de La Granja de San Ildefonso。没有大权，还远离政治中心，这让后妈王后非常气恼！

后妈王太后一直监视着年轻国王的一举一动。还经常举办各种宴会，宴请各国使节和大臣，制造各种话题，找机会诽谤路易斯一世。

执政 8 个月后，17 岁的国王得天花薨了！（历史是这样记载的，谁知道是否有黑幕？！）

按理，是该路易斯 14 岁的弟弟继承王位的。可是后妈王太后马上跳出来，说费利佩五世让位给未成年王子，已经是个天大的错误了！现在新国王猝死，就是老天爷对这个错误决定的惩罚！希望大臣们不要让老国王一错再错！要老国王重新坐回王位，强迫老国王为国王这份工作鞠躬尽瘁，履行他这一生作为国王的责任！

在野心勃勃的后妈王太后的游说和操控下，本来一心想安安静静做一只美青蛙的费利佩五世，又被再次推上了王位！第二次被迫当了国王！

青蛙国王费利佩五世和这位野心勃勃的后妈王后，生了几个儿子，其中就有后来的卡洛斯三世！这个后妈王后生的卡洛斯三世，就是把马德里扩建成有文化的国际大都市的西班牙第二丑国王：卡洛斯三世！

西班牙第一丑的国王卡洛斯二世指定的继承人：青蛙国王费利佩五世！费利佩五世，好不容易把西班牙国王的颜值扳上去，作为青蛙王子的卡洛斯三世，又丑回去了！

卡洛斯三世，是西班牙历史上有名的懂得治国的明君。他的治国才能，显然是遗传自他那位野心勃勃的妈咪！

修建西班牙的“凡尔赛宫”

法国有凡尔赛宫，在西班牙，也有一座凡尔赛宫，其华丽程度，本来是要与法国凡尔赛宫媲美的，只可惜……

这个西班牙的“凡尔赛宫”，原名叫：Palacio Real de La Granja de San Ildefonso（圣伊尔德丰索宫）。目前属于塞哥维亚 Segovia 地界，离塞哥维亚 13 公里，离马德里 80 公里。

这座王宫位于 Sierra de Guadarrama 山区，之前是王室成员打猎的小行宫。国王恩里克四世为纪念大主教（arzobispo）San Ildefonso 修建了一个小小的教堂（Ermita）。1477 年，统一了西班牙的天主教双王，宣布由王室资助这个小教堂。

到了那个修建了马德里 El Escorial 的费利佩二世手里，把这个行宫也好好翻修了一下。1682 年，遭遇了一场大火，被烧得面目全非。最后将这个废墟行宫修成西班牙山寨版凡尔赛宫的，是一心想念法国在西班牙只想当一只青蛙的费利佩五世！

这位在法国太阳王凡尔赛宫度过童年生活的菲利佩五世，非常不情愿的来西班牙做国王。无奈的费利佩五世，和王后好几次来 sierra de Guadarrama 山区狩猎度假，每次都能够有效缓解爱爱狂暴症国王的性瘾症状。国王对这个狩猎场的行宫越来越喜欢。1718 年，决定在这小教堂这个地方，修建一个华丽的宫殿。

他本来是想模仿费利佩二世修建宏伟的 El Escorial 王宫的，花了一大笔钱，看了好多设计，最后还是对亲爷爷路易十四的凡尔赛宫年念念不忘。经过无数次修改，最终的修建方案就成了一个“凡尔赛宫”的翻版！

主持修建新宫殿的是建筑师 Teodoro Ardemans。这位超级喜爱巴洛克风格的建筑师，1721 年，为这项浩大的工程奠基。

费利佩只想作一只青蛙，不想当国王。他逊位给自己的儿子。费利佩五世的儿子只当了 7 个月的国王就病死了。费利佩五世被迫再次当上国王！最后，费利佩五世患上各种疾病薨了。弄权的后妈王后死后，和菲利佩五世合葬在这个西班牙版山寨凡尔赛宫里。

费利佩五世之后，这个宫殿就成了西班牙的“承德避暑山庄”，是之后历代西班牙国王的避暑胜地。

画像被倒挂了几百年

这位想做只美青蛙的费利佩五世，虽然神志不清，整天想着一些奇葩的事情。但年轻的时候，还是得罪了一些人。作为波旁王族第一个西班牙国王，在瓦伦西亚的 Xàtiva 小镇，有一个博物馆 Museu de l'Almodí de Xàtiva，他的国王画像，一直被倒着挂！

倒挂国王画像，是对王室极大的侮辱！为啥要这么做呢？他们在抗议什么？

起因是菲利佩五世被迫来西班牙当国王。费利佩五世，是西班牙诸多历史事件的关键人物。

最丑的卡洛斯二世死后，奥地利的哈布斯堡王族后继续无人，法国的波旁王族派出了费利佩五世来西班牙继承王位。奥比利的哈布斯堡王族不甘心，引起了七年的王位争夺战。

在这场战争中，Xàtiva 小镇不可避免的成为战场之一。

1707 年，王位争夺战就要结束的那年，4 月 25 日两军在瓦伦西亚的 Almansa 发交火。奥地利联军打不过菲利佩五世的军队，就撤退到 Xàtiva 小镇，还修建坚固的防御工事。

菲利佩五世的军队打了两个月，在 6 月 2 日才攻下 Xàtiva。菲利佩五世对这个屁大点的小镇抵抗了那么久恼羞成怒。在攻下之后，决定惩罚这个城市。

6 月 9 日，菲利佩五世下令放火烧掉全城所有房屋，推倒所有古老的建筑。属于这个小镇的所有土地，都撒上海盐，让土地变成盐碱地，不能再生长农作物！同时，将这个城市的名字注销，改名为：Colonia Nueva de San Phelipe（圣菲利佩的殖民地）。

菲利佩五世对这个城市的惩罚，导致城市人口从 1.2 万锐减到 400 人，农业生产力用了 80 多年才完全恢复。

做完这一切之后，菲利佩五世花重金，重建了这个城市！并让这个城市一直使用 Colonia Nueva de San Phelipe（圣菲利佩的殖民地）。这个极具侮辱性的名字，一直被使用了一个多世纪！一个世纪后，在 1812 年，才重新恢复使用最早的名字：Xàtiva。

都说时间可以抹平一切创伤。1812 年 Xàtiva 这个城市，似乎恢复了 100 多年前的生活节奏，大家似乎也忘记了菲利佩五世对小镇的惩罚。

又过了 100 多年，1940 年，400 多年历史的农贸市场被改建成了博物馆。当时博物馆的馆长 Carlos Sarthou Carreres，研究了城市发展历史之后，对菲利佩五世的做法非常气愤！就决定把博物馆里的菲利佩五世画像，倒过来挂！

为了表示的确是倒着的，还特意摆了一张椅子作为参照物！并且非常有骨气地宣布：波旁王族一天不为火烧 Xàtiva 小镇道歉，菲利佩五世的画像就一直倒着挂！

这个没有工业、没有农业、没有美景的偏远小镇，在那个没有网络没有朋友圈没有 BlablaCar 的时代，一个农贸市场改的简陋博物馆，就算你天天焚烧国王画像侮辱王室都是没有人知道的。

这位博物馆馆长的愤怒，就这么“与世隔绝”地过了 40 年！

1995 年，这个小镇的镇长 Alfonso Rus，在一次重大活动中，半开玩笑地说：“菲利佩王子即位后，将是菲利佩六世。可我们小镇上的菲利佩五世还被倒着挂！如果菲利佩王子在成为六世之前，来我们 Xativa 小镇，为他的祖先给 Xativa 小镇造成的创伤道歉，我们可以考虑把倒挂的菲利佩五世画像正过来！”

虽然是半开玩笑，但王室并不觉得好笑！历史上发生了那么多有违道德伦常的事情，更何况是你死我活的战争年代所做的决定。

西班牙王室态度非常坚决地拒绝道歉！

哐当一声！ Xativa 人民的心彻底碎了！他们决定永生永世地将菲利佩五世的画像倒挂下去。

在 2014 年老国王宣布逊位给菲利佩王子那天，Xativa 政府的官方 Twitter 发布了一条信息：在 1707 年的同一天，波旁王族占领并洗劫了 Xativa！

至今，在瓦伦西亚的 Xativa 小镇，现任国王的老祖宗，西班牙第一位波旁王族国王的画像，依然被头朝下挂着！

3.8 猫有9命，为啥西班牙的只有7条?

英国、法国、德国的猫，都有9条命，中国也说猫有九命。西班牙的猫，却只有7条命!

为什么西方的猫也有9条命?

西方传说中的巫婆，都要养一只黑猫。巫婆可以将自己的灵魂附着在黑猫身上，一只黑猫，最多可以被附身9次。这个传说就演变成一只猫有9条命。

猫有九命的说法，10世纪传入西班牙。当时的西班牙受到天主教会严苛的控制。

猫，在天主教国家被看作是邪恶的生灵，常与巫婆黑魔法联系在一起，尤其是黑猫——路遇黑猫是不详的征兆。

猫，是不详之物，而且是魔鬼在人间的眼目。对猫有9条命的说法，天主教廷认为这是对万能上帝的亵渎。猫怎么可以拥有9条命，最多只能是7条!

为什么是7?

一个星期几天? 七天!

上帝用7天建造了这个世界!

炼狱的人有7宗罪：骄傲、嫉妒、愤怒、贪财、贪食、贪色。

天堂有7个烛台，代表7个教会，7盏灯代表上帝的7灵，以及7种恩惠，

7，对于天主教廷来说是这个世间万物的一个极限! 一只猫，即便是魔鬼的使者，也不能拥有超过7次生命!

于是，9条命的英国猫，流浪到西班牙，被天主教廷活生生地砍掉2条，变成了7条! 受西班牙的影响，葡萄牙和拉美地区的猫也只有7条命!

3.9 希特勒在巴塞找啥史前秘密武器？亚特兰蒂斯帝国可能是西班牙岛屿

关于希特勒自杀后的故事，有很多个版本。美国中央情报局（CIA）资深探员鲍勃·贝尔说，有证据表明纳粹领导人希特勒及其情妇埃娃在二战末期是假装自杀，之后逃到了西班牙加那利群岛的特内里费岛（Tenerife），在那里生活了一段时间后，最终逃往阿根廷。

希特勒取道特内里费岛（Tenerife）逃亡

希特勒选择特内里费岛（Tenerife）转道阿根廷，并不仅仅以为Tenerife是便利的中转地，主要还是因为特内里费岛（Tenerife）拥有传闻已久的海神后裔神力。

希特勒认为日耳曼民族是雅利安人的后代，而雅利安人则是欧洲神话中亚特兰蒂斯神族的后代。

传说中的亚特兰蒂斯大陆无比富有，那里的人具有超凡能力。在一次大地震后，这块大陆沉入海底，一些亚特兰蒂斯人乘船逃离，最后在中国西藏和印度落脚。这些亚特兰蒂斯人的后代分别成为雅利安人和印度人的祖先。

希特勒派遣探险部队，对西藏进行考察，发现了沙姆巴拉洞穴。有传说，西藏的沙姆巴拉洞穴是地球轴心，蕴含着巨大的能量，普通人根本无法靠近。但谁要是能进入洞穴，发现其中的秘密，不仅能成为时间的主人，还将拥有神奇的力量。关于西藏的沙姆巴拉洞穴网上有很多资料，此处就不详细叙述了。

沉入海底的亚特兰蒂斯帝国，被怀疑就是西班牙的加那利群岛中的特内里费岛（Tenerife）。加那利群岛在历史上曾有10个岛屿，由10个国王管理。这与希腊神话波塞冬将10个岛屿分封给10个儿子管理的神话不谋而合。波塞冬大儿子管理的岛屿，就是传说中的亚特兰蒂斯帝国。特内里费岛（Tenerife）也是加纳利群岛中最大的一个岛屿。很有可能，特内里费岛就是曾经亚特兰蒂斯帝国的遗址。

如果真如联邦调查局解密的文件所预测的那样，希特勒佯死，取道特内里费岛，有可能是冲着海岛上的亚特兰蒂斯神秘力量去的。

希特勒一直对西班牙的神秘力量充满向往。伊比利亚半岛，位于欧洲最南端，是衔接欧洲和非洲的过渡地带，同时又被大西洋和地中海包围，这种神奇的地理位置，让许多史学家相信，伊比利亚半岛应该蕴藏着某种神秘的力量。

希特勒的“袁天罡”——海因里希·希姆莱，遍访天下奇人异士，为纳粹寻找世界上各种秘法巫术以及各种超自然神器。希姆莱听说，西班牙拥有天主教历史上最神秘的神器——耶稣受难前喝酒用过的圣杯。

希姆莱在西班牙主要考察了三个地方：加泰罗尼亚地区的蒙塞拉特山（Montserrat），半岛中部的托莱多（Toledo），还有海岛特内里费岛（Tenerife）。

加泰罗尼亚的蒙塞拉特（Montserrat）群山

关于蒙塞拉特山（Montserrat）最早的传说出现在英国史前传说中。当时的德鲁伊人，认为地球的起源能量都聚集在地下一个神秘的地层。当今的蒙塞拉特山（Montserrat）就是地球起源能量的一个喷发口。蒙塞拉特山（Montserrat）特殊的地形，就是一条在地下蜿蜒的大蛇，这条大蛇的行径，代表了地球起源能量在地下流动的方向。就是因为蒙塞拉特山（Montserrat）是一个起源能量在地表的气口，所以这里的山石都像是充满了能量的石头“气泡”。

这一理论被天主教教廷采用，认为圣地亚哥朝圣之路，也是当年遵循着流动的地气，找到了现在的圣地亚哥大教堂。

作为西班牙历史上擅长自然魔法的史前人类：凯尔特人（Celta），对蒙塞拉特山（Montserrat）山体的能量非常敬畏，在这座山中，有不少凯尔特人时期建造的小型神庙和祭祀台。在蒙塞拉特山上有一种非常特殊的红杉树，这种汁液有毒、红艳奇绝的植物，从凯尔特时代就是巫师的最爱。

大米良在蒙塞拉特山（Montserrat）游走时，也发现这个地壳剧烈运动已过千年的山脉，依然是地气蒸腾。

从中国风水的角度来看，加泰罗尼亚地区是比利牛斯山这条大龙脉之外的一条小龙，而蒙塞拉特山（Montserrat）刚好是在这条小龙的龙胆之上。这个风水上的气眼，自然有不可思议的能量场。

蒙塞拉特山（Montserrat）黑圣母

蒙塞拉特（Montserrat）山脉，一直都非常神秘。由于山势险峻奇异，加上怪异的磁场，平均每周，这个面积并不宽广的山脉会失踪两个人。科学家一度怀疑，蒙塞拉特（Montserrat）山曾经是外星人的基地。外星人在山体内修筑了能量站一类的能源聚合站，才导致蒙塞拉特（Montserrat）山体变形，并发射出奇怪的微波、怪异的光谱，还有强弱不定的磁场。

蒙塞拉特(Montserrat)最著名的故事，是在此发现了巴塞罗那的守护神：黑色圣母。

关于黑色圣母，有一个传说。

在 9 世纪某个万里无云的一天，一个牧童突然远远地看到蒙塞拉特（Montserrat）山顶上一闪一闪地放着金光。牧童呆呆地盯着金光看了半天，金光闪闪就消失了。接下来的日子，附近村子的人都在不同的时间看到山上忽闪忽闪地冒金光，有时候是白天，有时候是晚上，出现的频率也越来越高。

最终，这件事件被教会知道了。教会组织一批教士，循着闪耀着金光的地方找去。在蒙塞拉特（Montserrat）山顶附近，挖出了一个黑色的圣母雕像。于是，在发现圣母的地方，兴建了一个教堂，就是现在的蒙塞拉特教堂。

关于蒙塞拉特黑圣母的传说，还有一个官方的版本，但时间相差了 2 个世纪。

在 11 世纪末期，几个牧羊人看到蒙塞拉特上不定期会出现一闪一闪的金光，这种金光比人间任何一种光都要明亮。看着光，内心油然生出一种神圣之感。每次金光闪现的时候，就能够隐隐约约地听到天使们的天籁歌声。

七个牧羊人，决定结伴去寻找金光的光源秘密。每个星期六，金光都会出现，伴随着渺渺的天音妙乐。七个牧羊人每次循着金光山上，每到一个山坳，金光就消失了，天使的歌声也随之停止。连续六个星期，无论牧羊人如何早起，都只能远远看见闪着金光的山谷，就要赶到山谷时，金光就会消失！

到了第七个星期六，七个牧羊人决定在星期五的晚上在山里过夜。第二天周六一大早，山谷又开始幽幽地散发着金光，光线越来越强。在附近过夜的牧羊人急忙赶了过来，总算在山谷一个石头旁，发现了真正的光源。

那一次，金光笼罩着 7 位牧羊人，天堂上天使的歌声清晰可辨。牧羊人沐浴在祥和仁爱的金光中，如受到主的爱抚一般。一时间，竟然沉醉其中，忘记做其他的事情。

过了很长很长时间，金光渐渐褪去。7 位牧羊人打算挖开发出金光的地面一探究竟——一尊黑色的圣母像呈现在了大家面前。

这件事情惊动了巴塞罗那的大主教。在主教的主持下，在发现圣母像的地方，建造起了现在的大教堂。这尊黑圣母，就成了巴塞罗那的保护神！

为什么圣母像是黑的？官方解释是：雕刻这个圣母的树枝在地下埋藏过久，被碳化了。实际上，黑圣母像与加泰罗尼亚当地的密教（Esoterismo）有关。

在凯尔特人（Celta）时期，加泰罗尼亚地区有一个巫师团体。这个巫师团体恪守大地崇拜。他们眼中的大地，不是黄色的，而是黑色的。所以，这个巫师团体中，任何祭祀和做法，都会供奉一块黑色的土地。古罗马时代后期，天主教逐渐流行之后，黑色的耶稣像，黑色的圣母像，或者黑色的圣者像就经常出现在这个地区。到了西哥特人统治时代，天主教雕像逐渐被其他地区的“正统”塑像取代。到了 9 世纪摩尔人时代，几乎看不到黑色雕像。

无论是古罗马人，还是摩尔人，对于施术用的黑色雕像，都不敢轻易毁坏。因为，黑色土地或者黑色木头制造的雕像，通常都是诸多巫术仪式留下的。后朝历代，都对黑色人偶器具敬而远之。

11 世纪在蒙塞拉特发现的黑色圣母雕像，有可能是前朝埋藏在地下的。

蒙塞拉特藏着最后晚餐的圣杯

传说归传说。有史料记载的蒙塞拉特大教堂，最初是在 1027 年，由天主教司铎 Oliva 主持修建，采用的是新罗马风格。由于地势险要，修建大规模教堂并不容易。最早修建的只是一个小教堂。1537 年教会对这个教堂进行了一次扩建，改用新哥特式风格。现在我们看到的蒙塞拉特教堂完整外观，基本上都是在 16 世纪完成的。

19 世纪，拿破仑当上皇帝后，相信传说中的圣杯就藏在蒙塞拉特。1811 年，拿破仑派遣法国军队，在蒙塞拉特掘地三尺，为了找到传说中的圣杯，不惜推倒伫立了几个世纪的教堂部分建筑。但最终还是空手而归。

1878 年，建筑师 Francisco de P. del Villar 主持，对大教堂进行修复。Francisco 采用了新罗曼式建筑风格（Estilo neorrománico），基本还原了教堂原来的风貌。建筑师 Francisco de P. del Villar，是主持修建圣家堂的第一位建筑师。是他与“开发商”不和，放弃了圣家堂项目，高迪才有机会来修建圣家堂。

由于历史记录着拿破仑曾经到蒙塞拉特来寻找圣杯。希特勒的御用谋士希姆莱自然不会放过对此地的勘测。1940 年，希姆莱亲自带兵造访西班牙牙。特地来到巴塞罗那的蒙塞拉特教堂。当时教堂的执事叫 Andreu，是所有修士中唯一一个会说德语的。希姆莱非常不客气地说，天主教信奉的天子耶稣，其实是外星人，他在最后的晚餐中使用的圣杯，具有超越生死的超自然能力。而蒙塞拉特教堂是藏匿圣杯的最佳地方。

Andreu 神父对于耶稣是外星人的说法哭笑不得，迫于纳粹的武力，也无可奈何，只能让希姆莱把蒙塞拉特教堂上上下下、里里外外翻了个遍。最后，自然是一无所获。

在蒙塞拉特之后，希姆莱又跑到 Toledo 大教堂去寻找圣杯！结果也是可想而知。

虽然希姆莱在蒙塞拉特没有找到什么，但蒙塞拉特神秘的气质一点都没有减弱。

3.10 西班牙奇葩作息是谁定下的？为啥要强制调整时区时间？

根据格林威治时区的划分，本初子午线刚好穿过西班牙，西班牙应该在零时区，和葡萄牙、英国一个时区。但西班牙却和法国、德国、意大利采用同一个时区时间。

西班牙时区为什么会和德国、意大利一个时区？

西班牙夏令时的由来，和希特勒有非常直接的关系！

大工业时代之后，全球贸易的发展，国际运输逐渐兴旺，但不同国家拥有不同时间，导致货物交接、国际交通运输失误连连。为了统一世界各国的时间，1884 年在美国华盛顿召集欧洲主要国家首脑，召开了制定世界时区的会议，决定将本初子午线作为世界零时区，再依次划分出东西时区，总共 24 个时区。

由于夏天和冬天的日照长度不一样，在冬天，6 点就天黑了，到了夏天，7 点才天黑。为了充分利用太阳光照时间，设置了冬令时和夏令时。

冬令时是以世界时区为标准的，夏令时则是在冬令时的基础上，往后延迟一个小时：本应该是 7 点钟的，夏令时就变成了 6 点。

西班牙所在的维度，和英国、葡萄牙一样，属于零时区。中国在东八区。英国和中国的时差是 8 个小时，中国和西班牙的时差，也应该是 8 个小时。

为什么西班牙和中国的时差不是 8 个小时？

因为西班牙独裁者弗朗哥在二战之前对西班牙时制动了手脚。

西班牙独裁者弗朗哥在 1936 年 -1939 年的西班牙内战中，凭借德国希特勒和意大利墨索里尼的帮助，赢得战争，上台成为西班牙真正的统治者。在 1940 年，为了表示对两个纳粹国家，尤其是对德国希特勒的感谢，特意将西班牙的时区调整为和德国一个时区。

弗朗哥政府在 1940 年 3 月 7 日发布 5 号文件：西班牙作为欧洲国家，时制应该和欧洲大部分国家同步，将西班牙的时间往前调 1 个小时！西班牙时间不再以零时区为标准，调整为以东一区为标准。这一规定的生效时间是 1940 年 3 月 16 日！

于是，西班牙时间，就活生生地被弗朗哥从零时区拽到了东一区。冬令时西班牙和中国的时差为 7 个小时，夏令时在冬令时的基础上，往前调整 1 个小时。西班牙与中国的时差，就变成了 6 个小时。

弗朗哥擅自调整西班牙地理时区是为了讨好希特勒。1945 年二战结束，希特勒“自杀身亡”，弗朗哥却已经习惯了这个作息。虽然有人提出要将西班牙时间修改过来，都没有成功。最近两任首相萨帕特罗和拉霍伊老爷爷也曾经尝试过，都被否决了。

毕竟，习惯的力量是强大的。

西班牙人常说，我们的晚饭时间是9点之后。这被视为西班牙特色，西班牙人倍感自豪。

那西班牙的奇葩作息时间是怎么确定下来的?

古代西班牙人，日出而作，日落而息。虽然时间过了几千年，但西班牙的太阳升落并没有发生太大变化。从贵族到平民的饮食习惯，都是跟着太阳走。根据一些文学作品对西班牙贵族饮食的记载来看，贵族们都在中午1点左右吃午饭，在下午8点左右吃晚饭。和中北欧中午12点午饭，下午6点午饭，相差了一个多小时。

这一个小时的差别，主要原因是因为太阳。中北欧的正午12点，是太阳最高的时候。在西班牙，太阳最高的时候是中午1点到1点半。太阳落山的时间，西班牙也是稍微晚一个多小时。

不同的日照时间，导致了就餐时间的差异，而劳作休息时间，通常以用餐时间为核心。逐渐的，西班牙人的作息就与中北欧有一个小时的区别，但并没有到如今的2点4点午餐那么夸张。

现代西班牙人习惯2点到4点就餐习惯，是在1939年西班牙内战结束之后形成的。内战结束之后，整个国家萧条狼藉，好的工作机会不多，大多都是打打零工。于是，西班牙流行着pluriempleo（打多份零时工）。大家一大早出门，几份临时工打下来，自然会错过1点钟正常的午饭时间。这些工人慢慢地开始习惯2点之后吃午饭。西班牙大部分地区的太阳都在9点之后才下山，晚饭时间也就在9点之后了。

在夏天，西班牙南部中午温度太高，日照时间长，午饭之后，大家会选择在家睡个午觉，等到四五点温度稍微下降之后，再开始工作。

考虑到南部下午的高温不能工作，弗朗哥政府为了统一全国作息时间，就迁就了南部作息习惯，将2点到4点作为官方休息时间。

新民主时期的西班牙，在实行8小时工作制后，保留了弗朗哥时期2点到4点作为午休时间的传统。上午的工作时间，为了配合2点吃饭，就从10点开始，下午工作时间自然就顺延到4点到8点。

所以，西班牙这个奇葩的作息时间，并非完全是因为光照时间而自然形成的，而是被弗朗哥强制规定推广，西班牙人习惯成自然，就变成了今天被西班牙人倍感自豪的“西班牙特色”！

3.11 西班牙那场史上汇聚全球文艺咖最多的战争！

西班牙这个偏居欧洲一隅的小国，在第一次世界大战之后，无论是政治还是经济，都不入流。但是，1936 年爆发的西班牙内战，却吸引了全世界各国的文艺大咖参战！除了海明威，还有《小王子》的作者，以及其他诸多知名作家。

西班牙凭什么，号召来了如此众多的文艺大咖?

西班牙内战（1936—1939）爆发前后的国际环境大约是：1931 年中国 9 · 18 事变日本侵华战争正式开始；1931 年西班牙的共和党人赶走了国王，成立了西班牙第二共和国。1933 年，希特勒完全控制了德国。法西斯势力，东边有日本，欧洲有德国和意大利。

1936 年，中国红军在甘肃会宁胜利会师，长征胜利结束。同年，西班牙的共和党人等左派组成人民阵线，在大选中获胜。此时，驻扎在北非的弗朗哥将军认为时机成熟，借助德国和意大利法西斯的支持，在西班牙发动军事政变，要推翻当时的西班牙第二共和国政府。希特勒与墨索里尼通过派遣军队、支援军火等方式支持法朗哥将军。两位纳粹头头那么支持西班牙，大量送给西班牙各种新型武器，目的其实是藉由西班牙作为试验新式武器的战场，为日后二次世界大战铺路。

英国、法国虽然看到了法西斯的野心，但不愿意参与到西班牙战争之中，反而私底下向西班牙出售军火，发战争财。在西班牙内战爆发初期，国际各国都有自己的算盘，没有多少人理会西班牙，直到一位西班牙画家，画了一幅震惊世界的抽象画！

是的，那幅画就是毕加索的《格尔尼卡》（*Guernica*）。

1937 年 4 月，德国派出一批新式战机，轰炸了西班牙北部毫无军事价值的古城格尔尼卡，几个小时就把小城夷为平地。毕加索把当时轰炸的惨状画成一个大的壁画，在当年国际展览会的西班牙馆展出，国际文艺界受到了极大的震动！摄影家、科学家、作家等都纷纷到西班牙支持共和国和西班牙人民。

这批有文化有情怀高逼格的文艺咖，就组成了后来知名的国际纵队！（Brigada Internacional）

参加西班牙内战支持共和派的国际纵队，来自53个国家，共有4万多人。这4万多人中，文艺大咖云集，比如已经被导游讲烂了的海明威，还有南美文学大咖聂鲁达。除了这两位，还有很多很多当时或者后来的文艺界名人，比如《小王子》的作者：Saint-Exupéry（安托万·德·圣埃克絮佩里）。

毕加索的格尔尼卡起了很大的作用，使得全世界各角落各行各业的人都受到很大的冲击。

这张照片（The Falling Soldier）是Robert Capa所拍，他是摄影家，这张照片是西班牙内战中，共和派军人中弹倒下的瞬间。爱因斯坦也对西班牙内战非常关心，他说："在我们这个时代，唯一使我们对未来抱着希望，就是西班牙人民为了自由和人类尊严的英勇奋斗。"

英国作家奥韦尔索性投笔从戎，跑到西班牙的巴塞罗那参加民兵，后来他把在战壕的经历写成《向Catalonia致敬》（*Homage to Catalonia*）。

智利诗人聂鲁达，西班牙内战发生时，他人就在西班牙。当时他在智利大使馆工作，他写了一首诗讲述国际纵队。

因为你们舍身，
而把新生命注给失去信念，
空虚的心，
对大地的信赖。
我要使自己谦卑的诗，

成为他们的剑和手帕，
来抹去他们悲痛的汗水。

海明威写了一个悼念的文章，追悼在西班牙牺牲的人们："没有人比在西班牙阵亡的人还要光荣的入土，这些光荣入土的人士，已经完成人类的不朽。"

海明威对西班牙有着非常特殊的感情。西班牙潘普洛纳奔牛节，最终促成了《太阳照常升起》这本书。他喜欢同西班牙人一起酗酒狂欢。海明威经常和哈德莉一起去西班牙，后来同哈德莉的女友玻琳娜一起去，结果，波琳娜成功上位，成为海明威的第二任妻子。

西班牙内战爆发，海明威花钱买了一辆救护车送往西班牙，当朋友多斯·帕索斯来到基维斯特同他一起钓鱼时，他们决定一起成立电影公司，拍摄一部介绍西班牙共和国的纪录片。

1937年2月，欧内斯特·海明威在离开美国前，同北美报业联盟签订协议，他去西班牙作战地记者，电讯报道每篇稿酬500美元，重要报道每篇1000美元，报道数额不限。当海明威告别妻子玻琳娜、登上"巴黎号"客轮启程时，他是当时全世界新闻业稿酬最高的记者。

西班牙内战失败后，海明威同第二任妻子玻琳娜分手，集中精力创作《丧钟为谁而鸣》，此书于1940年10月21日在纽约出版，打破海明威作品以往的销售记录。

关于西班牙内战，海明威说：喝下几口酒后，我说："我魂牵心系之首都，马德里万岁！"

这些作家都是以记者的身份来到西班牙。阿瑟·库斯勒（Arthur Koestler），匈牙利犹太裔英国作家、记者和批评家。库斯勒出于对苏联大清洗的反思，最终写出西方文学史上著名的政治小说《中午的黑暗》（*Darkness at Noon*）。西班牙内战期间，他作为伦敦《新闻纪事报》（*News Chronicle*）记者，在法西斯军占领下的马拉加省被捕获，判处死刑，不久又获赦免。由此，库斯勒写了《与死亡对话》，反映出一个面对命运者的心态。

另外一个和中国非常有渊源的作家是安德烈·马尔罗（André Malraux），法国作家。

1933年，马尔罗发表小说《人类的命运》（*la Condition humaine*）。此书获得了龚古尔文学奖，并被列入"20世纪的经典著作"，本来不大出名的马尔罗也一跃而跨入"法国第一流大作家"的行列。小说的开头就非常精彩，故事发生地点在中国，描写了蒋介石和中国共产党人的冲突，后者不惜牺牲生命、前仆后继地与蒋介石进行了殊死的搏斗。1923 年，他偕同第一个夫人去远东游历。这一时期，他和当时越南、中国、苏联的革命者有过频繁接触。

广州起义失败，国共两党联合破裂以后，马尔罗于 1927 年返回法国。他和高尼利昂·莫利尼策划对沙特阿拉伯进行了 1 次袭击，弄走了帕米尔地区哥特式的佛教艺术品，于 1932 年在《新法兰西杂志》社展出。

之后，他与另一作家安德烈·纪德极力替被德国纳粹分子诬告为纵火焚烧国会大厦主谋的保加利亚革命领导人季米特洛夫辩护。这时，他被选为世界反法西斯委员会主席。1936 年，他加了支援西班牙共和国的国际纵队，担任外国空军部队的总指挥。第二次世界大战期间，马尔罗领导好几支游击队，在 1945 年解放阿尔萨斯的战役中，担任阿尔萨斯·洛林纵队总指挥。

最后压轴的是《小王子》的作者安托万·德·圣埃克絮佩里（Saint-Exupéry）。

是的，没有错，就是那个永远长不大的《小王子》。安托万是法国作家、飞行员，1900 年 6 月 29 日生于法国里昂。1944 年获得“法兰西烈士”称号。 在他的经典儿童小说《小王子》出版一年后，为祖国披甲对抗纳粹德军。著名的小说分别有《夜航》、《人类的土地》等。在西班牙内战期间，他以法国报纸 *L'Intransigeant* 记者身份来支持西班牙。

正如中国抗日战争是亚洲抗击法西斯的开始，西班牙内战也是欧洲抗击法西斯的开端。只是中国赢了那场战争，而西班牙，则直接进入了弗朗哥独裁统治时期。

3.12 为啥西班牙汽车牌照上没有 A 和 E？

大家仔细观察一下西班牙的汽车牌照，任何拍照中，都没有出现 AEIOU 这几个字母？ AEIOU 这几个元音，是所有西语单词中必须包含的元素。为什么在汽车牌照上却从来不出现呢？

这个要追溯到独裁的弗朗哥时期！

在弗朗哥时期，因为对公共场合的语言管制比较严苛。当时交通部制定汽车牌照规则时，考虑避免一些敏感词汇出现在汽车牌照上，比如 ETA、FBI、 ONG，同时避免一些低俗词汇的出现，比如 ANO 屁眼，PIS 尿等。更要避免权贵名人耍大牌，要把自己的名字挂在汽车屁股上，比如 EVA、TEO、ANA、MANU 等等。

交通部就决定汽车牌照不采用元音字母。同时，Q 和 Ñ 也取消，是为了避免与 O、N 混淆。

交通部当年的这个计划，预计可以使用 40 年，给 8 千万台汽车排序。

虽然西班牙的汽车牌照不可能出现 FBI, ANO 这样的词组，但毫不影响出现 SB,NB,FK 这样的牌照！

3.13 美元符号来自西班牙国徽。美国有五个城市叫马德里

美元符号，是当今财富的象征。作为生活在西班牙的考据咖，大米良非常负责地告诉大家，这个美元符号，脱胎于西班牙的国徽！

这历史，要追溯到哥伦布发现新大陆的那个时代。

在哥伦布发布美洲新大陆之前，天主教双王之一的妻管严国王费尔南多，觉得自己和老婆统一了伊比利亚半岛。这丰功伟绩，只有得神助才可以实现。费尔南多决定在西班牙的国徽中，加入大力神柱。

大力神柱上有刻着(no hay tierra más allá)“境外无域”。费尔南多觉得，这句话刚好可以代表他们将把整个世界都收至麾下的丰功伟绩。

没过几年，哥伦布美洲之旅，让大家认识到原来还有一块大家不知道的新大陆，继续使用“境外无域”很贻笑大方。到了西班牙卡洛斯一世时，就将 Non（没有）去掉，变成了 Plus Ultra（天外有天）。

为什么选择大力神柱呢？

根据古希腊神话对大力神的描述，大力神海格力斯必须完成 12 项英雄伟绩。其中一项，就是到西方的埃里忒亚岛赶回革律翁的红牛，带回给欧瑞斯修斯王。途中还要将两座峭岩立在地中海的尽头。

海格力斯走到的最西方，就是现在西班牙 Cadiz（加迪斯）的直布罗陀海峡。到达加迪斯之后，大力神将两座峭壁立在海峡两边。这两座高耸的山峰，就成了后来的赫拉克勒斯石柱，也被称为大力神柱。

在费尔南多的计划中，统一伊比利亚半岛，只是他诸多英雄计划中的一项。他也要像大力神一样，通过诸多考验，最终名垂千古。于是，选取大力神柱作为权力和强权的象征，并加入到国徽和钱币之中。

至今，西班牙的国徽上都沿用大力神柱，还缠着绶带，绶带上写着：Plus Ultra（天外有天）。

天主教双王统一西班牙之后，西班牙逐年强盛，西班牙使用的货币被称为 “Dólar

Español”（西班牙刀），一般由黄金或白银铸造而成。

从这以后，西班牙南美拓（殖）疆（民）者将“西班牙刀”带到了美洲大陆，美洲大陆各国的钱币，都深受西班牙刀的影响。

西班牙不同时期和不同规格的钱币，由不同的铸币厂制造，每个铸币厂在钱币上都会打上一个标识。在大殖民时代，殖民者手中流通最大的西班牙刀，是在 Sevilla 制造的、在钱币上都有一个大大的 S。逐渐的，这个 S，就和西班牙刀紧密的联系在一起。

其实，西班牙钱币上对铸币厂的缩写不仅仅只有 S。还有 B，Barcelona；M，Madrid。

Sevilla 制造的西班牙刀在美洲大规模流通，对美洲国家的钱币产生了巨大影响。许多美洲国家的钱币都将大力神柱和 S 的标志保留了下来。

当墨西哥的经济兴盛起来后，流通一种叫“地球币”的银元，上面是两个地球，两边是大力神柱，银元的背面还是西班牙的国徽。这个墨西哥银元，就是美元的源起。在美元开始流通时，标志性的符号，就选择了大力神柱和一个 S。

关于这个 S，有说是缠绕在大力神柱上得绶带，也有说是流通最广的西班牙刀上的 S，这个争议。似乎大家更宁愿选择 S 是绶带的版本。因为，堂堂世界第一经济大国的货币标志，竟然是 Sevilla 的缩写！那也太搞笑了。

在美国的阿拉巴马州（Alabama），内布拉斯加州（Nebraska），爱荷华州（Iowa），纽约（Nueva York）和弗吉尼亚（Virginia），都有一个叫马德里的城市。整个西班牙只有一个马德里，也只敢有一个马德里，可美国有五个马德里！

纽约的马德里是 1801 年建立的。这些叫马德里的小镇，自然是当年的殖民者思念故乡的结果啦。

哥伦布发现美洲大陆后，最早殖民美洲的是西班牙人，西班牙人脚步丈量出来的美洲土地，这里就不细说了。和英国、德国人相比，西班牙人殖民最大的特点就是喜欢和当地人通婚。说白了，就是西班牙人耐不住寂寞，是人是马没关系。

由于西班牙乐于与当地部族通婚，演绎了一段段缠绵悱恻的爱情故事，也让西班牙人血脉真正在美洲大陆延续。

德国人和英国人基本上是不和当地部族通婚的。在现在的乌拉圭，还有德国人区，这些封闭社区里的德国人，宁愿挠墙也不要坏了血脉。

当年，在那个叫纽约的郊区。一个月黑风高的夜晚，刚和印第安姑娘嘿咻之后的 Miguel Angel，凭栏远眺，满心惆怅：啊，我的祖国，我的西班牙！

思乡之苦折磨着 Miguel Angel！第二天，他就决定自己建一个叫马德里的小镇！于是就有了纽约的马德里小镇！

3.14 “鸠占鹊巢”到人家窝里下蛋的西班牙人是谁？牛逼到无视国王征兵令

中国有个成语叫“鸠占鹊巢”，是说斑鸠，也叫杜鹃。杜鹃因为不会筑巢，就把自己的蛋下在喜鹊的窝里。

西班牙人把坎特布里亚人（Cantabros）戏称为斑鸠（cuco）！

为什么西班牙人把坎特布里亚人戏称为Cuco？坎特布里亚人为什么要鸠占鹊巢？

在1850年到1920年之间，美国和西班牙人争抢海外殖民地，西班牙政府采取全民皆兵的政策，年轻人必须服兵役。

兵役一般是三年，但在这三年里，很多人就会被派往菲律宾或者南美，却参加抵抗美国侵犯西班牙殖民地的战争。

全民皆兵的历史背景下，有一个牛逼的地区，可以不执行征兵政策，这个地区的青年劳动力也不需要服兵役！这个牛逼的地区，至今依然特立独行！那就是：巴斯克地区（Pais Vasco）。

坎特布里亚紧挨着巴斯克，许多坎特布里亚妇女怀孕了，就偷偷地搬到巴斯克地区去住。等孩子生出来了，孩子就是巴斯克户口，长大成年也就不需要服兵役了。

估计当年从坎特布里亚迁移到巴斯克地区的人口非常多，尤其是大批量的孕妇，多到成为一种社会现象。

于是，就有人戏称这些在人家地盘里下蛋的人为斑鸠。

坎特布里亚人从那时起就一直被称为斑鸠（Cucos）。

因为巴斯克和法国交界，巴斯克地方政府每年都自己掏钱，自己养兵，守护着西班牙和法国的边界。当年的法国也在如狼似虎的年纪，彪悍的巴斯克人，努力控制着狂野的法国贵妇，但也是差点精尽而亡。

有鉴于此，西班牙国王决定，全国征兵法中，给予巴斯克特权，不对巴斯克征兵。

3.15 这只旷野黑牛是如何逆袭成西班牙的文化符号的？

西班牙很多公路上，都能看到一头公牛剪影，惆怅地看夕阳西下。

这头独自忧伤的公牛，叫 Toro de Osborne。

这只成为西班牙最具代表性符号的小牛牛，最早最早最早，并不是为了代表西班牙而降临的！那么，他是如何逆袭成一个国家符号的？

两百多年前，西班牙的加迪斯（Cadiz），有一个叫奥斯博纳（Osborne）的酒庄。这个 Osborne 酒庄，始建于 1772 年，是世界上最早的酒庄之一。在世界最古老酒庄排名中，Osborne 酒庄西班牙排名第二，世界排名第 94！

这只惆怅的露着小 JJ 的牛牛，就是奥斯博纳（Osborne）酒庄为促销一款白兰地而设计出来的。

为啥是白兰地，而不是西班牙的起泡酒、葡萄酒呢？

因为酒庄的创始人是英国人！！

酒庄的创始人 Thomas Osborne Mann，是英国艾克赛特（Exeter）商人。18 世纪来 Cadiz 做生意的时候，成功追到另外一个英国酒商土豪的女儿，并生了 5 个子女，成为奥斯博纳（Osborne）酒庄的奠基力量。

五个子女当中，托马斯（Tomás）和尼古拉斯（Juan Nicolás）是混得最好的。托马斯（Tomás）专心经营酒庄，而尼古拉斯（Juan Nicolás）则从政，配合哥哥的商业扩张。从政的尼古拉斯（Juan Nicolás）最终混成了奥斯博纳伯爵（Conde de

Osborne）。

大米良仔细分析了一下奥斯博纳（Osborne）家族案例，得出一个非常重要的商业法则：

第一法则是：孩子要多生！生五个，可以至少保证两个有出息！

第二法则是：要赚钱，就得官商勾结！

弟弟专心搞社会影响力，整个伯爵头衔出来，让哥哥的生意天上地下各个阶级畅通无阻！多完美的组合！

奥斯博纳（Osborne）家族很快崛起。可惜拿到伯爵头衔的尼古拉斯（Juan Nicolás）没有子嗣，伯爵头衔最终传给了做酒生意的哥哥的儿子。

两百多年之后，到1956年，奥斯博纳（Osborne）家族新酿制了一种叫Veterano的白兰地，要在西班牙全国进行推广。这项高预算的广告策划被Azor广告公司中标。

Azor广告公司的创意总监布列多（Manuel Prieto Benítez）亲自上阵，设计了高4米的公牛剪影，1957年安装在西班牙主要公路旁。四年之后，1961年，这些公牛开始变形，奥斯本拿集团决定传给牛牛《进化秘籍》，燃烧他们的小宇宙，让他变身为黑铁圣斗牛，路边的牛牛们从4米的高度变身为7米。

刚变身的黑铁圣斗牛刚刚逐一空降西班牙各大公路，准备为新款白兰地打“圣战”，西班牙就为公路广告立法，规定这种危险广告，不能立在公路旁，必须离得远一些。

为了让黑铁圣斗牛更醒目，7米的圣斗牛再次燃烧小宇宙，变身现在14米高的乌金圣斗牛！

14米高的乌金圣斗牛在西班牙共有91只，西班牙的主要公路上，都可以看到这只圣斗牛。

我是旷野中一只很屌的牛
苍凉广袤的西班牙黄土上，
一只独自忧伤的斗牛，
孤世独立地在烈日中，
惆怅地眺望着你的小破车，
仿佛，
他在这里已经等了五百年！
待你走近，

他幽怨地看你一眼，

亲，买一瓶 Veterano 白兰地吧！

西班牙巴掌大块的地方，安置了 91 头乌金圣斗牛，不管你走哪条西班牙公路，你都会被这头黑牛牛盯上。这只牛，成为外国人对西班牙最主要印象。这只牛的造型，后来被西班牙旅游机构采用，成为宣传西班牙斗牛的标准造型。

从此，乌金圣斗牛，把小惆怅从苍凉的旷野，成功愁进了千家万户！

布列多（Manuel Prieto Benítez）设计的这只小黑牛，精准把握了西班牙斗牛的基本特征：蛋蛋大，有种！小 JJ 有毛，且形成天然的完美三角形！唯一不够标准的，是牛牛有点胸下垂。据说，胸下垂那么厉害的斗牛，是安达卢西亚斗牛的最大特点。

西班牙的斗牛

西班牙的斗牛，叫 Toro Lidia，也习惯叫 Toro Bravo。现在专门用来表演的斗牛，是公牛的一个分类，不是所有的公牛都可以成为斗牛。

虽然斗牛是一个品种，但也不是完全天然的。有文献记载的专业斗牛养殖，出现在 15 到 16 世纪的巴亚多利德（Valladolid）。也就是说，从天主教双王统一西班牙之后才开始有正式的斗牛养殖。

最早的斗牛，都是选择攻击性比较强的公牛，然后进行优胜劣汰配种繁殖。由于各个地区的公牛不一样，几个热衷斗牛的地区，都有各自比较有名的斗牛品种。不同的斗牛种类，主要区别看牛角。

西班牙比较有特点的斗牛品种：比如体格较小但非常好斗的 Casta navarra，头大身子小的红毛斗牛（Casta jijona），纳瓦拉斗牛（Casta navarra），希洪纳斗牛（Casta jijona）等等。

西班牙中部的斗牛 Casta castellana 或者 morucha-castellana 是血统最好的，因为马德里成为首都之后，良种斗牛都会被征召到首都。被京城贵气的格格牛、郡主牛宠幸，逐渐形成 Casta castellana 斗牛。这种斗牛形体高大，毛色黑亮，是斗牛中的高富帅，绝对不给“驸马牛”这个身份丢面子！

除了拥有明显地域特征，在 18 世纪和 19 世纪，许多显贵富豪也会自己养殖斗牛，培植有家族属性的独特品种。他们养殖斗牛，不是单纯的养殖，而是培养超强战斗力的斗牛。其中，不乏有一些是特别有钱有势的特权阶级。至今，有几个非常有名的斗牛养殖世家，他们的斗牛就比其他家的斗牛，战斗力更强，斗牛场上表现更精彩。

18 世纪末期，西班牙国王费尔南多七世曾下旨让当时的斗牛养殖专业户巴斯格斯（Gregorio Vázquez）培养出一种战斗力超强的斗牛。在国王的主持下，巴斯格斯从全国各地搜捕最有“神斗士”气质的斗牛，将青铜圣斗牛、白银、黄金、冥斗、神斗牛全部圈养在一起，从他们之中，培育出最优基因斗牛。这种斗牛，有一个神一样的名字：巴斯格娘斗牛（Casta vazqueña）。

举皇家之力培养出来的神一样的圣斗牛，巴斯格斯（Gregorio Vázquez）就拿自己家族的姓氏命名了！

Casta vazqueña 巴适过娘斗牛！（比亲娘还巴适，才是真的巴适！）

板鸭贵族饲养斗牛，就像美剧斯巴达克斯里的古代罗马贵族培养角斗士一样，都是为了斗牛场上的荣誉。现在许多斗牛士世家，也有自己的斗牛养殖场。比如 1772 年伯爵 Conde Vistahermosa 划地建牛场培育新型圣斗牛。这个因为父母有个好姓氏的牛牛，就有一个漂亮的名字：Casta vista-hermosa。地道的中文翻译，应该叫：养眼牛！

Casta vista-hermosa，纵你家母牛成群，不如我家一牛养眼！

时至今日，养殖斗牛，仍然是一个比较小众且巨有逼格的事情。在斗牛界，也有爱马仕一般奢侈级斗牛的存在。

3.16 不给独立，我就做头驴！巴塞吉祥物为啥是头驴？

斗牛，毕竟是西班牙的代表符号，作为一直有种闹独立，没种真独立的加泰罗尼亚人，认为自己不能接受这个象征着西班牙的符号。不仅加泰罗尼亚立法禁止了斗牛，还应该有一种属于自己的动物吉祥物！

能够代表加泰罗尼亚的动物吉祥物，必须是极具加泰罗尼亚特色的！找来找去，最后发现加泰罗尼亚有一种“驴”，非常本土！

这种驴叫 El asno catalán，是加泰罗尼亚地区特有的。

其实这不是比利牛斯山地区特有的，巴斯克地区和南法也有，不过既然加泰罗尼亚人要说是加泰特有的，你也别计较。配合点：这驴就是加泰罗尼亚特有的！

这个加泰罗尼亚驴，是一种非常古老的圈养驴，体型和重量上都比其他地区的驴要大。最最最重要的，是这种驴有非常强的抗旱、抗寒、抗高温的耐力，具有一种超级倔又超级抗打压的承受力。

一直受到中央政府打压的加泰人，立刻觉得与这种“驴”心有戚戚焉！

弗朗哥独裁时期，严厉禁止使用加泰语。弗朗哥去世之后，加泰罗尼亚展开大规模的加泰罗尼亚文化光复运动。现在，许多加泰罗尼亚政府资助的免费语言学校，名字都是：加泰罗尼亚语言光复学校。

在这个伟大的光复运动中，就有不少加泰罗尼亚民族主义者，一直想把这头“驴”扶正，要把这头驴作为加泰罗尼亚的主要标志。

但是，因为巴塞罗那市徽中已经有一只蝙蝠了。把驴扶正的计划，一直被蝙蝠侠压制着。

到 2004 年，Girona 地区的 Bañolas 小镇，有两位年轻人：Jaume Sala 和 Àlex Ferreiro，设计了一款驴的车贴。本来两位年轻人的初衷是：加泰罗尼亚驴越来越少了，大家应该重视物种保护。

初衷是好的，但许多一直想把“加泰驴”扶正的 XXX 分子，却利用这个机会，大作文章。一个简单的驴造型车贴，突然就火了！

一两个月内，加泰罗尼亚到处都是这个驴，这头驴不仅被贴在汽车屁股上，美女T恤的胸上，肌肉男短裤的屁屁上，各大旅游纪念品店也推出印有这头驴的纪念品。

四个月后，这头驴还上了加泰罗尼亚各大报纸的头版头条。电视里也在讨论这头突然爆红的“加泰驴”。

虽然初衷只是为了保护这个物种，但没有幕后推手，一个偏远山区的年轻人设计的车贴，怎么会火遍加泰罗尼亚的大江南北?

从那之后，加泰罗尼亚人就有了一个与西班牙斗牛相抗衡的动物：驴!

牛和驴的战争，就变成了西班牙和加泰罗尼亚的战争，许多与加泰相关的漫画，也用驴来代表。

加泰人，

为了不作西班牙人，

宁愿放弃牛逼闪闪的牛，

而甘愿作一头：驴!

大家是否知道，我们熟悉的《小毛驴》：我有一只小毛驴，我从来也不骑。这本书，是西班牙作家希门内斯（Juan Ramón Jiménez）写的吗？书名叫“Platero y Yo”（《小银和我》），离第一次出版，已经103年了!

希门内斯是Huelva人，不是加泰人。所以，他笔下的小银灰驴，不是那头闹独立的驴。两个种类哈。

我有一头小毛驴，我从来也不骑……

3.17 中国第一个电影院是西班牙人开的

当电影传到中国的时候，有钱人会在私人会所拿老式放映机播放。没有一个对外开放售票观看的电影院。中国第一个有场地、有座位、买票就能看的电影院首先出现在上海，而这个电影院的创始人是一个西班牙人。

这个西班牙人叫 Antonio Ramos Espejo（安东尼奥 · 拉莫斯），1878 年出生在格拉纳达一个富裕的家庭。1884 年大地震让他们家损失了大部分财产。1896 年拉莫斯参军，被远派到菲律宾。1895 年拉莫斯在法国旅游的时候买了一个电影摄像机，这个摄像机被一起带到了菲律宾，拍摄记录菲律宾的民俗风情。1903 年，拉莫斯到上海旅游，在传教士 Gaudencio Castrillo 的帮助下，在上海播放了一些他自己拍摄的电影。

在拉莫斯来到中国之前，另外一个西班牙人加伦 · 白克（Colon Blanco）已经在中国展开了电影“事业”。1899 年，西班牙人加伦 · 白克（Colon Blanco）带来一台旧的放映机和几部残旧短片，先后在上海的福州路、乍浦路和湖北路放映电影，但经营惨淡。拉莫斯结识加仑之后，从加伦手中收购了放映机，计划再购买几部影片，加上自己制作的旅游纪录片一起卖票播放。

拉莫斯选择福州路的青莲阁楼放映他的电影。

青莲阁是全上海闻名的茶楼：二楼是茶座，楼下是集游艺、杂耍、唱曲和摊贩于一体的小型游乐场。拉莫斯租用青莲阁的一个小间，在里面挂了一块白布。在大门口贴出广告，雇用几名穿红戴绿的印度人在门口吹吹打打招揽观众。当时青莲阁放映的电影每场 15 分钟，票价 3 个铜板，影片内容多是新闻和风景。

拉莫斯的电影铁皮屋让普通上海人也能够看到电影，迅速火了起来。钱包也越来越鼓。1908 年，拉莫斯在海宁路和乍浦路口建造了虹口大戏院，成为上海的第一家正规的影戏院，第一场放映的是西方片《龙巢》。虹口大戏院有 250 个座位。

当时的上海人中西结合，把看电影叫作看影戏，早期的电影院都叫作影戏院或者叫做大戏院。

拉莫斯第二年建起“V2.0 豪华版”的维多利亚影戏院，有 800 个座位，设有豪华的酒吧，供侨民和外国士兵尽兴喝酒。维多利亚的票价也是当时“第一高”，前座一元七角，后座七角。

其他外国人眼红拉莫斯能赚那么多钱。跟着在虹口租界一带建造了许多家影院，虹口租界成了上海影院的据点。抢占先机的雷玛斯又修建了卡德、万国、夏令配克等影院，成为招摇十里洋场的一名电影富商。

1930 年拉莫斯卖掉了大部分影院，回到了西班牙。

在 1930 年回到西班牙马德里之后，拉莫斯在马德里的 Granvia 上，修建了 Rialto 电影院，开始了在马德里的电影事业。14 年的辉煌之后，拉莫斯 1944 年卒于马德里。现在 Rialto 已经是国际院线。

3.18 瑞士人建了巴萨队，于是巴塞人去马德里建了皇马

西班牙，最有名的还是足球，尤其是皇马和巴萨！

皇马的前身名叫凯斯足球队，由 Carlos Padrós Rubio 和他的兄弟 Juan Padrós 创建于 1896 年。1902 年 3 月 6 日正式成立了马德里社会俱乐部，1920 年 6 月 29 日，西班牙国王把“Real”（皇家）一词加于俱乐部名前，以此来推动足球运动在首都马德里市的发展。从此俱乐部正式改名为：皇家马德里足球俱乐部。

作为皇马的死对头，巴萨成立于 1899 年。由瑞士企业家甘伯建立。当时的巴萨队，大部分是英格兰和德国等外国人，只有很少部分是当地的巴塞罗那人。

皇马的创立者 Carlos Padrós Rubio 出生在 Sarria。

嗯？ Sarria 是加泰罗尼亚的一个小镇。Carlos Padrós 的父母是加泰罗尼亚有名的布匹商人。也就是说，瑞士人创建了巴萨球队，而加泰罗尼亚人则创建了皇家马德里！

还有比这更狗血的剧情吗？！

足球界两大豪门竟然都不是根正苗红！！！

巴萨队成立之后，大部分都英国德国球员，其水平比西班牙球员要高出许多个等级。很快，巴萨队就成为西班牙国内最强球队！嗯，最强球队，之一！

巴萨在国王杯中常年独霸冠军，绝非什么好事！

巴萨在 1902 年 5 月 13 日凭借外籍球员的帮助 3:1 击败皇马之后，马德里的官员都以巴萨使用大量外援为由，觉得巴萨赢得很可耻！

不管出身如何，马德里作为首都，国家首脑的吃喝拉撒都在马德里，自然对皇家马德里的感情更深厚！

西班牙足协决定在 1928 年建立正式的联赛体制，而在联赛创建之前，巴萨已经在全国最高赛事国王杯中 9 次问鼎。巴萨赢得越多，这个外国人占多数的球队，就越让西班牙人感到耻辱！

在西班牙内战期间，巴塞罗那作为了反皇党共和派革命政府的首都坚持到了最后的战败。弗朗哥上台之后，巴塞就成为当时政治最反动的地区！巴塞罗那足球队便从此成为了“国家的敌对方”，皇马成为了佛朗哥法西斯独裁政府的代表。

在弗朗哥独裁时期，巴萨曾因支持者嘘西班牙国歌被禁止在主场比赛 6 个月，俱乐部主席甘伯被勒令下台。更为令人发指的是，1936 年，时任巴萨主席的索诺尔因对不满弗朗哥的独裁统治被秘密处决。

1943 年，巴萨与皇马会师国王杯半决赛，皇马客场 0:3 告负，身为皇马球迷的弗朗哥恼羞成怒。第二回合移师皇马主场伯纳乌之后，弗朗哥便下令军队将巴萨队在巴塞罗那得主场团团包围，并提醒远在马德里的巴萨全队，如果不输，后果看着办。

最终，巴萨以 1:11 输给皇马。

弗朗哥对巴萨的打压，在很长一段时间，让巴萨球队都非常低迷。

皇马可以援引海外球员，但巴萨不行。这逼着巴萨只能从本土寻找具有踢球天赋的孩子，并将这些加泰孩子培养成出色的球员。

在弗朗哥时代结束之后，皇马逐渐形成了天价购买外援的策略，而巴萨则更重视青训队的培养。又瘦又小的梅西和曾经也是弱不禁风的瓜帅，都是巴萨从小培养的。

许多世界顶尖球员都曾在皇家马德里踢过球。这样的策略，让皇马的球员都有很强的个人魅力。而巴萨的球员，却看重团队合作。

皇马和巴萨，从历史上就是嫡出和私生子的争斗。马德里作为首都，皇马自然可以得到更多的庇护。而巴萨一直受到打压，巴萨只能坚信：白云偶尔会遮住蓝天，但蓝天永远在白云之上！

3.19 西甲球队互怼出来的奇葩绰号

皇马被称为维京人

大米良在骨灰级球盲的世界里努力脱盲，每支球队都有一个绰号（绰号的西语是：Seudonimo），皇马的绰号是：merengues，国内球迷翻译成：美凌格。

大米良在看中文报纸的时候，似乎大家都把“皇马球迷”称之为美凌格。但经过反复考据，最早，“美凌格”是指“皇马球队”。不过，用 Merengues 指代皇马球队，指代皇马球迷都不重要了。大家知道 Merengues 是啥东西不？

美凌格，其实一种西班牙流行的甜品。

用鸡蛋清加白糖，打泡打泡打泡再打泡。白色的泡沫凝固之后，就固化成了这种雪白雪白的甜品！

那为啥会把皇马称之为美凌格呢？因为皇马球衣是白色的呀！世界上，还有什么会比美凌格这种甜滋滋的东西更白净的？

但是，从什么时候开始把皇马称之为美凌格的呢？

第一次把皇马比喻成美凌格得，是一个电台的球赛解说员：Matías Prats Cañete。在一场皇马进球后，她说：皇马球员就像奔跑的美凌格，甜滋滋的！

于是，美凌格（Merengue）这种甜品，就成了皇马和皇马球迷的昵称！

皇马除了“美凌格”这个褒义绰号外，还有一个略带贬义的绰号：维京人（vikingos）。

把皇马称为维京人，源自 20 世纪六七十年代皇马最鼎盛的时代！当时皇马球员中有许多是来自德国和北欧的球员，许多西班牙国内球队，非常不服气的认为：皇马就是靠着这些外援获胜的。由于是来自德国和北欧，就把皇马戏称为：维京人。

第一次官方媒体使用这个词来指代皇马，是

美国《时代周刊》（*The Times*）。1960 年，皇马 7:3 战胜了法兰克福俱乐部，夺得了 1959-60 赛季的欧洲杯冠军。当周的《时代周刊》在一篇评论中写道：皇马像当年的维京人一样，横扫欧洲，鲜有对手！

从那以后，皇马在"美凌格"甜品的基础上，获得了更有力量感的"维京人"的绰号！

维京人比美凌格带有更强烈的感情色彩，皇马球迷的骄傲，也被称为"Orgullo Vikingo"（维京人的骄傲）。

马竞被称为印第安人

皇马是维京人，听起来有点贬义，但也是傲视群雄的贬义。同城德比对手马竞，被称为"印第安人"（Indios）则是实实在在的贬义。

和皇马在 70 年代获得"维京人"绰号同一个时代，财大气粗皇马大量购买中北欧球员，没有那么有钱的马竞，则从南美挑选了许多潜力球员。

和身体高大、金发碧眼的皇马"维京人"一对比，马竞的南美球员，身材相对矮小，尤其是黝黑的肤色，被嘲笑为"印第安人"（Indios）。

一个带贬义的绰号用久了，大家忘记当初的不友好，"印第安人"这个绰号被马竞球迷保留了下来。

现在马竞的吉祥物叫：Indi，也是源自 Indios 这个词！

马竞现在最好玩的一个昵称是 colchoneros：床垫工人！起源是西班牙内战之后，当时的床垫套子，非常流行红白条纹，和马竞的球衣一个颜色。于是，这个 colchoneros 的戏称就成了马竞的一个昵称。

巴萨球迷被称为小屁屁（cul é）

皇马的维京人，马竞的印第安人，好歹也是地球上的一个人种！巴萨球迷的绰号，不是地球上的人种，而是一个人体部位：屁屁！

巴萨球迷被称为 culé！ Culo 是屁股。

巴萨 culé 的称谓，源自 1909~1922 年。但是的巴萨主场位于 Calle Industria，只能容纳 6 千人！

在重大比赛的时候，全场爆满，许多球迷只能坐在外墙边缘观赛。所以，只要有重大比赛，巴萨主场的外墙上，就全是密密麻麻的屁股。

在加泰语中 Cul 是屁股，拟人化之后应该是 Culers，但是加泰语发音省略了那个 R，最后就变成了 culés。

西班牙人的昵称是：鹦鹉

胸口贴着“超级女声”的皇家西班牙人队，昵称是：鹦鹉（pericos）

皇家西班牙人队被称为鹦鹉，并没有太多的故事。

1923年，西班牙人队迁入到Estadio de Sarriá新球场，这个球场附近有很多鹦鹉。来现场看比赛的人，对这些不惧人的鹦鹉印象深刻，于是就把西班牙人队称之为“鹦鹉队”。

Sevilla队是“洗脸盆”（palangana）因为组建队伍的时候，那个时代的洗脸盆是红色的，Sevilla球队的队服是红色的。

瓦伦西亚队被戏称为“Che”队，和中文的“切，吹牛”一样，是一个拟音词！瓦伦西亚人见面都喜欢Che，类似于西班牙其他地区人民使用的"Oye”。由于Che很特别，就用“Che”来指代瓦伦西亚队。

马拉加队被戏称为“凤尾鱼”（Boquerones），毕尔巴鄂队被称为“狮子”(Leones)

每个球队，都会有一个昵称，大部分都是来自对方球迷的贬损和戏谑。

时间久了，我们总会忘记当初的那些不友善，于是就有了今天这些看起来搞笑的“戏称”。

3.20 在美国翻云覆雨为啥在西班牙就那么怂？共济会在西班牙的悲催野史

神秘的共济会，掌控着美国的整个社会，又通过美国掌控全球。这个在美国翻云覆雨的神秘组织，在西班牙也有段惊心动魄，荡气回肠的历史。曾经强硬过，但在社会文化结构复杂的欧洲，共济会在西班牙的影响力非常羸软！

现在，大米良就带着大家来梳理一下，共济会在西班牙的发展史。

共济会的理论包含了神秘主义、犹太卡巴拉密教、中世纪炼金术等的诸多元素。从外包装来看，共济会还是很有内涵的。但是，历史上最早的共济会，就是个“建筑师联盟”。

传说，共济会的始祖为以色列王国时代的海勒姆（Hiram Abiff），他是建造耶路撒冷圣殿的建筑师。海勒姆被另外三个建筑师谋害，把他的尸体藏在圣殿的青铜墓里，但不久复活。

开宗立派的祖师爷，必须死而复活！

复活后的海勒姆就将共济会发扬光大了！

撇开不符合自然规律的故事情节，共济会起源于参加建造耶路撒冷所罗门神殿的石匠们。共济会的那些看起神秘的符号，其实就是建筑工具：圆规和直角尺。这和我们熟悉的镰刀斧头的符号来源是一样一样的。

一个简单的工具符号，会在历史的发展中，因为宣传的需要，被人为解读出各种神秘的内涵。直角尺，后来被解读成六芒星中向下的正三角形，代表着真理。圆规是向上的正三角形，象征着道德，两者的结合代表阴阳调和。

好吧，两个基本绘图工具，都被演绎出洛可可一样花哨的内涵了。

对于共济会里的那些魔鬼崇拜和神秘仪式，都不是共济会的原创。大米良稍微了解了一下，都是东扒西凑从其他地方借鉴过来的。所以，不管是希拉里练秘术，还是某会员练神功，和共济会本身没啥关系。

有关于共济会魔鬼崇拜的传说，这些神秘主义和宗教元素，大部分都不是共济会原创的。既然是非原创的，大米良就不深入展开了。还是先给共济会剃个毛，看看真实的共济会发展轨迹。

今天的共济会大约有600万人，美国境内超过200万名会员，法国约20万人，大不列颠的那几个小岛上的，大约有40万人。会员数量如此庞大，必须不是啥秘密组织！

现代共济会正式出现的最早记载是在1717年的英国。当时的贵族和高级神职人员，在四个酒吧里，经常搞些探索真理和社会发展的社交活动，后来就成立共济会。这一新生的共济会，脱掉了传统的神秘主义外衣，自诩为思想上的工匠，其实就是热衷社会改革的政治团体。

由于参与的都是当时有名望的知识分子，共济会在文化圈的而影响力就很大。

英国共济会于1753年分裂为两派，分别叫现代派（Free and Accepted Masons）和古典派（Ancient Free and Accepted Masons）。

分裂原因是某些会员不满“现代派”拥护英国王室。他们认为，王室的存在，完全违背社会的进步方向。于是就自己成立古典派，遵循正统的共济会理念，探索和实践民主和社会经济发展的新方向。

新成立的古典派共济会非常支持北美独立运动，并积极参与到北美独立战争之中。所以，北美独立战争中，主要的头头脑脑都是共济会的。

当北美独立战争取得胜利后，这些共济会成员，就成为开国元勋！

美国不像欧洲，有许多历史久远管理严密的组织，作为开山鼻祖，共济会就轻松地成为美国政治经济的“大脑”，因此，共济会成员控制着美国社会，一点都不奇怪！

共济会在1717年成立，迅速传播到欧洲其他国家，尤其是法国。

当时的西班牙是个啥情况？

18世纪的西班牙整个社会，都处在严密的宗教监视之下，宗教裁判所的权利非常大。

1748年，法国南部小城市尼斯的共济会，在巴塞罗那成立了西班牙第一个共济会分会。不到两年，就被宗教裁判所的眼线发现，立马被取缔。

1751年，费尔南多六世出台法令宣布共济会为非法组织，严令禁止在西班牙境内从事任何活动。

当时，西班牙的共济会和“无神论者”“摩尼教”“犹太人”一样被划为宗教异端分子，属于严厉打击的范围。

明着来不行，暗着来总是可以的，毕竟共济会笼络的都是一些心忧祖国未来发展的知识分子。巴塞罗那的Aranda伯爵在1760年秘密成立了共济会分部，受法国共济会管理。偷偷摸摸的存在了20年之后，在1780年，更名为“Gran Oriente de España”（西班牙东方曙光）。到1800年，西班牙境内的共济会成员在高压之下，潜滋暗长地增加到了400多人。

西班牙最早的共济会都和法国共济会有密切联系，基本上都在巴塞罗那秘密落户。

在拿破仑统治的法兰西第一帝国时代，拿破仑打着去葡萄牙与英国作战的借口，借道西班牙，顺便占领了西班牙，还把他哥哥封为西班牙国王。这就挑起了 1808 年 – 1814 年的西班牙独立战争。

在这期间，西班牙境内的共济会受到拿破仑政府的支持，迅速发展，甚至有共济会分会取名为“Los Amigos Fieles de Napoleón”（拿破仑忠实盟友），主要成员都是法国军官与加泰罗尼亚的“地方乡绅”。

拿破仑在西班牙失败之后，这些共济会虽然被取缔了，但成员之间的结盟关系已经形成，会员活动开始转为地下。赶走法国人上位的费尔南多七世通过宗教裁判所大规模搜捕共济会成员。

在西班牙的中世纪，天主教国王们，驱赶了精于商贸的犹太人，又通过宗教裁判所严格控制社会的信仰和思想，把整个西班牙与欧洲开放的文明隔离开来。发生在欧洲主流国家的文艺复兴、新教改革、工业革命、启蒙运动等等重大的文化思想变革，西班牙都是“出淤泥而不染”，逐渐萎靡成欧洲一个思想保守而落后的国家。

就在西班牙闭关锁国这段时间，以巴塞罗那为据点的共济会，由当地思想开放进步的知识分子组成，在秘密地传播着欧洲的最新思潮和民主变革。从那个时代开始，以巴塞罗那为中心的加泰罗尼亚地区，思想文化上开始与西班牙主流社会产生对立。成为欧洲新思潮和流行文化在西班牙的主要据点。

到 19 世纪，西班牙最淫荡的女王 Isabel II 统治西班牙的时代，共济会在名义上依然是非法的，但势力已经渗透到了西班牙的王室和重要政府部门。在 Isabel II 荒淫的统治期间，西班牙的共济会开始从法国共济会的管理中独立出来，在伊比利亚半岛建立自己的地盘。

19 世纪，是共济会在西班牙迅速扩张的时代。在西班牙有两个共济会组织：Gran Oriente Nacional de España 和 el Gran Oriente de España。后者对会员更加宽容，1872 年—1873 年，西班牙第一共和国成立，国家主席和参议院主席，都是共济会成员。

那是一个共济会成员在政治上春风得意的年代，他们不再隐匿于阴影中，而是堂而皇之的宣扬自己的理论。在 1871 年 5 月 1 日，公开发行了共济会白皮书，甚至出版了西班牙共济会口袋辞典。

到 1890 年，巴塞罗那就有 40 多个共济会会所，他们资源共享，甚至有专门给共济会成员提供医疗服务的私立医院。这个时期的西班牙共济会成员，也远赴重洋，在新美洲，尤其是古巴拥有重要的影响力。

有政治经济利益存在的地方，就一定是多派对立，就一定有制衡反对势力。在共济会明目张胆招摇过市的时候，天主教会和被抢走既得利益的西班牙权贵，自然会挖空心思栽赃和破坏共济会的势力版图。

西班牙的共济会成员在南美，积极推动南美国家摆脱西班牙殖民的独立运动。也是从这个时期开始，西班牙的共济会，渗透到南美国家的各个领域。今天的南美国家，共济会拥有非常强大的控制力，也是从那个时代延续而来的。

南美国家多是西班牙和欧洲国家的殖民地，而西班牙共济却在推动南美国家独立。这给了西班牙国内，甚至欧洲主流国家联合打击共济会的理由，教会和权贵开始联合起来，煽动民意，利用强权镇压和取缔共济会。

从 19 世纪末期开始，共济会在西班牙的势力迅速衰落。整个动荡的 20 世纪，共济会都在寻求社会“民主”模式，对抗着西班牙的宗教控制和独裁统治，但实力并不强。更像一个被边缘化的小政党。

1917 年俄国的十月革命和第三国际的成立，西班牙的共济会又像打了鸡血一样，原地满血复活。他们在西班牙开展轰轰烈烈的民主运动，1931 年西班牙实现了民主共和制，成立了西班牙第二共和国。在 458 名国会议员中，有 183 名共济会会员。这也是共济会在西班牙最后的繁荣！

西班牙第二民主共和国只持续了 5 年，到 1936 年被独裁统治者弗朗哥取缔。弗朗哥独裁统治时期，“宗教异端”组织没有任何生存空间。

弗朗哥去世后的新民主时代，1978 年通过的《西班牙宪法》，1979 年 5 月 19 日，共济会成为一个合法登记注册的组织，Asociación Grande Oriente Español (Masonería Española Simbólica Regular)。

新时代的共济会，其实并不神秘。我们之所以感觉神秘，是因为美国共济会中出了很多翻云覆雨的掌权人物。

在北美独立战争中，英国古典派共济会成员成为开国元勋，他们至今控制着美国的重要社会资源。南美反殖民独立战争中，西班牙的共济会成员是领军人物，也是南美国家的开国元勋。所以，共济会在美洲的势力版图，就是在北美独立战争和南美独立战争中奠定的。

在美洲各处都有留下共济会的痕迹，也不用大惊小怪。咱们祖国还有无处不在的八卦五行呢。

美国社会结构相对简单，欧洲几千年文化积累下来，有智慧的群体，组织甚至人种比比皆是。光明会、圣殿骑士、医院骑士团、犹太人，都对欧洲社会有深入持久的影响力。

3.21 他们聪明绝顶却三生三世遭流放，西班牙最悲情群体：犹太人流放简史

1492 年，是西班牙历史上最具“兴衰”双重含义的一年。

那一年，天主教双王攻入格拉纳达，把伊比利亚半岛上的摩尔人政权，全部扫荡干净！

那一年，哥伦布歪打正着发现了美洲新大陆，揭开了西班牙 200 年的殖民繁荣时代。

那一年，费尔南多签署了犹太人驱逐令，开始史上规模最大的犹太人驱逐和迫害。

犹太人带走了技术，带走了文化，也带走了发展经济和商贸的大脑。伊比利亚半岛成为一个缺少赚钱理财商贸头脑的土地。为大航海时代之后的 500 年衰弱，埋下了伏笔。

大米良不想过分突出犹太人族群对于历史进程的推动作用。在欧洲复杂的文化结构中，犹太人只是一个重要并非唯一的因素。不过，在西班牙历史上，犹太人安居乐业的时代，也是西班牙经济文化繁荣的时代。

公元 1 世纪前后，犹太人反抗罗马起义失败，耶路撒冷的圣殿被毁，许多犹太人为了逃避宗教迫害而离开巴勒斯坦，选择远离基督教化的罗马帝国，前往一些当时尚属“蛮族”的地区，西班牙就是目的地之一。

公元 5—8 世纪，西班牙处于西哥特人统治之下。西哥特王国自 6 世纪末到 8 世纪初，颁布了一系列镇压犹太教的法令，剥夺犹太人的财产，充其为奴，发配到全国各地。翻翻西哥特人那段历史，鲜有繁荣，文化更是贫瘠。

公元 8 世纪，当北非穆斯林攻入伊比利亚半岛。摩尔人统治伊比利亚半岛的 800 年里，早期的摩尔国王，对犹太人相对宽容的。犹太人与生俱来的适应性，让他们很快找到了在穆斯林世界里的位置。

犹太人擅长手工业。犹太人有优秀的制革、金属制造工艺，金匠，银匠和珠宝店都由犹太人掌管着。犹太人擅长贸易，成为覆盖远东、中东和欧洲的贸易商。犹太人在科学上也表现出色，特别是在医学。

入主伊比利亚半岛的穆斯林贵族学者们，着迷经典知识，可他们不懂希腊文或拉丁文。犹太人就把这些作品翻译成阿拉伯文。同时，犹太人把阿拉伯文文本翻译成希伯来文，然后把翻译文本分享到欧洲各国。

摩尔人统治那段时期，有阿拉伯人和犹太人的文化贡献，伊比利亚半岛上依然留下了不少珍贵的文化遗产。

到12世纪，新的穆拉比特王朝一改往昔对犹太人的宽容态度，明令禁止雇佣犹太教徒和基督徒担任高级管理职务，对一些保持着犹太教信仰，公开反驳伊斯兰教理论的犹太人实施重罚。

突如其来的宗教迫害，很多犹太人因此选择迁往北部的基督教西班牙。

被摩尔人赶到北部的天主教国王们为了吸引犹太移民，给予他们信仰自由与社区内的司法自治，并让他们担任一些要职，还赏给犹太人农耕土地。有时甚至把城市中的一些地段分配给愿意在城中定居的犹太人。例如图德拉的犹太区便筑有城墙，承担着保卫国王的责任。在13世纪这个黑死病流行时期，其他欧洲国家都把黑死病的罪过栽赃嫁祸给犹太人，卡斯蒂利亚和阿拉贡的国王看重犹太人的聪明才智，一直力挺犹太人保护犹太人！

得犹太人者得天下。

北部的天主教王国逐渐强大，“光复运动”最终取得胜利，将摩尔人赶了出去。1492年，天主教双王攻入穆斯林统治的格拉纳达，结束了半岛上最后一个摩尔人政权，实现了半岛的统一。

完成西班牙收复失地运动后，费尔南多二世字1492年3月31日下令驱逐犹太人。这是欧洲各国多次驱逐犹太人运动中，规模最大的一次。

西班牙国王费尔南多二世下令驱逐境内的所有犹太人，奥斯曼帝国苏丹巴耶塞特二世立刻派遣奥斯曼海军到西班牙，把那些被西班牙驱逐的犹太人安全地送到奥斯曼帝国。巴耶塞特二世（Sultan Bayezid II of the Ottoman）把犹太人安置在帝国各个省内，并向帝国各个省下达命令，帝国各个省要友好对待犹太人，禁止反犹，否则将处以死刑。

奥斯曼帝国苏丹巴耶塞特二世写信给西班牙国王斐迪南二世的信中说道：“西班牙国王斐迪南二世是个伟大的统治者，宁愿自己贫穷也要把财富赠送给别人，我实在是太需要这些人才了。”

后来的历史发展证明，巴耶塞特二世的做法是正确的。这些被西班牙驱逐的犹太人，把新的思想、新的技术带进奥斯曼帝国，增强了奥斯曼帝国的国力。

失去了犹太人的西班牙，睡在新大陆运来的金山银山中，也没有琢磨出有效的国力发展模式，当财路被切断之后，只能顾影自怜自生自灭。

想想，我们离西班牙曾经的辉煌，已经过去500年了！

西班牙近现代历史中，犹太人逐渐回到西班牙。

历史没有大张旗鼓宣扬的一段历史是：当希特勒纳粹疯狂迫害犹太人的时候，佛朗哥却默默地营救了5万犹太人。

大家对弗朗哥存在诸多误解，美国名记马克吐温就不知道弗朗哥救助犹太人的历史，还乱骂弗朗哥！

1940年6月18日，德军打垮法军，数万犹太人涌向西班牙边境。弗朗哥政府授权准许所有的犹太人过境，没有一个犹太人被退回法国或转交给纳粹。

1943 年底，西班牙外交部命令其驻外各领事馆，为西班牙犹太族裔颁发护照或国际证明。1944 年春，佛朗哥政府再发命令，规定对所有寻求西班牙保护的犹太人，只要接受以赛法尔迪犹太族的名义申请一律给予保护，并在证件上做上记号，方便将来非赛法尔迪族人必要时注销。这项政策在柏林、布达佩斯、哥本哈根、巴黎、马赛等许多地区，营救 5 万以上犹太人。

2014 年，在西班牙国王亲自干预下，公布了一份犹太人姓氏名单，只要自己的姓氏在这份名单上，无论身份背景和来历，都可以立马获得西班牙国籍！这份名单，就是 1492 年被天主教双王驱逐出伊比利亚半岛的犹太人的姓氏。

弗朗哥时期之后的新民主时代，第一任首相 Adolfo Suárez 就是犹太人。马德里 Barajas 机场新名字就是以这个首相的名字命名的。

现代西班牙社会，犹太人已经无处不在。西班牙各行各业的“教父”，超过一半都是犹太人！

比如 Sarah Aliloua 西班牙国宝级电影制作人；时尚杂志 *Cosmopolitan* 总编 Sara Glattstein；西班牙快时尚品牌 Mango 集团的掌门人 Isak y Nahman Andic；外交部下属医院院长 Jose Edery；塞万提斯学院院长 Jon Joaristi ；前法律民权部部长 Enrique Mugica；前国防部长 Pedro Morenés，还有西班牙前首相 José Luis Rodríguez Zapatero；能源企业 Repsol 的掌门人 Antonio Brufau Niubó， 西班牙电信 Telefonica 前主席 César Alierta；西班牙最大的两家银行：Banco Santander 和 BBVA 银行，都受到犹太人罗斯柴尔德家族的控制。

3.22 古代雕像的丁丁为啥以“小”为美?

为了大家在看古希腊罗马美男雕像时，知道为啥丁丁都那么小，大米良自己给自己科普了一下！

小丁丁，不只是古希腊雕像才如此的，是从古希腊那个时期传承下来的一种社会审美。古罗马统治下的西班牙，很多男体裸像，也是小丁丁。

男人裸体，不就是为了展现男性身体的肌肉和阳刚吗？最阳刚的，除了肌肉，不就是丁丁了吗？可古希腊人不这么看。

这里先科普一个概念：macho alfa（阿尔法男）。

阿尔法男，一般指那些手握大权背负重大责任的男性！简单说，就是“优质男”。后来引申出许多含义，到了现代，应该就是“霸道总裁”“壁咚高管”一类的男性角色。

古希腊的男性裸体雕塑，如果是表现这些“优质男性”人物，就必须控制他的丁丁大小。因为“雄性之美”和“雄性欲望”是两码事！

你健身房里练得一身肌肉，穿着衬衣都凹凸有致，那是“雄性之美”，偶尔裸个上半身，只要脸蛋颜值不太低，也算“男色可餐”。

但是，如果你一身肌肉，还往内裤里塞两海绵垫子，把那个部位搞得鼓鼓的，那就是“俗气”！这就是“雄性欲望”。如果还公开露个小翘臀小帐篷，在古希腊，简直是“俗不可耐”。

公开秀大丁丁的，是那些放纵淫欲的酒鬼、色鬼，以及一些野蛮人！

在古希腊，优质的阿尔法男需要有一身线条分明的饱满肌肉，这是力量的美。当你拥有力量、权力和财富的时候，最大的美德不是炫耀，而是谦逊！

谦逊！！ LA MODERACIÓN !!

作为男性欲望象征的丁丁，在这种时候，就成了“谦逊担当”！

自然状态下，越小越谦虚！

自然状态下小，根本就不丢人！爱爱又不是靠自然状态的丁丁！

古希腊的喜剧作家阿里斯托芬（Aristófanes）在他的喜剧作品《云》（*los nubes*）有一段对优质男的描述：

« Pecho sano, anchos hombros, lengua corta, glúteos fuertes y miembro pequeño »

胸要饱满，肩要宽，舌头要短，屁屁紧实，丁丁必须小！

所以，如果你要做个阿尔法优质男，你就得学会让你的丁丁在自然状态下变得很小！越小，越优质！你看马德里普拉多博物馆里的海神波塞冬！！人家是海神！万神之主宙斯的亲兄弟！这么优质的阿尔法男，他的丁丁照样很谦虚。

3.23 历史上第一段准西班牙语写的啥？朝圣西语发源地：圣米良修道院

历史上第一段“准西班牙语”写的啥？卡斯蒂利亚语忽悠界鼻祖是谁？要解答这些问题，就必须去拉里奥哈地区的 Monasterio de San Millán de la Cogolla（圣米良修道院），因为这里是西班牙语的发源地。

San Millán 的全称是 San Emiliano，中文翻译是“圣米良”，是 Castillo 和 Navarra 地区的守护圣者。中文翻译真的是：圣米良。哈哈哈，原谅大米良不怀好意地偷笑了！

Monasterio de San Millán de la Cogolla 圣米良修道院分为两个部分：一个是 Monasterio de San Millán de Suso，一个是 Monasterio de San Millán de Yuso。Suso 在 " 古西班牙语 " 里面是“Arriba”（上面）的意思，Yuso 是“Abajo”（下面）的意思。半山腰那个较小的 Suso 修道院是最古老的部分，也是西班牙语的缘起之处。

San Millán de Suso 修道院是在公元六世纪时由 san Millán 主持修建的。在这里静修传道的修士们，成为拉丁语演化出西班牙语（Castellano）的主导力量。修道院每天开放参观的人数有限制，必须提前预定。上半山腰参观不能开车，只能步行而上。参观山下的 Yuso 修道院不需要预约。

【西班牙语的起源】

在公元 10 世纪往前，教会的官方语言是拉丁语，一门只有少数人可以掌握的语言。与此同时，伊比利亚半岛各地的人们拥有自己独特的 " 方言 "。这些 " 方言 " 虽然没有形成文字，但世代口传，形成了拥有一定词汇量、固定语法和习惯用语的“口头语言”。民间诸多史诗、传说和野史，靠着这些“口头语言”代代相传。

修士们在各地布道传教，不可避免地要引经据典，使用有节奏韵律的诗化语句，让人们记住并能够随口诵读。Suso 修道院里的修士们和当地人有充分接触，他们不仅掌握拉丁语，也会说当地“方言”。

公元 10 世纪的时候，Suso 修道院的修士们发现：拉丁语离普通信众的生活越来越远，而民间流行的“方言”拥有更强的生命力。为了帮助当地人理解和诵读经典（códice），修士们会在经书中以当地人的“方言”为基础，用字母标注发音并进行简单的注释。由 San Millán 修道院的修士们对经书（códice）进行批注释义后的文献，就叫：Glosas

Emilianenses（圣米良修士注释文献）。这不是一本书，而是一批文献。

在 Suso 修道院珍藏的一本 10 世纪的手抄经书（códice）中，第 72 页右下角有一段批注翻译。这段翻译是由 43 个“单词”组成的拥有语法结构的完整段落。这一段完整的翻译，不再是简单的字母注音，而具备“语言”的基本条件。

这段文字是迄今为止西班牙境内发现的最早的拉丁语“罗曼化”语言段落，被认为是西班牙语的雏形。

这历史上第一段“准西班牙语”写的啥？

现代西语对照

Con la ayuda de nuestro
Señor Cristo, Señor
Salvador, Señor
que está en el honor y
Señor que tiene el
mandato con el
Padre con el Espíritu Santo
en los siglos de los siglos.
Háganos Dios omnipotente
hacer tal servicio que
delante de su faz
gozosos seamos. Amén.

这是一段祈祷主带给我们幸福快乐的祷文。属于拉丁语系的法语、意大利语和西班牙语，都是从拉丁语演变过来的。这种演变，其实就是拉丁语的本土化。

这段被本土化的拉丁语，是从西班牙哪个地方的“方言”演变而来的呢？

有解释说是：Navarra - Aragon 地区的语言，因为在书写的那个时代，La Rioja 这块地方属于 Navarra 王国（Reino de Navarra）。更多学者认为这是巴斯克地方的语言。

经过巴斯克语言学院和 San Millán 修道院专家鉴定，这段译文是根据古巴斯克方言演绎而来的。主要原因是：这本经文中同时期的其他内容标注，拼写和语法与古巴斯克语同出一辙。

补充个有趣的知识点：在西班牙，第一段被本土罗曼化的文字来自一段“祈祷文”；在意大利，第一段被本土化的拉丁文字是一首“诗歌”；在法国，第一段本土化的拉丁文字是：商用标签。西班牙语生来就是和上帝交流的！意大利语生来浪漫！而法语，为兜售奢侈品而生！

圣神罗马帝国皇帝查理五世（西班牙的卡洛斯一世）说：Nuestra lengua es una lengua hecha para hablar con Diós.（我们卡斯蒂利亚语是与上帝交流的语言）。从卡一开始，卡斯蒂利亚语就被定性为“与神交流的语言”。

【第一个用西语写作的知名诗人】

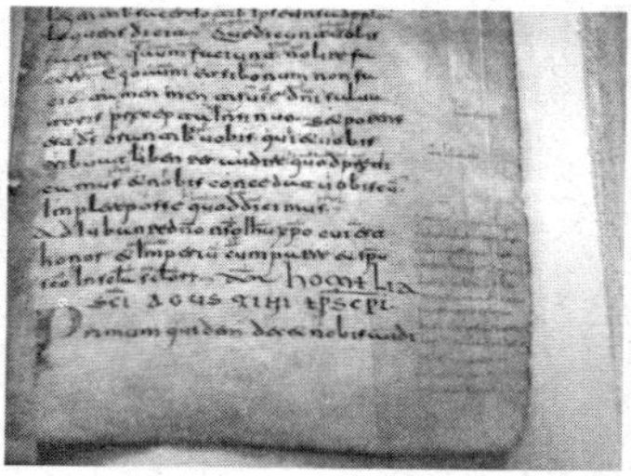

从10世纪开始，拉丁语在西班牙各个修道院中与当地语言融合，逐步本土化。伊比利亚半岛的中北部地区，形成了一个拼写规则和语法系统相对固定的新的“书面语言”，这个语言就是现在卡斯蒂利亚语（Castellano）的早期形态。

经过两三百年的发展，卡斯蒂利亚语逐渐完善成熟，开始出现有严谨文法的文学作品。San Millán 修道院的一位“财务会计”，成为第一位用卡斯蒂利亚语创作的知名诗人。这位算账算成诗人的名人就是：Gonzalo de Berceo。可能不是第一个用卡斯蒂利亚语写诗的人，却是有案可查的第一个留名诗人。

Gonzalo de Berceo (1198–1264)，出生在拉里奥哈地区的 Berceo 小镇。他是 San Millán 修道院里年轻神父们的“老师”，同时管着修道院的财务。

这位 Gonzalo 神父不仅精通拉丁语，对卡斯蒂利亚地区的多种方言也有研究。他在13世纪初期极力推动“现代语言”的发展，鼓励神父和文化人用“新的卡斯蒂利亚语”传道和写作。他还推动了非教会神职人员的文学（Mester de clerecía）发展。他一生用新卡斯蒂利亚语创作了许多礼赞颂歌。

虽然 Gonzalo 神父是卡斯蒂利亚语的推动者，但作为修道院的财务，不得不客串一下文化流氓。为了让周围的农民向修道院多多捐赠，他会篡改讲词，甚至伪造文件——他也算是卡斯蒂利亚语忽悠界的鼻祖了。

在纪念 Gonzalo de Berceo 这个大厅，算是西班牙语（Castellano）的神殿了。每年都会在此表彰对西语做出重大贡献的人，类似于卡斯蒂利亚语界的诺贝尔奖。

3.24 西班牙最早的史诗战神：熙德，牛到逼新国王下跪发毒誓

西班牙文学史上，迄今保留最完整最早的一部史诗《熙德之歌》（*CANTAR DE MIO CID*）。这部作品以游唱诗形式展现。写作时间在公元1140～1157年之间，全诗长达3730行。史诗的历史人物原型是罗德里格（Rodrigo Díaz de Vivar），今天大米良就带大家简要地看看历史上的熙德，都干了些啥？

在穆斯林政权骚扰伊比亚半岛，半岛的天主教贵族进行光复运动的几百年里，最有名的史诗般的英雄人物就是：熙德（El Cid）。

熙德，不是人名，而是一个尊称！历史人物原型是罗德里格（Rodrigo Díaz de Vivar，1043年－1099年7月10日）。因为骁勇善战，阿拉伯人尊称他为EL CID，就像我们把有学问的人称为：夫子、先生、arroz bueno一样的。

德出现的历史阶段，在中国是北宋，写《岳阳楼记》的范仲淹生活的那个时代。

罗德里格（熙德）那个时候，已经升级成科尔多哈里发王国分裂，追求文艺范的诸多泰法小国各自为政。小国之间战争不断。新一代北非穆斯林政权：穆拉比特（Morabitos）王朝刚刚进入到伊比利亚半岛的时代。

不仅是穆斯林小国之间互相侵略，天主教国家兄弟姐妹之间，也是绝对不放过互相占便宜的机会。熙德的一生，就能证明，在那个混乱的战争年代，不存在绝对的敌人，也不会因为同为天主教信仰，就不会抢你的国二和王位。宗教信仰不重要，重要的是个人安危和权力的扩张。

为了理一条简单清晰好记的线索，大米良把复杂的历史简化。

今天，我们说起西班牙的天主教王国，大家最熟悉的就是：卡斯蒂利亚莱恩王国（Castilla y Leon）。西班牙现在一个大区就叫这名。不过，历史上，Castilla和Leon曾经是两个王国，后来合并了，又分，分了又合并。

故事从历史上的莱恩国王（Reino Leon）费尔南多一世（Fernando I de León，1016–1065）讲起。

自西哥特王国被穆斯林击溃后，天主教贵族们只能退居到伊比利亚半岛北部阿斯图里亚这片小区域。经过两三百年的斗争，通过战争掠夺、联姻合并，到了费尔南多一世，天主教国王们的势力版图扩大到伊比利亚半岛的三分之一。周边的许多穆斯林泰法小国，向他进贡，寻求保护。这是自穆斯林人入侵半岛后，天主教王国势力第一次如此强大。

费尔南多一世也觉得自己很牛逼，称莱恩王国（León）的国王。费尔南多一世有三个儿子两个女儿。他把自己的王国分封给他的三个儿子和两个女儿。

大儿子桑丘（Sancho）获封卡斯蒂利亚王国。

二儿子阿方索（Alfonso），最受爸爸喜爱，得到大本营莱昂王国（León）。这让大儿子倍感不爽。

三儿子卡西亚（García）分到加利西亚王国（Galicia）。两个女儿分别得到萨莫拉（Zamora）和托罗（Toro）。

这个时候，罗德里格（熙德）就开始走上历史舞台了。

罗德里格（熙德）是和大王子桑丘（Sancho）一起长大的。费尔南多去世后，罗德里格（熙德）顺理成章地成了大王子桑丘的大将军。

本应该是大儿子获得最好的莱恩王国，可老国王偏心，把最好的领土留给了二儿子阿方索。大儿子心里不平衡，他和熙德合计着，要把两个弟弟的领土抢过来。

大儿子从小弟弟的加利西亚入手。1071 年派熙德把三弟的加利西亚抢了过来。1072，又派熙德把二弟的莱恩领地收归己有。在熙德的神威下，两年时间，就把三个王国合并成一个，桑丘成了三个王国的国王！

当桑丘正准备把欲望之泡脚凤爪伸向小妹妹的萨莫拉（Zamora）地区时，妹妹和妹夫却设计毒死了这位贪心的哥哥。

历史就是如此，各事其主，如果主子赢了，熙德就是“头号功臣”！如果主子输了，熙德就是“头号爪牙”。

熙德为桑丘国王打下了天下，桑丘国王却被妹妹毒死了。曾经被熙德打败的二弟阿方索，不仅国土失而复得，还顺理成章地继承了三个国家的国土。成了熙德的新国王！称阿方索六世。

这会儿熙德尴尬了！

不过，熙德是史诗人物，自带主角光环！就算处境尴尬，也不能卖怂！在阿方索六世重登王位后，熙德“化尴尬为指控”。他指责新国王谋杀了自己的亲哥哥桑丘二世！

新国王阿方索六世当然不能顶着一个谋杀亲哥哥的罪名，就在 Burgos 的 iglesia de Santa Gadea 发誓：我，阿方索六世，并没有参与谋杀亲生哥哥桑丘的行动！我是清白滴！

阿方索六世在熙德面前发誓的历史场面，就被油画定格成《圣加德亚的誓言》（*Jura de Santa Gadea*）。

阿方索六世不怕五雷轰顶发了毒誓，成了新国王，大权在握。

你这个熙德，先是用武力抢走了我的领土，现在又逼我发毒誓！心里算是结怨了。但看熙德勇猛异常，是名难得的将领，就把自己的侄女嫁给熙德，让他宽心，安心为自己卖命。

熙德得到了新国王的侄女，也老实了几年。

君子报仇，十年不晚！在多次摩擦和不愉快中，阿方索六世总算找到了一次最恰当报仇时机。1080 年，熙德没有经过国王批准，就擅自带兵攻打被穆斯林控制的托莱多！

你出兵打仗，都不请示一下国王啊？！你当国王是摆设，是死人啊？！！

阿方索六世抓住这次机会，将熙德流放！

熙德也不是吃素的，他带着自己的一批小粉丝小迷妹，投靠了穆斯林的萨拉戈萨国王，帮人家打了好多胜仗。

1084 年，熙德带领穆斯林军队，重创阿拉贡王国的天主教大军。战神就是厉害！

看！熙德作为一个天主教徒，帮穆斯林攻打天主教王国！这说明，宗教信仰，在当时，并不那么重要。王权和领土，才是强权者们所看重的东西。

阿方索六世把熙德气走了，总算拔掉了熙德这颗肉中刺，以为自己可以放手大干一场！结果，在 1086 年，从北非新打到半岛的穆拉比特王朝军队，以少胜多，干掉了阿方索 60 万天主教联军。

哎呀，阿方索感觉颜面扫地，不禁想起战无不胜的熙德。为了自己能取得战争胜利，他又好声好气地把熙德请了回来。

熙德对阿方索六世早就心灰意冷了。在这个尔虞我诈的宫廷之中，只有自己称王，才能保得一身周全。

熙德虽然答应阿方索六世回国带兵，但并没有尽心尽力。而是自己另有谋划。他在谋划着自己称王！

在诸多国家里，他把穆斯林小国瓦伦西亚（Valencia）选为自己称王的目标。

他先让瓦伦西亚小国给他交保护费，通过武力保护瓦伦西亚的穆斯林小国。逐步渗透到当地政权。后来，瓦伦西亚小国的宰相策划谋反，熙德抓住这个机会，出兵平反，顺便全面接管瓦伦西亚政权。

熙德通过联姻巩固自己在瓦伦西亚的地位。把大女儿嫁给阿拉贡王国的王子，二女儿嫁给了巴塞罗那伯爵，熙德就等着自己成为“太上皇”。

熙德顺利地成为了瓦伦西亚国的实际掌权者。虽然名义上是阿方索六世派驻瓦伦西亚的大都督。但这里，老子最大!

在瓦伦西亚是熙德权力的巅峰，也是熙德传记最让人幸福的时刻。咱们的英雄故事就在这里做一个 happyending!

后来熙德在一次战争中中箭身亡，这个结局，大家可以忽略！人总有一死，战神熙德身前太会打仗了。他的故事，就被编成史诗，口口相传。

乱世出英雄!

不问信仰，

不问种族，

Viva 熙德!

3.25 阿斯图里亚斯凭啥成为西班牙王族发源地?

西班牙有 17 个大区，马德里自治区叫 Comunidad Autónoma Madrid，加泰罗尼亚大区叫 Comunidad Autónoma Cataluña。使用的是 Comunidad Autónoma（自治区）或者简称为 Comunidad （大区）。到了阿斯图里亚斯（Asturias）人家级别不一样，不能用 Comunidad，而是 El Principado de Asturias （阿斯图里亚斯公国）。

Principado 这个词最早是指分封给王子公主的公国。虽然从行政意义上讲，阿斯图里亚斯和其他大区是同一个级别，但因为其特殊的历史地位，在君主制的西班牙依然拥有特殊的称谓。

当西班牙的王子或公主正式被指定为将来西班牙王位继承人——西班牙王储后，使用的封号是：阿斯图里亚斯亲王 / 女亲王（Príncipe/Princesa de Asturias）。西班牙现任国王菲利佩六世，登基前是阿斯图里亚斯亲王。未来西班牙的女王莱恩娜（Leonor），被立为王储后，现在拥有的头衔是：阿斯图里亚斯女亲王。

被封为阿斯图里亚斯亲王 / 女亲王相当于被“立太子”。

阿斯图里亚斯凭啥享有如此尊贵优越的待遇？因为现在的西班牙王族起源于此，现代文化意义上的“西班牙民族”也是从这里开始“形成”。

1492 年天主教双王：卡斯蒂利亚王国的伊莎贝尔和阿拉贡王国的费尔南多攻破格拉纳达，消灭伊比利亚半岛上最后一个摩尔人政权，实现了天主教王族对伊比利亚半岛的绝对控制，结束了 800 年的“光复运动”。

天主教双王统治期间，开始了有统一政权，统一信仰的西班牙。加上大航海和海外殖民运动，日不落帝国构筑了西班牙人的自豪感，“西班牙人和西班牙民族”这个共同意识和概念逐渐形成。

天主教双王统一半岛是 800 年的“光复运动”的终点。而这 800 年光复运动的起点，标志性事件就起发生在阿斯图里亚斯。天主教国王们的老祖宗就在阿斯图里亚斯。

8 世纪中后期，北非穆斯林军队跨国直布罗陀海峡，长驱直入，狂扫半岛上的天主教王国势力。战斗力羸弱的天主教王国势力一路往北败退。短短几年，伊比利亚半岛上一片绿，阿斯图里亚地区成了天主教贵族们最后的希望。

当时，天主教贵族佩拉约（Pelayo）逃到阿斯图里亚的坎加斯·德奥尼斯（Cangas de Onis）这个小镇时，圣母显灵，授予他一根神木十字架。

佩拉约(Pelayo)凭借圣母护佑，组织当地军民开展对抗摩尔人的游击战。在718年，取得了历史上第一次胜利。虽然也没有杀死几个穆斯林人，却是开天辟地的第一次胜利，打破了穆斯林军队不可被战胜的神话。由此拉开了天主教王族反攻驱逐穆斯林政权的800年历史。

佩拉约（Pelayo）反攻占领一定土地后，被天主教会神授为阿斯图里亚斯王国国王。从这个阿斯图里亚斯王国开始，就有了后来的莱昂王国，卡斯蒂利亚王国等等。从这个角度讲，这里就是西班牙历代国王的老祖宗所在地。这就是为啥阿斯图里亚斯拥有如此牛逼地位的原因。

目前，在逃到阿斯图里亚的坎加斯·德奥尼斯（Cangas de Onis）小镇附近有科瓦东加山谷，这里是一个与世隔绝的修道院。红色的教堂和修道建筑群静静伫立在山谷中的山头之上，云雾缭绕的清晨，真有世外魔境之美。

环绕科瓦东加修道院的群山中，有一处被称为欧洲之巅（Picosde Europa），风景奇异瑰丽。是整个行程总另外一个特别惊艳的景点。不过，阿斯图里亚斯地区雨天比晴天多，去欧洲之巅，需要好运气，碰上蓝天白云的晴天。否则，阴沉沉的天空真的无法体现山巅的壮美。

3.26 唐璜——西班牙文学史上第一花花公子，到底讲了一个什么故事？

西班牙文学史上最无节操的风流公子，唐璜是最有名的一个。唐璜作为西班牙文学人物，国际知名度仅次于堂吉诃德。西班牙语文学中的《唐璜》的人物原型，到底是个什么来头？其作者是靠啥来创作这些风流嘀嘀嘀细节的？

唐璜，作为一个文学人物，不仅法国剧作家莫里哀、英国诗人拜伦、音乐家萧伯纳和莫扎特等，都以他为原型创作了各种文学音乐作品。不管是文学作品中的唐璜，还是音乐作品中的唐璜，在做人物介绍时都说：唐璜，一个风流成性的西班牙贵族，花言巧语，口吐莲花，对女性攻无不克，玩弄了无数贵妇少女的感情，被称为“情圣”。

懂西语的小伙伴知道，唐璜（Don Juan）中的 Don 是对男子的尊称，他的名字是 Juan。Don Juan 的真名是 Juan Tenorio。让这个人物家喻户晓的是 17 世纪，西班牙黄金时代的一部喜剧《塞维利亚狂徒与石像客人》（*El burlador de Sevilla y convidado de piedra*）。

这部喜剧的作者，在马德里华人中的知名度非常高，只要在马德里生活过一段时间的华人都知道。他叫 Tirso de Molina。是的，就是马德里市中心华人聚集区那站地铁 Tirso de Molina，地铁口旁边的小广场上还有一座他的雕像。

创作西班牙文学史上最放荡的花花公子的作者，竟然是一个没有爱爱生活的天主教修士！文学艺术来源于生活又高于生活的原则，在 Tirso de Molina 身上好像不太合适呀。

Tirso de Molina 不仅仅只创造了 Don Juan 这个人物，他还是西班牙超牛逼的剧作家。他一生创作了 400 多部戏剧作品，是西班牙黄金时代最高产的剧作家。留世的作品有 60 多部。

Tirso de Molina（1579 年 3 月 24 日 –1648 年 2 月 20 日）是西班牙黄金时代的剧作家、诗人。他的作品带有鲜明的巴洛克风格。他是西班牙黄金时期最著名剧作家 Lope de Vega 的学生，在 Alcalá de Henares 跟随 Lope 学习。

1600 年 Tiros de Molina 正式加入 Orden de la Merced 修道会，成为一名修士。1606 年在托莱多（Toledo）正式成为一名神父（Sacerdote）。他的整个一生，在西班牙多个城市生活过。这也让他的戏剧创作背景，可以在不同的西班牙城市转换。

现在我们一起来看看，让 Don Juan 这个人物流传于世的戏剧作品《塞维利亚狂徒与石像客人》的具体情节内容。

男主叫 Juan Tenorio，是西班牙国王的第一首相 Pedro Tenorio 的儿子。

话剧第一场发生在那不列斯宫廷舞会上，胡安得知女公爵 Isabela 和公爵 Octavio 订婚，就假冒公爵把女公爵骗到昏暗的房间里，和女公爵调情，企图发生关系。结果，一道亮光闪电，让女公爵看到了胡安的真面目，暴怒的女爵叫来卫兵，要逮捕胡安。巧的是，和卫兵一起赶来的是西班牙大使，刚好是 Juan 的叔叔。西班牙大使叔叔放走了 Juan，并向那不列斯国王谎称 Juan 跳楼摔死了。

Juan 从水路逃回西班牙。在 Tarragona 海域，轮船触礁沉没，被一名渔夫的女儿 Tisbea 救下。趁着疗伤的间隙，Juan 狂撩渔夫女儿 Tisbea，许诺要娶她为妻。一阵甜言蜜语，渔夫女儿 Tisbea 就以身相许。一晌贪欢，Juan 趁着 Tisbea 熟睡的时候，偷走了她的两匹马趁夜逃跑。知道被骗的 Tisbea 用一大段文绉绉的句子来表达了她的愤怒！

当 Juan 和他的仆人 Catalinón 逃回到 Sevilla，调戏女公爵的丑闻也传到了西班牙国王阿方索十一世耳朵里。Juan 的亲爹，是国王阿方索十一世的首相，在老爹的斡旋下，国王决定让 Juan 对自己的不检点行为负责：迎娶那不列斯的女公爵 Isabela。

女公爵 Isabela 前未婚夫 Octavio 公爵听说自己的未婚妻差点被强暴，怒火中烧。千里迢迢跑到西班牙的 Sevilla，要讨个公道！国王阿丰索十一世为了安抚这个被戴绿帽子的公爵，决定将葡萄牙里斯本商人 Gonzalo 的女儿 Ana 许配给绿帽公爵 Octavio。

戏剧就是各种巧合。被国王许配给绿帽公爵 Octavio 的葡萄牙美女 Ana，已经有了一个心上人，就是 Sevilla 的替死鬼侯爵：Marqués de la Mota。要死不活，替死鬼侯爵 Marqués de la Mota 向 Juan 吹嘘，葡萄牙美女 Ana 是目前 Sevilla 最漂亮的女人。他俩已经爱到无法自拔。这番话，又勾起了 Juan 骚动的内心。非常不巧的是，葡萄牙美女 Ana 将一封秘密私会的纸条，托 Juan 转交给替死鬼侯爵，约定在某日某时某地私会，要求侯爵披着红色斗篷前来。

起了色心的 Juan 看了纸条，决定自己先去和葡萄牙美女 Ana 约会。他在转告替死鬼侯爵时，把约会时间故意推迟了一个小时，还说自己会为他准备红色斗篷。

Juan 自己提前披着红色斗篷潜入到 Ana 的闺房，企图色诱 Ana。Ana 拒死不从，大声嚷嚷引来了老父亲。看见自己女儿被猥亵，不自量力的葡萄牙商人 Gonzalo 提出要和 Juan 决斗。身强力壮的 Juan 轻轻松松就杀死了葡萄牙人商人。披着斗篷快速逃离作案现场。

替死鬼侯爵按照约定时间前来私会，穿着 Juan 递给他的红色斗篷，一脸疑惑地进到 Ana 的家。目击者们只看到一个穿红色斗篷的人，替死鬼侯爵就被 Juan 的老爹指认为杀人凶手，锒铛入狱。国王阿丰索十一世安排厚葬葡萄牙商人 Gonzalo，并御赐他一口刻有石头雕像的棺材。

逃离作案现场的 Juan，在 Sevilla 郊区的一个村镇上，刚好撞见一场婚礼。Juan 看到平民新娘 Arminta，又起色心，完全不顾人家的新婚之夜。夜间潜入新娘房间，以自己是当朝首相儿子的身份，请求 Arminta 嫁给她。在这位官二代花言巧语的攻势之下，平民新娘 Arminta 将自己的身体和爱情托付给了 Juan。

经过诱惑四个女人，破坏三场婚姻的铺垫后，Juan 这个全然不顾世俗道德和婚约禁忌，完全用下半身思考，又仰仗自己亲爹是当朝首相的狂妄淫乱之徒的形象，就立起来了。故事怎么结尾呢?

躲过了葡萄牙商人被杀的风头之后，Juan 重新回到 Sevilla。他不仅幸灾乐祸让替死鬼侯爵替他背锅，还跑到葡萄牙商人的石棺前宣扬自己可以逍遥法外，逃避所有惩罚。还挑衅地邀请石棺里的死尸与他共进晚餐。

葡萄牙商人石棺上的石像居然复活了，如期赴宴，还邀请 Juan 和他的仆人，第二天，在他的棺墓上共进晚餐。目空一切的 Juan 竟然答应了。在一系列的华丽辞藻堆砌的对话之后，Juan 饮下了石像准备的毒酒。 他身体开始发热，一股来自地狱的烈焰，炙烤着他的五脏六腑，也炙烤着他的灵魂。最终，肆无忌惮目空一切的 Don Juan 也没有逃过天主的惩罚，在地狱永受烈焰之苦。

大米良读后感

人物塑造和情节设计，真的需要有生活体验。这个话剧的多处情节 Bug，显然是由剧作家缺少男欢女爱亲密体验所导致的。比如：仅仅因为光线不足，看不清脸盘，就无法判断自己对面的男人是不是自己的情人？一个人的声音、体味、触感、曲线等等，即便在完全漆黑不出声的情况下，也是可以判断出来的。尤其是共同体验过精虫上脑的情人。

大家有时间看这部电影，就会发现巴洛克风格喜剧的语言特点，就是：各种比喻，各种修辞，各种华丽的辞藻，是现代花式撩妹的典范。

作为西班牙最高产的剧作家，Tirso de Molina 最具巴洛克风格的一部作品是《穿绿鞋子的吉尔先生》（*Don Gil de las calzas verdes*）。

节日篇

4.1 西班牙新年吃12颗葡萄源自一次葡萄滞销

12月31日，每年的最后一天，西班牙最热闹的就是等着午夜敲钟吃葡萄。12声钟响，12颗葡萄，预示着来年的顺利与丰饶。

为什么是12颗？为什么是在除夕夜？这个习俗只有西班牙才有，是从什么时候开始的？

最通俗的解释是：一年有12个月，所以吃12颗葡萄。新年钟声敲12响，一响一颗葡萄。

大米良仔细扒了一下历史，发现这个过年吃葡萄的习俗，其实并没啥文化底蕴，真相竟然是一次全国葡萄大促销的结果！

葡萄，最重要的作用是酿酒。酒，是所有古老文明饮食文化的核心。中国米酒高粱酒，欧洲的葡萄酒，还有埃及人用大麦酿制的古代啤酒。

古埃及有一句谚语："在水里你看到只是自己的脸，但在酒里你能看到内心的花园。"古埃及人用大麦酿成的啤酒口感清淡，不易醉人又营养丰富，是平民的大众饮料。葡萄酒则只有上流社会的贵族才享受得起。

相比之下，地中海的西班牙人和罗马人就幸福多了——葡萄酒就像可口可乐一样，唾手可得！

自古以来，葡萄和葡萄酒作为丰饶的象征，经常出现在欧洲各大古装电影电视剧中。但凡饕餮盛宴的场景，肯定是少不了火鸡和葡萄。因此，在辞旧迎新的重要时刻，吃葡萄祈求来年丰饶，也在情理之中。

19世纪之前，西班牙人都没有把吃葡萄作为新年的标配习俗。到19世纪，西班牙贵族才开始流行在除夕夜，吃葡萄、喝香槟庆祝新年。

贵族们吃的葡萄，必须够档次。当时西班牙Alicante的Vinalopo地区生产一种培植工艺非常考究的葡萄，被称为Vinalopo袋装葡萄（Uva embolsada del Vinalopó）。与其他葡萄种植不同，这种Vinalopo袋装葡萄刚结籽时，就会用一个纸袋子保护起来。一来可以避免鸟类的啄食，二来可以保护葡萄颗粒免受雨露的直接侵袭。这种葡萄颗粒比其他种类的葡萄要饱满，口感更甜脆！

总之呢，Vinalopo 袋装葡萄就是那个时代葡萄中的爱马仕！

19 世纪，西班牙贵族学法国贵族喝香槟吃葡萄过新年，这种“优雅”的作派，西班牙民间可望不可求。

1882 年，看不惯迂腐造作贵族的马德里时任市长 José Abascal y Carredano，为了讽刺当时的贵族，突发奇想下了一道法令，向所有马德里市民征召在 1 月 6 日三王节迎接东方三王的志愿者。每名志愿者可以获得政府 1 杜罗币（当时的货币 Duro，相当于 0.0305 欧元）。志愿者不仅要在 1 月 5 日夜间满城寻找东方三王，还要根据规定制造足够的噪音来带动城市气氛！

这一告示，得到了马德里全城居民的相应。征召到第一批人之后，市长大人在 12 月 31 日，让志愿者鼓动所有马德里市民涌上街头，聚集在当时的政府大楼，现在的太阳门广场上。除夕夜，大家敲着锅碗瓢盆，吵吵嚷嚷地在大街上开启了自带背景音乐的狂欢模式！同时，带着大串大串拿报纸包着的葡萄，模仿讽刺贵族们矫情的吃葡萄！

生性喜欢聚会 Fiesta 的马德里人，发现以这样的方式庆祝新年非常有意思。这个为了讥讽贵族的迎新年狂欢模式，就在马德里演变成了一个“传统”。

1897，马德里报纸第一次刊文报道：听着新年钟声吃 12 颗葡萄是马德里人的风俗传统。在随后的几年里，葡萄种植园主抓住这个机会，到年底就来马德里促销葡萄。当时，这个庆祝活动还仅限于马德里，并没有蔓延到西班牙其他城市，直到 1909 年。

1909 年发生了什么？

中国清朝的摄政王载沣将军机大臣、外务部尚书袁世凯解除一切官职。 第二次万国禁烟会在上海召开。清政府诏谕“预备立宪，维新图治”之宗旨，开始明治维新。詹天佑主持修建者的中国第一条自建铁路的京张铁路通车。霍元甲在上海创建精武体操学校。旅美华侨冯如制成中国第一架飞机，标志着中国航空事业的开始。

对中国如此重要的一年，在西班牙阿里坎特也有一件大事，那就是：葡萄丰收了！是大丰收！大大的丰收，以至于当年年底，葡萄积压如山，果农都不知道该如何处置了！

面对数以万吨计算的葡萄，怎么办？

当时阿里坎特地方商会就想了一个办法，大肆渲染这一年令人叹为观止的大丰收。全国人民都知道阿里坎特葡萄取得了惊人的收成。阿里坎特商会称这是神的眷顾，这是丰收的葡萄，是能够带来好运的葡萄。于是，全国开始大规模采购来自这个地区的葡萄。这一年多个地方政府组织民众除夕夜在政府中心广场，一起吃葡萄庆祝！民间非常乐意模仿贵族除夕夜吃葡萄的习惯，加上多个地方政府的组织和宣传，当年，西班牙全国在除夕夜吃掉了 12 万吨葡萄。

从这一年开始，西班牙全国人民除夕夜吃 12 颗能够在来年获得幸运葡萄的“习俗”就固定了下来。

4.2 12月28日愚人节：被教会借尸还魂的狂欢节

美国的愚人节是4月1日，西班牙的愚人节是12月28日！

在圣经的记载中，12月28日是一个血腥阴暗的日子，为什么到了现在就变成了一个欢乐的愚人节了？

在耶稣诞生之前就有预言，犹太人救世主即将诞生，他将代表神，带领犹太人开创一个全新的世界。作为当时的古罗马帝国统治者希律王，对这个犹太人的救世主耿耿于怀。

当坊间传言耶稣已经诞生，并得到了东方三圣的祝福和礼物时，希律王再也按捺不住了。在12月28日那个晚上，出动大量军士，将伯利恒及周边所有2岁以下的婴儿全部杀死。

后来，天主教会把这些被无辜杀害的婴儿封为殉道者，因为他们是为了耶稣而遭杀害的。这一天，就被定为Día de los Santos Inocentes。中文翻译为：诸圣婴孩殉道日。

Inocente，在西语里就是无辜、清白的意思。在12月28日这一天，在西班牙和墨西哥这样的西语国家，这一天就是愚人节。无论是媒体还是朋友家人，都会花样百出地捉弄人。被捉弄的人不允许生气，因为这一天所有的人，无论做了什么，都是Inocente（清白）的。

借用Inocente清白这个词，把12月28日这么个历史上血腥的日子变成愚人节，总是觉得牵强。你要问西班牙人，他们也只能这么回复你，因为是Dia Inocente，无辜清白日！

但是，所有习俗和传统都是有由来的，大米良查了查历史，最终发现了真相！

在6世纪的伊比利亚半岛，天主教还没中世纪那么严苛。除了天主教，还允许市民有其他信仰，这些不信天主教的被称为异教徒。在新年的第一天，也就是1月1日，西班牙各个村落的异教徒，都会披上皮做的帽子和斗篷，装扮成各种动物，在村子的广场里逗乐玩耍。这一天被成为Dia de los locos（疯人节）。

在9世纪的时候，庆祝新年第一天非常流行，连教会和宫廷里都会采用这种乡村逗乐的方式，举行各种表演、轰趴。莎士比亚的《李尔王》里有一个宫廷小丑表演的章节，就是源自这种民间滑稽逗乐。

正经了一年的教会，不管是牧师还是修女，也会在这一天举行各种搞怪的活动，和村民们打成一片，在教堂里烧烤喝酒吃肉，还有各种滑稽表演。逐渐的，这一天的庆祝活动，加入了对教会和王室的黑色幽默。民间的小丑们，会拿主教或者王族躬亲开玩笑。

当天主教教会的规矩越来越严格，由于教会要在 12 月 31 日要举行新年弥撒，教会就将 1 月 1 日的狂欢日提前到圣诞节和新年之间。具体时间不定，每年提前公布，让教区内的居民提前准备狂欢。

1444 年，罗马教皇突然收到了一封来自法国主教的请愿信，要求教会管制这种侮辱教廷和王室的活动，禁止民间举行这种低级粗俗的庆祝活动，取缔 Dia de los locos(疯人节)。教皇果然听从了法国主教的提议，一道教旨下去，禁止所有的神职人员参与这种低俗的狂欢活动，并要求自己管辖的教区也取缔这种活动。

教皇都下旨了，下面自然要遵守的。但是，作为一个拥有几百年传统的狂欢日，西班牙教会不舍得就这么放弃了。作为世界上最喜欢开 Fiesta 的西班牙人，怎么可能砍掉一个放纵的狂欢日？！！在怎么伺候上帝，骨子里还是流着西班牙人的血！

最后，思来想去，决定将这个新年狂欢日“借尸还魂”到 12 月 28 日的 Día de los Santos Inocentes（诸圣婴灵殉道日）。打着 Inocentes 的幌子，继续以各种玩笑搞狂欢。

从 1445 年开始，12 月 28 日的 Día de los Santos Inocentes（诸圣婴灵殉道日）就变成了 Dia de los locos（疯人节）。

在瓦伦西亚（Valencia）的小镇哈朗（Jalance)，12 月 28 日都会举行狂人节（fiesta de los locos)，这个习俗就是沿袭了最早的 Dia de los locos（疯人节）。

时至今日，12 月 28 日已经褪尽了宗教色彩，变成了西语国家一个全民愚乐的愚人节，不仅是朋友家人之间，主流媒体都会在这一天都会捏造一些看起来很真的爆炸性假新闻。

1986 年，法国报纸 *Le Parisien* 在 12 月 28 日那天头版刊登：埃菲尔铁塔基座不稳，正在缓慢下沉的分析性文章，其中还引用了大量专家的调查报告。一度引发恐慌！为了这么一个玩笑，也是够用心的。

社交软件 Twitter 也在这一天发布过：系统崩溃的提示信息。

大米良曾经在这一天，往家里的牛奶里，兑入熬好的辣椒水！家里老太太误了两口，脸上就长出几个小豆豆！虽然是 Dia Inocente，心里还是愧疚的！

4.3 三王节国王饼竟有两千年历史。源自古罗马农神祭祀

1月6日是西班牙三王节。这一天，家人、朋友、同事聚在一起，分吃一种叫Roscón的甜品面包，中文翻译成国王饼。

这种环形的“面包”（请允许我称它为面包），有糖分、杏仁还有干橘皮丝，最重要的是有红色、绿色的透明糖果点缀。圈圈面包里藏了一颗蚕豆，一个小人。

理论上，分吃到蚕豆的人，预示着一年的顺利！分吃到小人的，虽然不是倒霉，但需要给这个面包圈埋单！也有反过来说的！

这种大米良觉得难吃，但大部分腰上有肉的姑娘都觉得好吃的面包圈，最早源自古罗马的神农节！看，西班牙的东西，随随便便就传承了两千年！这么难吃的面包，也吃了两千年。

神农节的太阳面包

在古罗马时期，在新年的第一个星期，都会举行神农节（saturnales romanas），祭祀农业之神萨图尔努斯，从贵族到奴隶都会有各种庆祝活动。

在社会最底层，由于奴隶是提高生产力的一线劳动力。农神节当天，奴隶主会允许奴隶搞一些庆祝活动，同时准备一份圆形的面包。面包里藏着一粒蚕豆。

分吃到这颗蚕豆的奴隶，那一整天都可以享受其他奴隶的膜拜与侍奉，就像一个国王一样。

有版本说，吃到这颗蚕豆的奴隶，在享受了一天的国王待遇之后，等待他的是永远的自由——死亡。历史上，也有奴隶得到了真正的自由。

这一游戏，逐渐从民间流传到贵族阶层。只是吃到蚕豆的贵族，要遭受各种玩笑和捉弄作为惩罚。

国王饼在主显节借尸还魂

到了公元4世纪，天主教开始控制地中海诸国，教会全面取缔各种异教徒庆祝活动。来自古希腊罗马神话的农神萨图尔努斯祭祀，自然也在被取缔的范围之内。

这个新年吃蛋糕当“国王”的传统，被硬生生取缔了。但有些地区，依然变着花样保留了这个传统。

到10世纪，这个祭祀农神的传统，总算有了新的文化载体。那一颗藏在面包之内的蚕豆，不再是幸运之豆，而是成了耶稣基督的象征，象征着在西律刚刚诞生的小耶稣。耶稣诞生之后，西律王大肆屠杀两岁以下的婴儿，而耶稣躲过此劫，才让天主教教义重放光芒。

于是，在1月6日，耶稣第一次向异教徒现身的“主显节”，就要吃一个藏有蚕豆的面包。吃到蚕豆的人，可以获得额外的赐福。

这，这，这，不就是当年祭祀农神时藏豆面包的传统吗？！

法国的国王饼

自从这个传统名正言顺地重新回到人们的生活中，这一习俗最先在法国得到了“弘扬”。

法国也有和西班牙一样的三王节，只是法国的国王饼是圆形实心的饼，而西班牙的是一个圈圈。

在法国，1月6日会给小孩子分吃国王饼，吃到蚕豆的小朋友，就可以当一天的国王。显然，这是古罗马时代留下来的传统。

历史上对法国国王饼的记录也非常多。从百度上扒了一些资料。

波旁王族的路易二世公爵传记记载，在主显节这一天，公爵点名让城里最穷的一个八岁男孩当“国王”，不仅让他穿上华服，还让自己的仆人跟着伺候他。第二天，这个小男孩会在公爵家吃早饭，公爵拿出40里拉银币，在座的每个人都向这个穷孩子捐了数目不等的钱。公爵将大家凑的钱全部给了小男孩的父母，让这个孩子有机会到学校受教育。

法国太阳王路易十四的宫廷里也有分食“国王饼”的传统。在路易十四以前，宫廷里的贵人们，吃到蚕豆成为当天的“国王”时，可以向真正的国王任意提出一个要求。国王也尽可能满足这个要求。但是，这个被用来“心机宫斗”的环节，被太阳王废除了。

西班牙的国王饼

大家还记得前面讲过只想做一只美青蛙却被迫当了两次国王的费利佩五世吗？费利佩五世，就是路易十四的亲孙子！既然路易十四王宫有吃国王饼的传统，来西班牙做国王的费利佩五世，也必须保持法国人的“传统”呀！

不过，到费利佩五世的时候，国王饼已经不是太阳王爷爷时代的样子了。因为费利佩五世的侄子，新一代法国国王：路易十五，是个非常喜欢奢华的人。路易十五即位后，糕点师为了讨好国王，将国王饼做成了一个硕大的环形面包项链。面包上点缀着各种金银珠宝，极尽奢华。路易十五龙颜大悦！

于是，在法国宫廷，没有有珠宝含量的圆形面包，就被环形珠宝面包取代。

自己的侄子可以在法国如此奢侈，远在西班牙的费利佩五世，也跟风模仿“法国气质”。1361 年，西班牙国王费利佩五世将 1 月 6 日主显节，增定了一个节日“豆子国王节”（Rey del Faba）。这一天的主打甜品，不再是法国的实心国王饼，而是奢华版的环形面包，并逐渐有了一个西班牙语名字：Rsocon。藏在西班牙版国王饼里面的除了蚕豆，还有一个国王的小瓷像。

民间没有那么多的珠宝做装饰，色彩艳丽的干果就纷纷上来充数。一定不能少的是绿色、红色、黄色等半透明糖果，象征着红宝石、祖母绿、黄钻等宝石！

三王节一过，西班牙的圣诞假期就算正式结束了。就像中国春节，过了元宵，春节就算告一段落了。

4.4 San Juan 节的篝火、女巫和魔鬼烈马的传说

6 月 24 日，是西班牙 San Juan。San Juan 是给耶稣受洗的人，在基督教体系中拥有非常高的地位。这个节日，也是欧洲普及度最高的节日。

San Juan，这是西班牙唯一一个以圣者出生日来定的节日。其他节日，都是圣者的殉道日。单从这点就可以看出，San Juan 是个充满生气的日子。不过，今天大米良不讲圣经故事，而是讲在这几天，西班牙境内那些与巫师巫术有关的庆祝活动。

6 月 21 日前后，是中国的夏至，是白天最长，夜晚最短的一天。在欧洲各文明的历法中，也是夏天开始的第一天。对这一天阴阳转换的能量，有各种解读。西语中，这一天叫 solsticio de verano（夏天降临日，也就是“夏至”的意思，冬至的西语是 solsticio de Invierno）。

在这个阳极盛阴极衰的日子里，对于能量敏感的群体，自然会演绎出各种仪式和法事。

火，虽然实际上是魔鬼用来迷惑人类的礼物，但人类却用火来对抗黑夜，借助火光来驱逐恶灵。这个做法是否有效今天不讨论，但使用“火把”“篝火”来驱逐恶灵的做法，是人类祈福除秽行为中最有仪式感。

在夏至这一天，古凯尔特人会点起篝火，祈福神灵保佑地里的庄稼有个好收成、男女合欢多生育、家畜家禽平安。

古希腊人在这一天，也会点起篝火，祭祀太阳神阿波罗。古罗马人则是祭祀智慧战争女神弥涅耳瓦（古希腊神话中的雅典娜）。

在古印度，这一天点起篝火，祭祀祖先。篝火的灰烬具有神奇的护佑能量，会被全部保存起来。

能量最强的，当然是 6 月 21 日夏至这一天。但是，在信奉圣经为小宝书的国家中，6 月 24 日，是圣胡安日，就把 6 月 21 日的活动和仪式，合并到了 6 月 24 日。23、24 这两天，被赋予了洁净灵魂、驱逐恶魔的功能。

在圣胡安这一天，西班牙许多地区的节日，其实是从 6 月 21 日的祭祀祈福中推迟而来的，尤其是那些与巫术魔法有关的活动。

1. 阿里坎特小法雅

在瓦伦西亚的法雅节之后，San Juan 这个周末，是阿里坎特的小法雅节。瓦伦西亚的法雅匠人，在忙了瓦伦西亚法雅节之后，就开始忙碌阿里坎特的小法雅节。这些玩偶，在瓦伦西亚叫 Falla，在阿里坎特的叫 Hogueras。工艺都是一样的，只是阿里坎特的 Hogueras 规模要小，造型上也更夸张一点。

关于法雅节，最早是人们在 San José 这一天，把家里不要的东西都丢到广场上，一把火烧了，祈祷火焰烧掉所有的晦气和不详。

前年扔家具！烧了祈祷烧掉晦气。去年扔了家具，今年继续扔！这不逼着人们要年年添置新品吗？！为了不增加大家的经济负担，聪明智慧的瓦伦西亚人想到一个好办法：村子里的人凑钱，集体做一个木偶，等到 San José 这一天一把火烧了！于是，就有了法雅节！

阿里坎特人则选择了 San Juan 这一天，来烧旧物除秽。

2. Las Falles del Pirineu 比利牛斯火把节

比利牛斯火把节，不是哪个村子独有的活动，而是比利牛斯山周边 63 个小镇共同的活动。这 63 个小镇里，其中法国 34 个小镇，安道尔 3 个小镇，西班牙 17 个加泰罗尼亚小镇和 9 个阿拉贡地区小镇都举行这个火把节。这一活动，已经被联合国列为非物质文化遗产。

年轻人在 San juan 这一天，背着大大的火把，沿山而上。远远望去，山里蜿蜒着一条火龙。这个背着火把来巡山的活动，目的是驱逐恶灵，祈求风调雨顺。

这个火把巡山的传统，比烧玩偶的传统还要早。

比利牛斯火把巡山的活动叫：Las Falles del Pirineu。las Falles，意思是火把火焰的意思。后来发展出来的瓦伦西亚法雅节 Falla 这个名字，就源自火把巡山的 Las Falles 这个 Falles。

法雅节和火把巡山节，最早也是村民用篝火、火把驱除恶灵晦气的行为。在加利西亚地区，多个节日都是村民们集体拿着火把进山驱除恶灵，但不是 San José 这一天。

3. 赤脚炼火路

在加利西亚 Soria 地区的 San Pedro Manrique 小镇，6 月 23 日晚上会用 2 吨的橡木树枝，铺在村子的主广场上。到了晚上 9 点，就将所有的树枝点燃，村里的年轻人围着火路跳舞，喝酒吃肉。到了凌晨零点，在这个魔法的时间，2 吨的橡木枝已经烧成了炭，整条路没有了火焰，但木炭依然吐着猩红的火舌。

此时，村里会选出 12 个村民，赤脚踩上依然还有火星的木炭灰烬上。这 12 个被选中的人，必须走完全程！

据说，只有在这个村子出生的人，才可能走完全程而不被烧伤。

4. Teulada 的小精灵

在瓦伦西亚地区的 Teulada 小镇，有一个神秘的传说。离小村子 Teulada 不远的地方，有一个神秘的泉眼：Font de la Jana (Jana 之泉)。6 月 23 日晚上，在 Font de la Jana 附近，会出现一个小精灵：La Jonaina。这个小精灵会突然出现你的后背。

小精灵拥有女孩稚嫩的嗓音，她知道你叫什么名字。

当小精灵出现在你背后时，会用稚气的声音叫你的名字。这个时候你不要回头，不管她说什么，答应就好。小精灵会请求你背着她到附近的村子去。你尽管答应，但千万不要回头。她会轻轻的爬在你的后背，然后说：我可以帮你实现一个愿望。

这个时候，你就可以许愿了。愿望不要太过分，一般都会实现。但是，整个过程，你必须往前看赶路，不要回头去试图看看小精灵的模样。不然，小精灵会瞬间消失，你的愿望也就白许了。

5. Altafulla 女巫节

在这个一年之中白天最长、夜晚最短的日子里，阳极盛，阴极衰，能量的交互，女巫们自然不会错过。

在 Altafulla 这个村子里，周末就会举行魔法集会。白天是各种魔法巫术用品市场，晚上和下午，在村子周围的树林和山洞里，会有各种祈福活动。当然，现代文明社会，是娱乐化的祈福，还是另有玄机的集体施巫，这个，全看个人的觉悟了。

6. 女巫集会

虽然 Altafull 的女巫节看起来还像那么回事，但多少有点初级女巫凑热闹。真正的女巫集会，在 Navarra 地区的 Zugarramundi。

曾经有一部关于女巫的西班牙电影，讲的是 Zugarramundi 女巫的故事。Zugarramundi 有一个女巫谷，有好几个山洞，每年都有巫师成群结队在此集会。而 San Juan 就是他们集会的日子之一。

这一天，几个山洞里会云集来自西班牙各地的巫师，坐在篝火前，做着一些无法形容，也不可描述的事情。

实际上呢，大米良前面说过，能量最精纯的日子是 6 月 21 日，真正的巫师是在 6 月 21 日集会，6 月 24 日的集会已经成了一个大趴体。

7. 半夜洗脸葆青春

在安达卢西亚一些地区，也有烧玩偶的传统。这一天，他们会造一个小小的玩偶，叫 Jua。姑娘们把自己的怨恨，委屈全部倾诉给这个 Jua 娃娃，在半夜的时候烧掉。

到了晚上 12 点，虔诚的人，会仔仔细细地洗一把脸，据说，这个时候洗脸可以延缓衰老，青春靓丽更持久！当然，洗完脸之后，是禁止照镜子的！因为这个晚上，巫婆们会给镜子施法，透过镜子来吸取年轻姑娘的美貌。

8. 挣脱缰绳的魔鬼烈马

在 Cantabria 这个鬼怪传说最多的地区，San Juan 这一天也少不了鬼怪故事。

据说，这一天，给恶魔拉车的三匹恶灵野马会挣脱缰绳，自己在山野和天空肆意奔跑。山间的女神 La Aujana 这个晚上也制服不了这三匹烈马，只能发出尖利可怕的叫声，提醒人们不要靠近山野。

这个晚上，附近的山野的居民，都不会离开居住的村子。村子里必须点起火焰烈烈的篝火，以警示魔鬼的烈马不要靠近。

万一有人必须走夜路，远远听到了烈马的嘶鸣声或者马蹄声，接下来的一年都会厄运连连。

破除厄运的办法就是找到四片叶子的幸运草（三叶草）。

4.5 比玫瑰更内涵的是麦穗！圣乔治节的历史真相

4 月 23 日是加泰罗尼亚的圣乔治节，一个让加泰罗尼亚充满花香和书香的重要节日。这几天，二手书促销、玫瑰花涨价。要送玫瑰花的小伙伴，最好是 4 月 23 日下午六七点之后再去买！为啥？因为到了晚上，必须降价处理了呀！

San Jordi，是加泰语，西语是 San Jorge。加泰罗尼亚有很多圣乔治屠龙的雕塑。加泰罗尼亚版的倚天屠龙记是这样的：

在加泰罗尼亚的 Montblanc 山上有一个小王国，王国附近住着一条恶龙。比恶龙贪婪的本性更让人难以接受的，是它的口臭！恶龙定期来骚扰 Montblanc 山上的小王国，偷吃牛羊、掳走村民。国王借鉴中国大禹治水因势利导的原则，决定有效管理这条不可能驯服的恶龙，就想出了“献祭村民”的办法。国王把国王内所有人口的名字都放进布袋里，没想到第一个抽到的，竟！然！是！公！主！

就在众人眼看着公主悲戚戚地献身给恶龙的时候，勇猛的圣乔治，当当当，胯着一批快马飞奔而来，在主角光环下，成功地用长枪刺死了恶龙，救出了公主。

恶龙的鲜血，染红了黄土，血迹渗透之处，长出了无数鲜血一样的玫瑰花。

公主为了表达对圣乔治的救命之恩，并没有以身相许，只是送了一本书。大米良想，如果不是啥武林秘籍或者绝版手抄红楼梦，冒死屠龙救你，就值一本破书？

历史上的确没有记载公主到底送了圣乔治一本什么书！但从此以后，圣乔治节就有了男娃送女娃玫瑰，女娃送男娃便宜二手书的传统！

这是加泰罗尼亚的版本，也是加泰罗尼亚的爸爸妈妈们讲给自家小屁孩听的版本。牵强附会的地方显而易见。

历史的真相是啥呢？

在中国的三国时代最后一年，280 年，西晋灭了东吴，三国归一。这一年，今后要屠龙的乔治在巴勒斯坦出世了！乔治的老爹是个罗马贵族，他自己后来成为罗马军团的骑兵军官。受父亲影响，乔治成为一名基督徒。

303 年 2 月 24 日，罗马皇帝戴克里发起了大规模迫害基督徒的运动，这些基督徒要么改变信仰，要么被处死。

虽然身为罗马军官，但乔治还是忠实信仰着基督，他在广场上呼吁大家要威武不能屈，富贵不能淫，坚定地跟着耶稣大哥走！结果，被抓起来！还受尽各种酷刑！

最后，在 303 年的 4 月 23 日，被砍头而死！ 100 多年后， 494 年教皇将乔治追封为圣者。

从乔治长官，变成圣人乔治，各种神奇的故事就开始从地上冒出来。

据百度百科上比较流行的说法：传说圣乔治被捕后，先是遭受棒击和烙铁灼烧之刑。然后被放置在带有尖刺的巨轮、融化的铅水桶中，但他都没有受伤。无计可施的总督试图用甜言蜜语引诱圣乔治向罗马的旧神献祭。圣乔治假意服从，却在神庙中向上帝祈祷，最终天火降临，摧毁了庙宇。愤怒的总督下令将其斩首！行刑时，上天为之震怒，电闪雷鸣，异象频频。天空因圣者升天转为金黄色，而总督本人也在回家的途中被天火烧死。

那么，圣乔治屠龙的传说，又是怎么牵强附会出来的呢？

在圣乔治殉教之后 800 年，就是十字军东征的那个年代，整个黑暗的社会需要积极向上的骑士精神来支撑，热那亚的主教，在《金色的传说》那本书里，第一次给圣乔治安排了屠龙的情节。

这个故事版本是：在现在土耳其境内的赛伦拉城附近，有一条浑身散发着毒气的恶龙。恶龙住在一个环礁湖中，时常捕食附近的居民。为了安抚这头恶兽，当地居民每天都要向湖里投 2 只肥羊，换取安宁。

然而，有一年天灾降临，羊群大批死去，无羊可喂的居民只能用活人代替，直至这个厄运降临到国王唯一的女儿身上。

神话故事真是奇怪，救星总是在公主遇难时才出现。那么多村民被送去喂了恶龙，就没有一个美女吗？

当公主走在献祭恶龙的路上，圣乔治恰好路过。听闻此事愤怒异常，他身披代表正义的红十字，策马来到湖边，趁恶龙正欲饱餐之时，刺死恶龙。由于用力过猛，枪身折断！倒地的恶龙从伤口处，渗出一地的龙血，竟然慢慢形成了一个血红的十字，久久不散。这个血红的十字，就成了圣乔治十字。

从此以后，只要是祈求圣乔治保护，把圣乔治做当地保护神，都有了各自的圣乔治屠龙版本。在加泰罗尼亚，恶龙居住的地方，就被安排在 Tarragona 的 Montblanc 附近。还好中国没有引进这个故事，不然，恶龙可能会被安排在咱们湖南的张家界或者衡山！然后就有了中国版的农夫乔治屠龙救村姑的故事！

圣乔治这一天，男娃要送女娃玫瑰的习俗，在 15 世纪的文献中有记载。这个记载一点都不浪漫。

记载说：4 月 23 日，所有去加泰罗尼亚政府大楼（Palau de la Generalitat）圣乔治神龛祷告的姑娘，都可以免费得到一支红色的玫瑰！象征着受到圣乔治的庇护。到后来，这个本来由政府教会免费发玫瑰的任务，就落到了小弟娃的头上。

在加泰罗尼亚，最地道的习俗不是单单送一支玫瑰，和玫瑰一起送出的，还有一支麦穗。

为啥要加一支麦穗呢？真相放在现代很惊悚，放在五百年前，很暖心！

麦穗，是女性生育能力的象征，颗粒饱满的麦穗，象征着：赛母猪一生生一窝。

几百年前，女性的生育能力对社会发展非常重要。所以，在送你玫瑰的同时，也希望你能多生娃。

大米良发现，真相就是：借着送玫瑰的机会送麦穗！麦穗才是重点，好嘛！因为娶个女人回家，重点就是生娃娃呀！

再后来，因为 4 月 23 日这一天，也是莎士比亚和塞万提斯的祭日。为了纪念这两位大文豪，就给这个送玫瑰送麦穗的节日，生硬地植入了一个“送书”环节。那个流传了几百年的故事，就变成了圣乔治屠龙之后，恶龙的鲜血培植了血红的玫瑰，公主为了报答救命之恩，就送了圣乔治一本书！

4 月 23 日圣乔治节，西班牙许多地区都有庆祝活动，加泰版屠龙故事发生地 Montblanc 小镇从 4 月 22 日到 5 月 1 日，举行中世纪节。这个星期的小镇居民都会换上中世纪的服装，在大街小巷摆出各种烤肉摊，像中世纪的人一样，大口喝酒，大口吃肉！

这一天也是阿拉贡大区的节日，叫阿拉贡日。因为圣乔治也是阿拉贡大区的保护神。在阿拉贡的传说中，圣乔治不是屠龙救公主，而是有另外一个更有史实依据的传说。

在 1096 年，当时还是摩尔人占领着伊比利亚半岛绝大部分土地。阿拉贡的国王彼得罗一世（Pedro I），继承自己父亲的遗愿，发誓要赶走摩尔人，光复伊比利亚半岛。他在 1096 年，计划攻克 Huesca。但战争异常的艰难！就在军队最绝望的时候，彼得罗一世（Pedro I）向上帝祷告：上帝啊，显个灵，给个神助攻吧。

上帝果然没有辜负彼得罗一世（Pedro I）的虔诚，就在接下来的一场战争中，天空突然惊现万道光芒，圣乔治穿着印有鲜红十字的白色大袍，骑着天马，举着长枪，从天而降。

神迹出现，天主教士兵们力量倍增，击败了摩尔人。那是一场奠定最终胜局的战争。又经过半年的战争，彼得罗一世（Pedro I）最终攻破了 Huesca 城。从那以后，彼得罗一世（Pedro I）规定，阿拉贡王国内所有人民，必须对圣乔治，路转粉！

4 月 23 日的故事太多了，大米良心心念念的还是送点麦穗吧！

4.6 斗牛士的战袍为啥那么紧身那么闪?

大米良对于西班牙斗牛士的制服，一直很困惑，为什么会是这个造型?

斗牛士的制服，西语叫 Traje de Luces，直译过来就是：光之制服。从这个名字，就可以看出斗牛士服装的一大特点：一闪一闪亮晶晶!

正宗的斗牛士服装，都是量身定做且纯手工完成的。基本面料是丝绸，上面镶嵌各种亮片。

但是，为啥斗牛士的服装，会是这个造型呢?

我们现在熟悉的斗牛士制服，源自 18 世纪马德里的贵族阶级服饰。就是戈雅二三十岁那个时代。在戈雅的许多画作里，许多上流社会的男子，穿着打扮就有现代斗牛士服装的影子。实际上，斗牛士的服装，就是源自那个时代的上流社会时尚男装。

这种打扮叫 traje de los majos。Majo，青年男子。现代西语里常说，eres muy majo！eres muy maja！意思是很友善，很有礼貌。在 18 世纪，majo 和 maja，是指那些有教养的高富帅或者白富美。

Traje de los majos，是 18 世纪最 IN 时尚男装，是上流社会高富帅最偏爱的行头。

在 18 世纪，斗牛士在西班牙已经拥有很高的地位，但比起有贵族血统的 MAJO 们，稍微还是“低人一等”。

但咱斗牛士是网红呀，有大批粉丝呀，而且还非常有钱！靠拼爹的贵族公子哥们有的，我们斗牛士都有！公子哥们没有的，我们也有！

许多斗牛士为了彰显自己的身份，斗牛的时候，就会穿上这种属于上流社会的服装。为了更好的表演效果，还要加上各种晶晶亮亮的小饰品。就像现在的艺人，在一件普通西装上镶嵌上亮片，就变成了演出服。

18世纪中期，traje de los majos这种打扮，对于潮人来说，已经过时了。贵族们的服饰，逐渐从这种繁复修饰的洛可可风格中走出来，开始追逐新的时尚。而斗牛士们，则在往衣服裤子上镶嵌金银亮片的路上，越走越远。有些一线红人斗牛士的服装，是金线银线制成的。

最终，上流社会的时尚流转了好几个轮回，没有人记得18世纪中期的潮男是怎么穿的，但斗牛士们却将18世纪的这个服饰传统保留了下来，并发展出一套斗牛界独有的等级服饰系统。

关于斗牛士制服的颜色

斗牛士制服的颜色，并没有特别的含义，全看斗牛士个人喜好。不过，服装的颜色要考虑到与黄沙场地的对比度。虽然公牛是色盲，但只有灰阶的视界里，对比度是存在的。所以，斗牛士服装的颜色，需要和黄沙场地有比较鲜明的对比。

大米良突然想，为了安全起见，选择一套土黄色的斗牛服，在公牛眼里，我是不是就变成半透明了？好神奇的感受！

一般斗牛服的基础色是：grana (rojo)、nazareno (morado)、purísima (azul claro)、rosa palo、blanco、tabaco (marrón)。

一个主斗牛士，都有一个团队。主斗牛士会要求自己的团队，不要和自己的斗牛服撞色。每个斗牛士，都有一个偏爱的颜色，他的团队，会非常尊重主斗牛士的选择，非常识趣地不和领导撞色。

不过，现代斗牛，很多主斗牛士并没有自己养着一个团队，打下手的助手们，都是过来兼职的。主斗牛士和其他辅助斗牛士撞色，也不是没有可能。毕竟，一套斗牛服不便宜呀。

斗牛服，曾经是地位和身份的象征，往往是镶金嵌银满眼都是珠宝。Cordoba 有一家斗牛士服装博物馆，会刷新你对这一调戏牛牛服装的精巧奢华程度的认识。

通常来讲，斗牛服上金光闪闪的，是黄金圣斗士，主斗牛士。没有成为主斗士资格的斗牛士，最多只能用白银做装饰，做一个白银圣斗士。不过，现代高冷派斗牛士，并不追求珠光宝气的存在感，往往会选择比较低调的服装，比如没有任何金银亮片，全是黑毛线织出来的装饰。

现代斗牛，已经不能从一个斗牛士的服装奢华程度来判断他在斗牛界的地位了。毕竟，宰牛装也有性冷淡系的嘛。

主斗牛士（matador）

主斗牛士西语叫 Matador，就是调戏牛牛之后，一定要把牛牛刺死的斗牛士。一场斗牛，调戏牛和一剑穿心，是斗牛最大的看点，也是最见斗牛士功夫的地方。

主斗牛士团队中，负责化解危机，给牛牛背上插花枪的，叫 los subalternos。骑马拿长枪先给牛牛放血的，叫 El Picador。

主斗牛士，穿斗牛服的整个过程，都会非常虔诚。他们通常会自己随身携带一个小的神龛，上场之前祈祷圣母或者耶稣保佑。

斗牛士身上很多配饰，都有特殊的名字，自有一套完整的缝纫工艺。

最好玩的，是斗牛士的帽子。

这个帽子，不是一开始就有的，而是在 19 世纪，一名叫 Paquiro 的斗牛士发明的。这名 Paquiro 斗牛士，全名是 Francisco de Paula José Joaquín Juan Montes Reina。是他，将西班牙斗牛从民间自娱自乐，升级为具有观赏性的表演，并对斗牛士的服装、斗牛的环节和现场表演进行礼仪规范，形成一套极具竞技观赏性的现代斗牛表演。

1836 年，Paquiro 出版了西班牙斗牛红宝书 *Tauromaquia*。

Paquiro 在斗牛士服装中，第一次正式强调，斗牛士应该束发带帽，不能披头散发就上场。最好把头发梳起来，用发网网起来。Paquiro 的束发效果，如下图：

斗牛士们为了致敬 Pquiro 的贡献，就把这个帽子，引用他的姓“Montes”，称之为 Montera。

早期的斗牛士帽子，就是一个长长扁扁的毛线帽，不似现在这么泾渭分明的三坨。经过一百多年的演变，男人不再留长发，原来束头发的帽子，就变成了一个摆设。

这个帽子，有一个非常迷信的说法。

当主斗牛士看到公牛入场后，要向公牛行脱帽礼，还要向全场观众致敬。然后，把帽子抛向身后。如果帽子是冒口朝下扣在地面，那这一场，斗牛士就有好运气。如果帽口朝向，仰躺在地上，那这场斗牛士就会倒霉。

这个习惯，是经过许多血的教训得出来的。也不知道哪个好事的记者，没有稿子写的时候，总结了历年来斗牛场上出事的斗牛士记录，发现很多出事的斗牛士在丢帽子这个环节，都是帽口朝上。于是，这个帽口朝上不吉利的说法，就变成了斗牛士们的一个迷信。

现在，许多斗牛士不再抛物线往后丢帽子，而是直接把帽子扣在地上，就是为了防止帽口朝上。

斗牛士的帽子，是万万不能放到床上的。这会给夫妻带来不和。哪怕怕小孩子的玩具，也不行。

关于斗牛的一些小知识

对西班牙人来说，斗牛是一门艺术，大米良曾经在 Complutense 念新闻官硕时，还专门有一门课，叫 Crónica taurina（斗牛评论）。大米良捡几个大家都知道的来讲讲。知道的同学就来挑错！

首先，在一些采用斗牛元素的舞蹈中，最经典的动作，就是把穿着紧身裤包着一坨的裆部拼了老命地送出去。为什么会有这个姿势？是男性生殖器崇拜吗？

嗯，大家想多了！

这个和裆部其实没有关系。和腰部有关系！精彩的斗牛，是把牛牛招到自己身边，贴身转圈斗。牛离斗牛士越近，越有看点。其中，最高难度系数的斗法，就是让牛牛从自己身后奔过去！要完成这个东西，就必须脚掌吃力，送裆部，收腰部，还要努个嘴。所以，就算是斗牛士不是在完成这个翻身斗牛动作时，也会拗这么个酷酷的造型。

斗牛士的奖励有三个等级。如果主席团觉得表现有瑕疵，但观众呼声很高，主席团奖励斗牛士 1 只牛耳。如果主席团认为斗牛士的表现不错，观众也很嗨皮，会奖励 2 只牛耳。最高奖励，是主席团觉得斗牛士的表演简直完美，无可挑剔，会奖励 2 只牛耳，外加 1 条牛尾！

其实，大米良很好奇，斗牛士拿着牛尾耳朵，回家后是做菜呢，还是直接丢了？放久了，总会臭的呀！莫非用福尔马林？！！

一般情况下，出场的公牛，都会被刺死。即便主斗牛士三番五次都没有用长剑从头顶一剑穿心而死，最终也会用一把小刀，直刺大脑而死。

如果斗牛士在三次尝试都失败时，甚至是观众认为这头公牛表现得异常勇猛时，观众可以要求主席团赦免这头公牛！一旦主席团认为这头公牛可以被赦免，就会有一群挂着铃铛的母牛，叮当叮当地进场，勾引公牛离场。这头公牛会被精心料理，成为坐拥后宫三千的“种牛”！

所以，一旦投胎成斗牛，不是在场上被英勇的刺死，就是被成群的母牛雅蠛蝶折腾精尽而亡！唯一的差别是，斗牛场上刺死的公牛，会直接拉到附近的餐馆，做成美食。精尽而亡的公牛，形容消瘦，老皮糙肉，估计可以留个全尸。

牛牛说：牛啥牛，你这身行头过时 300 多年了，我一身牛毛每季都是最新最潮款，我才牛！

4.7 奔牛节牛牛是如何上位的？能上斗牛场成为星牛的三大星相特征！

7 月 Pamplona 的奔牛节是西班牙知名度最高的节日之一！其实，这个为期一周的庆祝活动，奔牛只是其中一个环节！真正的节日名字叫 San Fermin。

大米良发现，为期一个星期的 San Fermin 活动中，要征用很多很多的牛，这些牛来自 8 家养牛场。而这 8 家养牛场，也是通过海选竞演而脱颖而出的！

同志周要选 Mr Gay，世界狂欢要选 Miss World！奔牛节，必然要选一个 Mr Toro！

San Fermin，8 家养牛场的牛牛获得出场荣誉，就像艺人上春晚一样！是牛牛一生中的大事，也是选送单位的一种荣誉！

西班牙牛牛有两大盛事，一是堪比中国春晚的潘普罗那 Feria de Toro，另外一个是堪比跨年演唱会的 Sevilla 四月节！

2017 年 8 个明星牛选送单位中，Puerto de San Lorenzo 星牛艺术牛栏第一次获得这一荣誉！这也意味着有一家“星牛艺术学校”被刷下去。这家不幸被刷下去的星牛艺术学校是：Pedraza de Yeltes。他们去年第一次选送星牛参加演出，结果表现不尽人意！

2017 年潘普罗那的 San Fermin 除了奔牛，还有斗牛。以下 8 家星牛选送单位，一定程度上，代表了西班牙星牛界在培育明星牛上的最高水准。

MIURA de Lora del Río, Sevilla.

VICTORIANO DEL RÍO, de Guadalix de la Sierra, Madrid.

Hros. de D. JOSÉ CEBADA GAGO, de Medina Sidonia, Cádiz.

JANDILLA de Mérida, Badajoz.

PUERTO DE SAN LORENZO, de Tamames, Salamanca.

JOSÉ ESCOLAR GIL, de Lanzahíta, Ávila.

NÚÑEZ DEL CUVILLO, de Vejer de la Frontera, Cádiz.

FUENTE YMBRO, de San José del Valle, Cádiz.

对于潘普罗那“奔牛节”，是我们中国人以偏概全的说法。整个节日，远不止奔牛这一项活动。对于潘普罗那人来说，这是 San Fermin，不叫 Feria del Toro。

Casa de Misericordia 就是斗牛春晚的导演组，专门负责从各大艺术单位挑选星牛。

这个 Casa de Misericordia 汇集了各路星牛评审，会对选送的星牛进行各方面综合评审，在 Feria 结束之后，会有最 X 牛的颁奖晚会！

比如 2016 年，Victoriano del Río 获得“全能星牛奖”（premio de Feria del Toro：在奔牛、斗牛环节都有杰出表现）。Jandilla 选送的斗牛，获得了“最佳男演员奖”Premio Carriquiri（最 Bravo，最野蛮原生态的斗牛）。最后，还要选出参加“corrida de rejones”和“corrida de la novillada”两个环节的斗牛。

Una corrida，是我们熟悉的，知名斗牛士调戏牛牛的斗牛表演。

corrida de la novillada，是新手斗牛士的斗牛表演！

corrida de rejones，则是骑马斗牛。斗牛士是骑在马上面完成整场斗牛表演！

不管是什么等级的表演，每一只斗牛，都需要到农业警察局进行登记户口。在参加任何活动和斗牛表演时，都要提交详细的信息，比如年龄、体重，还要有性格描述。

斗牛士，会提前获得自己面对斗牛的详细资料。对斗牛士来说，最重要的，就是了解自己要挑逗牛牛的性格特点。

比较受欢迎的公牛性格是：

捍卫领地的首领型牛牛（Defensivo）

自嗨乱蹿的创作型牛牛（Creativo）

睚眦必报的愤怒型牛牛（Furioso）

第一种牛牛应该是狮子座，对斗牛士的反应，更多是出于对领地的保护和自卫。

第二种自嗨型牛牛应该是双子座，自带轰趴属性，上场就很嗨。斗牛士不太喜欢这种性格的牛牛，因为不按套路出牌。

第三种愤怒型牛牛，必须是天蝎座呀！你刺我那么痛，看老子不顶死你！

公牛对视觉挑逗和声音挑逗的反应，是评价公牛是否适合上“星牛春晚”的重要标准。牛牛毕竟是食草动物，只有适当的挑逗和刺激，才会激发出潜在的野性。

大部分的牛牛，对外在刺激的直接反应是自卫。整个斗牛过程，先骑马放血，再插花枪，都是刺激牛牛的神经，让牛牛处于一种高度紧张的自卫状态，斗牛士再通过适当挑逗，把牛牛的自卫情绪，转化为攻击！

作为一只西班牙的牛牛，其实也是不容易的！

4.8 奔牛节的巨人中为啥有日本人?

在潘普罗那奔牛节这场盛大的庆祝活动中，最具象征意义的除了那几头最终要变成盘中美食的公牛，还有几个巨型的人偶！这些巨型人偶，造型一百多年不变，而且都是有人物名字和人物性格设定的！

体积最大最高的巨型人偶叫 Gigante。是四对国王。

4 对国王高约 4 米，重 60 公斤。由两个人支撑。4 个国王，分别来自 4 个大陆。

欧洲的国王叫：Joshe Miguel Erico 和 Joshep Amunda。

非洲的国王和王后叫 Selim-pia Elcalzao 和 Larancha-la。

美洲的国王王后是印第安人部落首领：Toko-toko 和 Braulia。

最后是代表亚洲的国王和王后：Sidi abd El Mohame 和 Esther Arata。

这么奇怪的名字，一看就不是西班牙的嘛！

为啥不是西班牙的国王呢?

因为他们是来自国外的！设计者对这四对国王王后的人物设定是四对来自四大洲的国王王后，大有万国来朝的感觉。名义上是外交使节，实际上就是来给潘普罗那人民跳舞的！

在 1860 年由大头娃娃艺人 Tadeo Amorena 设计出来之后，就一直沿用这个造型！

既然是远渡重洋来凑热闹的，只要有音乐，国王王后就要跳舞。只有黑人王后，稍微高冷一点。普通音乐不跳舞，只有在非洲鼓点时，才会扭两下。

大约过了 30 年，1890 年，新一代大头娃娃艺术家 Félix Flores 花儿先生向潘普罗那政府提交了一份研究报告，说没有士兵的将军，是光杆司令！没有臣子的国王，只是徒有虚名！所以，建议政府给他一点预算，再设计 4 个大头娃娃！大头娃娃西语叫 Cabezudos。

潘普罗那政府觉得有理！就给这位花儿先生预算，要他造 5 个大头娃娃！

Flores 花儿先生本来是计划造 4 个大头娃娃。分别是：

El Alcalde 市长

El Concejal 市政议员（咨询官）

la Abuela 德高望重的老奶奶

El Japonés 象征外国使节的日本人！

可是，政府的预算批复是 5 个！能批下钱来，就已经很好了。为了不让政府为难，这位花儿先生，就在一个日本使节的基础上，增设一个人物：日本使节夫人！

在 5 个大头娃娃人物设计中，就有 2 个日本人！

一个叫 El JAPONES（日本男人），另一个叫 LA JAPONESA（日本女人）。

JAPONES

为啥是日本人呢？因为在那个时代，大量日本人来到欧洲学习各种先进技术。当时，中国的百元店和餐馆还没有开到西班牙，天朝上国也没有到访西班牙的先例。既然人物设定是外国使节，又有大量日本人在西班牙，那来自遥远东方的使节，就自然而然地成为日本人了！

配置大臣的主意，得到了潘普洛纳市政厅的认可。节日里，多几个大头娃娃，会更热闹！

既然都有了市长，那怎么可以没有城管呢？！

于是，市政府又做了一些预算，新设计了一批带着帽子的城管！叫 Kilikis。

城管们也是有名字的：A Coletas、Barbas、Patata、Napoleón、Caravinagre 还有 Verrugón。严格点讲，这些城管都是有人物性格性格设定的，他们的性格设定，和名字有关。在节日活动期间，他们的行为，也是在表演这个人物！不是简单的吓吓人！

城管的主要职责就是殴打老年人和小孩。在节日期间，带着帽子的城管们，会拿着充气棒槌，到处殴打老人和小孩，还会调戏美女！

城管这种非武装势力都有了，怎么着也得弄一支名至实归的军队。于是，又设计了6个骑马的骑兵。叫 Zaldikos！

骑兵的职责和城管相似，不过城管主要是殴打老人和小孩，骑兵因为身强体壮，他有权力殴打所有人！骑兵 Zaldikos 地位最低，所以没有名字，大家都以 1 号 2 号来称呼他们。

国王 Gigantes、大臣使节 Cabezudos、城管 Kilikis 和骑兵 Zaldikos，组合在一起就成了潘普罗那奔牛节的 Comparsa！

巨人和大头娃娃是潘普罗那庆祝活动的重要组成部分，在活动最后一天的下午，在汽车总站，巨人们要举行落幕表演！ Despedida de los Gigantes。

他们会非常悲情的和小朋友们告别，小朋友则会大声喊着 Adios，Adios！当晚，就是整个狂欢周最后一个节目：Pobre de mi！集体大合唱！

大家唱着 El Pobre de mi，El Pobre de mi，惋惜节日进入尾声！

虽然潘普罗那的大头娃娃工艺简单，画像也不精致，但这个粗糙的形象，被列为潘普罗那市的文化保护遗产。也就是说，万一哪个大头娃娃磕坏了，还得造一个一模一样同样丑的出来！

大头娃娃，在西班牙许多地区的庆祝活动都有。但属于潘普罗那的大头娃娃和巨人，则必须是符合这个流传了 140 多年的人物特点！再丑，也要继续多丑个几百年，谁让人家已经是文化遗产呢！

4.9 番茄节 Tomatina，起源于一场农民村斗

瓦伦西亚小镇 Buñol，8 月最后一个星期三，是全球最奇葩的番茄节。作为考据咖，大米良就不描叙好不好玩了，直接来考据发源吧。

这个火爆全球的奇葩节日，起源于一场农村的村斗。

1945 年 8 月最后一个星期三，几个年轻人相约一起参加村里的大头娃娃游行。几个小伙子挤进人群，打算加入到游行队伍中，假装是随行人员。

领头的小伙故意推倒队伍里一个人取乐。被撞到的人怒气冲冲地爬起来，由于人多不知道是谁推了他，就看谁打谁。瞬间引起了游行队伍的骚乱。

在骚乱中心地带，刚好有一个蔬果摊。没有人管蔬果摊老板的感受，路人开始操起蔬果摊上的蔬菜水果对扔。骚乱演变成一个场蔬果大战。

骚动被随后赶来的警察制止，没有人注意到那几个挑起事端的年轻人。这几个年轻人却因为自己惹出那么热闹的一出骚动而大呼爽快。

第二年，几个年轻人决定故伎重演，还特意从家里带来了番茄。这次有预谋的骚动，让全村的人都嗨了起来。村子里的大头娃娃游行之后，大家更期待一场蔬菜大战。

由于成熟的番茄比较好拿，砸在身上也不会很痛，破裂爆汁的视觉效果又很棒，在随后的几年里，大家都选择带上成熟的番茄来参加大头娃娃游行。

50 年代初，政府明文规定只能规规矩矩搞大头娃娃游行，不能搞蔬菜大战。

你知道的，西班牙的人性格，深藏着海盗的气质，越不让我整，越想整。村民们开始游行示威，还各种偷偷庆祝。最终到 1957 年，政府决定将番茄大战，作为八月最后一个周三的庆祝活动之一。从此，扔番茄取代了大头娃娃游行。

1983 年西班牙电视台记者 Javier Basilio 报道了这个村子的番茄大战，番茄大战瞬间走红。番茄大战就开始了漫长的商业化之路。

瓦伦西亚小镇 Buñol 成立了一家叫 La Tomatina 的公司，在 2002 年策划一场国际番茄大战，让全世界知道了这个名不见经传的小镇。现在，周边小镇的番茄大战已经成了一个产业，La Tomatina 公司专事策划组织。

番茄大战并不是大家抓着番茄互扔，而是你要先傻乎乎地站在街边，然后开进来几个大卡车，卡车上装满了熟透的番茄。大战一开始，车上的人向挤满街道的路人扔番茄！

换句话说，不是成吨成吨的番茄随便你扔，而是你站在那里，被成吨成吨的番茄砸。你是小受，不是小攻！哈哈。只有做了小受之后，你才能捡地上的扔别人。

番茄节当天上午 7 点主要干道就已经禁行了，开车过去的同学，7 点之前一定要到。番茄大战在上午 10 点开始。市中心会竖起一个高高的涂有油脂和肥皂的木杆，在杆子的顶端放置一块火腿，只要当有人爬到顶端并把火腿拿下来时，番茄大战才开始。

附上番茄节的官网 http://www.tomatina.es。里面啥信息都有了。

4.10 万圣节的真实传统：亡灵节不只有狂欢，还有驱魂和赶灵

11 月 1 日是 Dia de todos los santos，中文对应翻译是：万圣节，也叫圣灵节。本来是天主教和东正教为所有亡故圣者祈祷的日子，后来就变成了民间祭祀家里亡灵的日子。

对于万圣节的起源，大米良在网上看到这样的内容：两千多年前，欧洲的基督教会把 11 月 1 日定为“天下圣徒之日”（All Hallows' Day）。“Hallow”即圣徒之意。大米良忍不住稍微考据了一下，这个说法的时间是不准确的。

最早，天主教廷为了纪念殉道者，在每年殉道者殉道的那一天为他做弥撒。后来殉道者越来越多，几乎每天都要做弥撒，教会也做烦了，就决定选一个时间，批发做弥撒，再群发给仙逝的圣者。早期没有一个固定的日子，全看各个教区，甚至要看教堂的时间安排。

在教皇格里高利三世 Gregorio III (731—741) 时，将 11 月 1 日作为殉道者集体弥撒的日子。到 9 世纪中期，各个地方的天主教会才逐渐将 11 月 1 日定为：Dia de todos los santos。

所以，从时间上来看，万圣节确定的日子，没有两千年，也就一千多年。

这个不是大米良今天要说的重点。大米良更感兴趣关于万圣节有另外一个传说。

传说公元前 500 年，居住在爱尔兰、苏格兰等地的凯尔特人（Celts）把 10 月 31 日认为是夏天正式结束的日子。那时人们相信，故人的亡魂会在这一天回到故居，在活人身上找寻附体的机会，借此再生。这一天，是人死后能获得再生的唯一希望。活人则惧怕死人的鬼魂来抢自己的身体，人们就在这一天熄掉炉火、烛光，让死人的魂灵无法找到活人。又把自己打扮成妖魔鬼怪的样子，希望可以把死人的魂灵吓走。度过这惊悚黑暗的一天之后，人们会把火种、烛光重新燃起，开始新的一年的生活。

古凯尔特人，一支迁徙到爱尔兰，另一支则越过了比利牛斯山，定居在伊比利亚半岛的西部和北部。现在西班牙的加利西亚人和阿斯图里亚人，就是凯尔特人的后裔。

凯尔特人最擅长自然魔法，对巫术法术非常有研究。这也是为什么西班牙北部和西北部流传较多关于巫婆、鬼怪故事的原因。

巫婆鬼怪故事，并不是无中生有的。在被美国南瓜万圣节商业化了的今天，西班牙许多地区依然保存了最早的万圣节的传统过法。

比如西班牙的加迪斯（Cadiz）地区，他们的万圣节不是11月1日，而是10月31日的Tosantos。这一天加迪斯人不会打扮成成鬼魂僵尸，而是打扮成兔子、母鸡和猪。还用水果做出各种人偶。

大城市，总是最先丧失传统的地方。老传统，在偏远山区会得到比较完好的保存。在安达卢西亚哈恩地区的 Baños de la Encina (Jaén) 小镇，至今保留着万圣节这天半夜巡山的习俗。

在万圣节这一天， Baños de la Encina 小镇的男人会手持圣栎枝条，成群结队地进山。男人们手里摇着铜铃，清脆的铜铃声传进深山，变得悠然飘渺，这是在驱赶那些徘徊在村庄周围的孤魂野鬼，让他们远离这片土地。男人们进山驱赶恶灵，女人们则留在村子里祈祷全家平安。这个习俗，和前面爱尔兰人的传说有相似之处。

在哈恩的 Begíjar 小镇，还有一个防止恶灵进屋的习俗。在10月31日到11月2日，村里的年轻男女会在中午端着一大锅装满稀饭的砂锅到大街上，再拿一把大勺子，盖住自家大门的锁孔。中午还要吃巧克力鸡蛋饼。据说这样做是为了避免恶灵趁机进到家中。

除了恶灵，家里还有先祖的亡灵。为了引导先祖亡灵回家，小镇的村民会在家里厨房点上油灯。西班牙传统油灯 mariposas de aceite，和中国的类似，有一片碎木屑压制的圆片卡着灯芯漂浮在油上。

城里的万圣节，在商家的促销和各种化妆狂欢的掩盖下，这个祭奠亡灵的节日，完全被商业化和娱乐化。但那些郊野的村落，却对这一天有完全不同的解读。

大米良对比了西班牙和中国的鬼节，在时间上非常接近。西班牙规模最大的鬼节，应该是圣周。虽然圣周是耶稣复活的日子，但那种肃穆死沉的气氛，非常震撼。在圣周前后，是中国的清明节。

西班牙的万圣节，是在11月1日，中国农历是十月前后。

中国有三大鬼节：清明节，中元节和下元节。

清明节大家都熟悉，中元节就是农历七月半，鬼门关大开的阴间新年。大家不太熟悉的是农历十月十五的下元节。下元节，简单地讲，就是为孤魂野鬼施食超度的日子。

道家法事中对三元有明确界定：

正月十五日称为“上元”：主要是行礼赐福，

七月十五日便称“中元”：用以赦免亡魂的罪。

十月十五日称为“下元”：是为有过失的人解除厄运。

十月十五的法事中，不单只超度亡魂，而且更为无主孤魂和那些为国捐躯，战死沙场的死难者施予救侪。到现代，基本上就是为那些猝死或者无主的孤魂野鬼超度。

中国清明和下元节，与西方的鬼节日期非常相近。大米良想说的是：灵鬼无界，世界大同。

同为北半球，相同的时间，总有相似的气场。虽然具体时间上略有差异，但大致相同。

大米良查了查万圣节这天的灵异事件。发现这个节日在北部的许多小村镇并没有成为一个值得庆祝的节日。在坎特布里亚 Cantabria 地区，流传着一种说法，在万圣节这几天，村子里要留心陌生人。因为是鬼怪恶灵出行的高峰期，难免会混在人群当中。人口少的村落，容易识别陌生的外来人。但城市里，混迹在人群之中的灵怪，谁能认出来?

在 Extremadura 许多地区，这几天，小偷和强盗是必须停止作案的，因为鬼怪穿行，小偷强盗也不想把手伸向一个没有呼吸冰冷的“人类”。偷盗者这几天是忌讳出门的。

亡灵被祭奠时，是离人体最近的时候。大规模的祭祀，才会导致大批亡灵的回归。我们看到的万圣节是 COS 易装和狂欢，但当人们集体祭奠先祖亡灵时，游魂野鬼是也可以享用香烛祭品的。

夜间出行的小伙伴，还是成群结队比较好，看起来落寞的人，远离为好。

4.11 西班牙的黑白无常：Santa Compaña 赶灵人——亡灵渡者

中国有索魂的鬼差，有引魂到阴曹地府的黑白无常。在西班牙，也有类似于鬼差和黑白无常的鬼役：Santa Compaña。根据这个“职务”的具体工作情况，大米良将之翻译为：赶灵人，或者亡灵渡者。

这个传说流传在西班牙北部地区，尤其是加利西亚 Galicia。但在阿斯图利亚 Asturias 和桑坦德 Santander 也非常普及。走圣地亚哥朝圣之路的人，都会被提醒：最好不要夜出，以免碰到 Santa Compaña（赶灵人）。

赶灵人引领着一群阴灵，阴灵排成 2 排，跟在赶灵人的后面。每个阴灵手里都捧着一个蜡烛，蜡烛的火焰是幽幽地浅蓝色。赶灵人则手持一个十字架，手里拿着一个摇铃，每走几步，就摇一下铃铛。幽森黑暗的大山里，隐约响着叮铃的铃铛声。

在 San Juan 圣胡安节和 Dia de los santos（万灵节），是普通人最容易碰到 Santa Compaña（赶灵人）的日子。虽然 Santa Compaña（赶灵人）几乎每天都穿行在深夜的山林之中，但只有这两个特殊的日子，普通人会比较容易见到。

当 Santa Compaña（赶灵人）带领着阴灵们经过时，沿路的动物会迅速逃散，空气中会隐隐地弥漫着蜡烛的气味。树林里连风吹树叶的声音都不会有，整一个死寂死寂的氛围。

Santa Compaña（赶灵人），不是鬼，也不是 Santa（圣人），而是一个活生生的人。之所以会冠以 Santa，大米良考证的结果是：人们对灵异和死亡的敬畏，才将这“赶灵工作者”冠以 Santa，实际上，是没有做任何神圣值得称为 Santa 的事情。

Santa Compaña（赶灵人），不是鬼，不是神，而是活人。这个赶灵人白天的时候，就是普普通通一个人，但总一副浑浑噩噩魂不守舍的样子。这人脸色苍白，一天比一天消瘦。每到晚上，他就会神情恍惚的出门，穿着麻布大白袍，开始赶灵工作。

为什么叫 Santa Compaña 呢？这个活人，并没有死去，只是一个被选定的人。他的工作是到周围的村子里，收集那些即将死去或者刚好死去的灵魂。把这些灵魂集合在一起，排成两排，引领着他们在黑暗的树林中穿行。

天主教不是说人死之后，不是上天堂就是下地狱的吗？

虽然Santa Compaña（赶灵人）被冠以Santa，但实际上并不是天主教系统里的“鬼差”，而是来自古老的凯尔特人神话。西班牙的加利西亚和爱尔兰都是古凯尔特人聚集的地区，两地的神话巫灵多有相似之处。不过，后来天主教控制了加利西亚，必须把这个当地盛行的神灵容纳到天主教系统之中，就给Santa Compaña（赶灵人）找个一个非常合适的空间：炼狱（purgatorio）！

炼狱是介于地狱和天堂之间的赎罪炼场。那些有罪，又罪不及下地狱，有德，又没有德厚至上天堂的人，就被丢到炼狱之中，洗炼罪恶，清罪后再升入天堂。

Santa Compaña（赶灵人）所带领的灵魂，就是游离在炼狱之中的灵魂。这些灵魂不能上天堂，每天都跟着赶灵人在黑暗中赤脚穿行，荆棘会刺痛他们的双脚，冷夜会侵寒他们的身体，在日复一日的行脚中，反思着自己的罪恶和过错。

那么Santa Compaña（赶灵人）又是怎么出现的呢？什么样的人才会被选为Santa Compaña（赶灵人）？

炼狱中的灵魂是没有白天和黑夜的，他们有知觉有意识的时候，就是夜晚降临开始行脚的时候。赶灵人在白天像普通人一样正常地生活，晚上进行赶灵。

作赶灵人都是“自愿”的。

一些人，自觉自己罪恶深重，害怕下地狱，祈求神灵给予自己提前救赎的机会。这些人，时机成熟时，就会被选为赶灵人。

什么时候才会正式成为赶灵人呢？

准备好成为赶灵人的活人，会在一个特殊的夜晚，鬼使神差地走到森林中去。在一个路口遇到正在林间行脚的灵魂队伍。其中一个阴灵会把手中的蜡烛送给这个人。当这个人接过蜡烛，就算是正式成为赶灵人了。

一旦成为Santa Compaña（赶灵人）就没有回头路，就无法再过上正常人的生活。新的赶灵人要开始自己的赎罪之旅。送他蜡烛的那个阴灵，则完成了自己的炼狱，可以升入天国。

Santa Compaña（赶灵人）并不只有一个。每个赶灵人有自己的宿命，并不会因为新的赶灵人出现而结束自己的使命。每一个赶灵人都带领着一群阴灵试炼着炼狱之旅。阴灵是日复一日的炼狱，而赶灵人则是趁自己还活着，就开始了这段炼狱。

当炼狱结束，赶灵人就会死去，以无罪之身升入天国。

就像中国湘西赶尸一样，虽然赶尸队伍不会骚扰活人，但还是忌讳，活人见到都要赶紧避开。西班牙的炼狱灵魂队伍，最危险的是，队列里总有一些灵，会突然把自己手里的蜡烛送给路人，以此求得解脱，很像中国民间说的找替身。

普通人是看不到赶灵人和他的灵体队伍。只有身体不好，或者特别倒霉的人才会看到。据说，失恋后极度伤心的人，也会在森林中看到赶灵人队伍。

用中国人的说法，一个人运气低的时候，就容易撞鬼或者见鬼。树林里阴气重的地方，的确容易出现集体游魂的现象。

根据西班牙 Santa Compaña（赶灵人）的说法，如果实在不幸，在野外露营或者走夜路的时候遇到了 Santa Compaña（赶灵人），最佳的办法是立马用橄榄枝在地上画一个圈，自己站在圈里面，不断地划十字和求主保佑。

如果有时间，在圆圈里，再画上一个大卫六芒星，自我保护会增强。

或者立马脸朝下匍匐在地上，不管发生什么都不要动。最后一个办法是，只要觉得不对，立马撒腿朝相反的方向逃跑。

在三个办法中，大米良提醒大家：撞鬼、见鬼或者遇到 Santa Compaña（赶灵人），撒腿就跑是最危险的做法。因为鬼灵可以影响人的视听神经，造成幻视幻听。逃跑时，眼睛看到的路，不见得真是路，或许是个悬崖，是个猎坑。

遇到这种情况的最佳办法是：立马盘腿而坐，禁闭眼睛，守住自己的心神。不懂守住心神的同学，就集中注意力念佛号或者求主保佑。只要守住了心神，普通鬼灵就奈何不了你。

最后，大米良提醒野外郊游的同学，万一闻到幽幽的蜡烛的味道，或者突然特别安静时，一定要停下来，仔细感受是否有丝丝寒意，温度是否有所下降。这个时候，小心脚下的路，干脆就停下来休息休息。

4.12 西班牙国庆阅兵看啥？那只集万千宠爱的公羊！

10 月 12 日是西班牙的国庆节。在西班牙国庆节阅兵式上最奇异的焦点就是那只公羊。公羊是西班牙海外军团（Legión）的吉祥物，西语叫 La Cabra de la legión（海外军团的公羊）。

既然大米良还没有加入西班牙籍，是人家的国庆节，大米良就来曝光一下西班牙海外军团与那只公羊碎节操的黑暗历史。

Legión，是西班牙海外征战的陆军部队中最强悍的军团。阿丰索十三世在 1920 年组建了一支攻打非洲阿尔及利亚的海外第三军。这海外第三军团骁勇善战，战功显赫。1925 年编号改为摩洛哥第三军。1937 年，因为战功实在太太太太显赫，被改名为 Legión 外国陆军军团，成为西班牙海外征战的主要军事力量。

由于这一军团一直在外作战，军团里都会收养军队所到之地的特色动物作为吉祥物。Legión 海外军团里的吉祥物先后出现过公鸡、公鹦鹉、公猴子、公野猪，甚至公黑熊！不过跟随军队最久的还是公羊！

关于 Legión 军团的公羊有两种非官方却非常可信的说法。

第一种被军方否认的说法是：

很久很久以前，有一个牧童在放羊时上帝显灵。上帝指着一只母羊对牧童说："你跟着这只羊，她会带你找到世界上最强悍的军队！"

牧童随着母羊来到一个山脚下。母羊开疯狂地吞噬着一种青草，并当场拉出三坨绿色的粪便。粪便落地后，神奇地变成了三个穿绿色制服的军人。军人开始和母羊交配，瞬间生出了一大批骁勇善战的 Legión 军人！

很显然，有人非常不喜欢行为粗鲁的 Legión 军团，才编造出这一毁谤的故事。但这个故事，足见海外军团在满足生理需求方面的神奇适应性和创造力。

相比于其他部队，Legión 军团的制服也非常的"粗鲁"：大面积露胸毛的设计，这是为了散热还是为了体现男性的强悍？

西班牙人默认的关于这只公羊的传说是这样的：

一个牧童被征兵编制进 Legión 军团，他想要报效祖国，又不舍得自己的小羊。经过痛苦的思索和抉择，小羊决定跟随主人一起奔赴海外战场。这只小羊在纯男人没有女人寂寞难耐的军队里，逐渐被培养出了一个可以满足士兵们生理需求的功能！

大米良就不仔细描述了，请大家自行脑补。

随着小羊的成长，军队对这只羊的依赖也越来越大。在经历了各种军队宠物之后，从将军到士兵都一致认为：羊，是集美貌与实用于一身的最佳宠物！

是的！那只羊，其实就是军队慰安妇！而且还必须是只公羊！

为什么不选母羊，一定要选公羊呢？这也是有讲究的！

山羊，对性爱对象没有选择，母子也会通奸，性交时非常狂野！

山羊，被多个欧洲文化誉为淫乱的象征。宗教里的魔鬼就是山羊的形象。

但是，军队里的公羊，除了被迫作性奴外，还有一个非常重要的象征意义：Que tiene huevos！直译就是"有蛋蛋"，象征意义就是：非常有种！公羊的睾丸大而且明显，这一特征被军队引申为"非常有种"！这对背井离乡的远征军也算是一种形象的激励！

后来，海外军团的战略军事作用减弱到可以忽略不计，Legión 海外军团就变成了西班牙军队编制的一个纪念性荣誉兵种。虽然是荣誉兵种，但不修边幅的形象已然被保留了下来。如果西班牙人要开军队的玩笑，首选肯定是 Los Legiónarios！而军队宠物，世代作军"慰安羊"，作为 Legión 军团一个象征性传统保留了下来。

4.13 圣诞 Caga tio 拉屎大叔的真实来历

在加泰罗尼亚地区，从 12 月 8 日起，但凡家里有小孩的家庭都会在厨房摆置一节木头做的小人，叫 Tio，或者 Caga Tio，或者 Tio Nadal。木头小人带着红布黑边的加泰罗尼亚传统帽子，两根树枝支撑着，背上还盖着一条毯子。

放在家里的 Caga tio，每天都会得到小孩子喂的糖果，到了圣诞节，Caga Tio 就会拉出小孩子祈求的礼物。12 月 25 日圣诞节吃完午饭，小孩子拿着棍子，唱着歌，敲打 Caga Tio，要 Caga Tio 送他们礼物。唱完歌，掀开毛毯一看，哇！！果然有礼物耶！！

咋一看，这就是加泰罗尼亚版的圣诞老人嘛，只是加泰人民比较重口味，礼物不是圣诞老人爬烟囱偷偷塞到袜子里的，而是 Caga Tio 直接从屁屁里拉出来的！

大米良查了好多资料，发现这个 Caga Tio 这个传统是有一个神话故事的！

在很久很久以前，加泰罗尼亚地区一个偏远的小村庄里，住着一对贫苦无后的老夫妻。老夫妇虽然贫穷，但心地善良，村子里的人都喜欢找他们帮忙。

在某一年的圣诞节前夕，天上飘着大雪，一个流浪汉来到村里，衣衫褴褛，似乎是长途跋涉至此。流浪汉希望有一户人家能够收留他几天，渡过最寒冷的雪天。

为了衬托主角老夫妇的善良，故事的发展自然是村里其他人都拒绝收留流浪汉，只有老夫妇同意了。

一贫如洗的老夫妇本来就不宽裕，但他们见流浪汉骨瘦如柴，又忍饥挨饿多天。就把村里人送的甜品给流浪汉充饥。老夫妇住房狭小，只能安排流浪汉住在厨房里。颤巍巍的流浪汉裹着老夫妇留下的一条毯子，蜷缩在厨房的火炉旁，熟熟地睡了过去。

晚上，老太婆对老头子说：“老头子，我们余粮不多了，这天又下着大雪，不知道什么大雪才能停。不然，还可以到树林里找到野果子补充补充。”

老头子叹了口气，搂着老太婆的肩膀说："老太婆，咱们再坚持两天吧。放晴了，我们就去树林里找点野菜。"

老两夫妇在丝丝担忧中昏昏睡去。

第二天早上，老太婆一大早起来，想看看流浪汉的情况，厨房里却不见其人影，只有一个巨大的树干。树干上盖着昨晚给流浪汉的毛毯。

老两夫妻以为是流浪汉为了感谢老夫妻的收留，留下这么一大截柴火作为感谢。老头子叹了口气："这么大的雪，这小伙子能去哪里？"

等了一天，不见流浪汉回来，两天，没有出现。第三天可就是圣诞节了。

老两夫妻认为流浪汉已经离开了。准备把这一大截木柴砍成小块取暖。

老头子刚第一斧头下去，木桩另一头就蹦出几块糖糕。老两夫妻惊讶地捡起地上的糖糕，这不就是他们给流浪汉充饥的那些糖糕吗？！

老头子又一斧头下去，树干没有丝毫裂痕，从另外一端又蹦出许多糖果。目瞪口呆的老太婆不敢相信发生了什么，老头子尝试着又砍了几斧头。树干依然毫无坏损，却接连蹦出好多糖果。

兴奋不已的老头子连续砍了好多好多糖果出来，挨家挨户地分散给邻居！

这截会蹦糖果的树干，一下子被全村人视为神物。连续三天，老头子和村里人都敲打出了许多糖果，快快乐乐地过了一个神奇的圣诞节。

圣诞节第二天，老头子再次敲打树干，树干却不再蹦糖果。再敲打几下，粗大的树干哗啦一下裂成了整齐的木柴。两老夫妻突然明白，这就是年轻流浪汉留给他们的圣诞礼物。

或许，那个流浪汉不是凡人，而是神派来考验和赐福给他们的天使！

从那以后，每到圣诞节，村里人都会到树林里找来粗壮的树干，放置在厨房里，在圣诞节前夕，就敲打树干，祈求神的护佑。但那个流浪再也没有出现过。

不知道过了多久，圣诞节放树干在厨房的传统保留了下来，人们却忘记了那个流浪汉的故事。

太阳照常升起的某一天，村子里来了一个身材高大的中年人。说要借宿一晚。一户有两个孩子的年轻夫妇收留了他。

这个高大的中年人，坐在厨房的火炉旁取暖。好心的年轻夫妇给他盖了一条毯子，还给他准备了一些食物。

虽然饥饿，中年人却只吃了甜品，汤和肉等咸的食物，他一点都没有动。他说他不爱吃咸的食物。

大家有说有笑过了一天，中年人下午到树林里砍了很多柴火回来。说自己怕冷，就睡在厨房的火炉边。

第二天早上起来，家里的两个小孩发现大叔不见了，厨房里只有一大块木头，上面盖着一条毛毯。

两个小孩拿起木棍，轻轻地敲打树干。树干的另一头突然掉出了好多糖果。小孩继续敲，糖果不停地从树干后面喷出来。欣喜若狂的小孩，立马告诉了村子里的小朋友，所有小朋友都拿着木棍来敲打这个会吐糖果的树干。

整整一天，全村的孩子都围绕着这一截神奇的树干，不停地敲打，不停地吐出糖果。

再多的糖果，对孩子们来说都是不够的。

到了黄昏，树干的老皮都被孩子们敲烂了。

突然，当孩子们围绕着树干边唱边跳时，树干不再拉糖果。而是拉出几颗大蒜，几个洋葱。并开始像撒尿一样，向地上喷了一滩水！

从那以后，无论怎么敲打，树干都不再蹦糖果了！

可怜的树干，就被村民砍成小块，搬回家当柴火烧了。

这个悲剧故事，并没有到此结束。

虽然树干最终被村民分尸烧了，但每年，临近圣诞，附近的村子总会有一个长得沧桑的高大中年人敲开一户人家的大门，借宿一晚之后就变成了一个敲打就会拉出糖果的树干。这个中年人，只吃甜的糖果，鱼肉荤腥汤汤水水等咸的食物一概不吃！再到后来，有幸运的村民反映，树干大叔，不仅仅拉糖果，还会拉其他的礼物啦！

于是，加泰罗尼亚地区，还包括现在的阿拉贡（Aragon）地区，临近圣诞节就会特别留意一个皮肤粗糙身材高大的中年人。每当有这么一个中年人敲门时，要赶紧把他请进来，安排他住在厨房的火炉旁，给他甜品吃！

再到后来，村民们为了讨彩头图吉利，无论树干大叔是否有来，都会在12月8日从树林里背一块粗大的树干回家，给他披上毯子，带上加泰罗尼亚特色的帽子，画上眼睛鼻子，还用树枝做出四条腿，负责专门给孩子们拉圣诞礼物。

4.14 三王节三王的故事：一群路人逆袭成国王

1 月 6 日是西班牙的三王节，每年大家都等在花车前抢糖果，可你有关心过，其实三位国王他们也有名字，也有身世背景吗？他们各有分工，是个男团组合！

这是一段屌丝逆袭的离奇经历！

关于三王的记载，第一次出现在《马太福音》（*Evangelio de Mateo*），但既没有提到具体的人数，也没有说明他们的身份，只是一群有身份有地位来送礼抱耶稣大腿的路人甲乙丙丁戊己庚辛壬癸。

Los Reyes Magos 或者 Magos de Oriente，los reyes de oriente，有说是波斯的法师，有说是来自三个大陆的国王，各种各样的版本。

在天主教中，1 月 6 日是主显节，是纪念圣婴耶稣显示给贤士的事迹。福音上记述：

贤士们往白冷朝拜圣婴耶稣，但对他们的人数，并未指明，可是一般以为共有三人。这几位贤士在东方仰观天象，见一颗异星，就启程上道，去朝见新王。他们一路行来，到了耶路撒冷，就往黑落德的府邸问讯：“新生的犹太王在哪里？我们在东方见了他的星，特来朝拜。”根据圣祖雅各伯和达尼尔先知的预言，犹太民族都引颈翘望默西亚——基督降生。黑落德召询司祭长和经师后，得悉“耶稣将在白冷诞”，这是米该亚先知的预言。贤士们获悉了基督诞生的地点，就立即上路，向白冷进发。他们一出了耶路撒冷城，又看见那颗异星，高高在他们头上照耀，一路引导他们，直到圣婴所在的处所。贤士们便进去，朝拜圣婴，并呈献礼物：黄金、乳香、没药。黄金表示耶稣的王权，乳香表示耶稣的天主性，没药表示耶稣为救赎世人、降生受难。

1 月 6 日主显节，纪念耶稣三次显现神迹。三王来拜，只是其中一件。

在关于“三王”的部分，多少人，啥身份，都不是重点。重点是有人前往朝觐。这些“贤士”就是为了完成“朝觐”这个情节的人物设置。智者、圣贤或者国王，都是为了丰富故事的维度，方便讲故事而进行的人设。

第一集大火之后，就会有续集，还有前传，围绕圣经展开的“周边故事”越来越多。

这一群“圣贤”怎么就只幸存了三位？他们的真实姓名，操啥口音，老家在哪？给耶稣送礼之后的遭遇如何？

《马太福音》中虽然没有说具体的人数，但送出的三种礼物是确定的：黄金（oro），乳香（incienso）和没药（mirra）。

为了让故事更精炼，公元五世纪的时候，教宗莱昂一世（san León I el Magno），对这个“场景”进行了雕琢，“一群人”变成了“三个人”。一人送一样礼物，谁都不是空着手来的，刚刚好！

三个人朝觐耶稣送礼物的故事又讲了一百年。不能总说"三个人""三位智者"这样指代吧，人家有爹有娘，没有名字显得太不真实。

公元六世纪，意大利的拉韦纳（Rávena）教堂 Iglesia de San Apolinar Nuovo 一幅马赛克，第一次给这三位贤士安了名字：Melchor, Gaspar 和 Baltasar。

这幅马赛克给人家取名字，还是有讲究的。

Melchor，来自欧洲某国，精通天文学，在三人小团队里，主要是负责追着星星跑。同时也是团队里的“智慧担当”。Melchor 这个名字的意思是：rey de la luz（光之国王）。追星国王的主要形象是：白胡子白头发的老年男性。他献给耶稣的是：黄金。

Gaspar，来自亚洲某个国家，善于理财，在三人小团队中，负责管理日常开支。Gaspar 这个名字的意思是：administrador del tesoro（财务总监）。

财务总监的形象是留着黑色或棕色的大胡子，年纪比追星国王年轻一点，是中年人。献给耶稣的礼物是：乳香。

Baltasar，来自巴比伦。名字的意思是：la juventud del hombre（小鲜肉），象征着青春无极限，也象征着生命的活力。最符合这个人设的生日礼物就是：没药！

小鲜肉的外形特点很简单：年轻！人家是 Moreno 还是 Negro 不重要哈，重要的是够年轻，够有活力。

要把一个人物塑造得鲜活有血有肉，光有名字还不行，得知道他的身世来历，为啥说话带口音。

公元 10 世纪的时候，伟大的所罗门王看不下去了，觉得这个故事有 Bug：人都是有根，必须找到三个人的故乡！于是，在所罗门王的安排下，三个人分别来自：Tarsis, Sabá 和 Seba。在阿拉伯半岛。

这三位智者总算是知道自己是哪里人，有啥口音了。他们那么虔诚觐见耶稣，拜也拜了，礼也送了，然后呢？

这里还真有他们给耶稣送礼之后的故事。不过已经是 70 年之后的事情了。

公元 70 年，圣多默（Santo Tomas）在示巴王国（据说在当今的也门附近）偶遇了三位当年给耶稣送礼的智者。时光荏苒，一晃就 70 年了！

受洗成信徒的三位智者，最终在 Seba 国去世。不求同年同月同日生，受洗之后，同年同月日一起坐化，合葬在一起。

三人的尸骨先是埋葬在 Seba 的石棺（sarcófago）里，后来被迁到伊斯坦布尔。还在米兰主座教堂的三王圣龛里待过一段时间。

1164 年，神圣罗马帝国皇帝腓特烈一世将米兰主教教堂存放东方三智者的遗骨赠给科隆大主教 RainaldvonDassel。有了三位智者的“舍利”作为镇殿之宝，为了接待从世界各地蜂拥而至的朝圣者，科隆就兴建了现在的科隆大教堂。

后来，天主教会觉得智者、贤士这种身份向耶稣敬拜，“接待规格”不够。

到了中世纪后期 (11 到 15 世纪)，天主教会就把“智者，法师”就升级成“国王（Rey）”。故事的版本变成了：来自三个大陆的国王，带着最珍贵的礼物，前去觐见刚刚诞生的耶稣。

这样说，是不是更高大上一点?

从此，送礼物的路人甲，正式晋升成“国王”！完成长达 10 个世纪的逆袭之路！

三王节，是对这一天“以偏概全”的俗称。正确的说是“主显节”。纪念耶稣基督的“神性”，三次怒刷存在感的三件重要事件！三王来拜，只是其中一件。

严肃的节日，大人们是虔诚敬畏的。但孩子们怎么办呢？为了让孩子们好理解，就把三件事情中最好玩最有意思的“三王来拜”这件事情，单独抽出来，给孩子讲了一个类似于“圣诞老人满足心愿”的故事。

在主显节（1 月 6 日）的前一天晚上，1 月 5 日，父母都会告诉孩子：很久很久以前的这一天，有三位国王给耶稣送了三样非常贵重的礼物。如果你听话，说不定，国王们也会满足你的小心愿。

孩子们在睡前，会把一张写好愿望的卡片放进鞋里。为了讨好三位派送礼物的国王，孩子们们会偷偷滴往鞋里塞满糖果。孩子的心思非常简单：希望用糖果贿赂三位国王，帮他们实现愿望。

这就是三王节前一天，孩子许愿，撒糖的来历。

那花车游行（Cabalgata）呢?

花车游行这种奔放的活动，来自西班牙在中美洲的殖民地：古巴和波多黎各。

国王登基都要大赦天下，主显节这一天，也大赦奴隶们一天。这一天，黑奴们可以自由自在地上街嗨皮轰趴。所以，这一天在南美国家也叫：Pascua de Negros（黑人复活节）。

最后，孩子许愿 + 塞糖贿赂 + 上街狂欢，就浓缩成了今天的 1 月 5 日三王节的花车游行。

在彩车游行前两个小时，三位国王会提前到场。小朋友会把写有小心愿的卡片送给国王们。按照传统和规矩，小孩们要用糖果贿赂国王们的，现在可好，国王们不仅要负责实现孩子们的愿望，还要负责从花车上撒糖！

4.15 西班牙狂欢节的真相

2 月，欧洲和南美国家各种狂欢节（Carnaval）开始了。本来，这个节日，对吃货来说，是一场悲剧的开始，却活生生被庆祝成了一个狂欢节。西班牙各地狂欢节的时间，本来是有规定的，现在也是你干我随意，各个地方自己定时间。狂欢嘛，容易一狂，就失控了。

别看大家现在玩狂欢节很嗨皮，其实，这个节日，对吃货来说，是一场悲剧的开始。

Carnaval，在拉丁语里的意思是：carnem-levare，翻译成现代西语就是：abandonar la carne。翻译成现代汉语就是：不！吃！肉！

嗨皮了这几天，就该吃素了！每天无肉不欢的小伙伴，你还会期待狂欢节吗？

狂欢节的起源有多种说法。各种说法中，最古老的是起源于苏美尔和古埃及人的太阳神阿匹斯（Apis）。

阿匹斯是古埃及的主神之一，掌管着日出日落，农作物的丰收，也是墓葬之神。基本形象是一头牛，或者牛头人身，头上戴着一个太阳轮盘头饰。

古埃及人在祭祀阿匹斯时，会带上各种面具，在街头群魔乱舞。有的史学家就认为：这是欧洲狂欢节（Carnaval）的起源。

嗯，大米良个人觉得，古埃及人的阿匹斯祭祀，只是和 Carnaval 形似，如果按照这个逻辑来推理，欧洲国家的狂欢节，可能来自于中国的跳大神。

公认度比较高的说法，是起源于古希腊的酒神祭祀。

古希腊的酒神狄俄尼索斯（Dionisos）或者古罗马的酒神巴克斯（Baco），教会人们种植葡萄，酿造葡萄酒，是植物之神。喝酒之后的微醺状态，备受古希腊罗马人推崇，酒后的狂放不羁，让普通人体验到接近神祇飘飘然的愉悦。最早的古希腊悲剧，就是祭祀酒神演变而来的。

人们对酒神的崇拜，除了酿酒和微醺后的迷醉，还有对“重生”向往。

古希腊神话中，对酒神的身世有两种说法。故事前传是：主神宙斯劈腿，爱上了人间的公主，并让公主为自己生了人间第 N 次方个儿子。天后希拉知道后，醋意大发，设计害死了这个不要脸的人间小三，并派人去谋害这个新生的 N 次方儿子。

一种说法是：天后希拉变身人间公主的女仆，怂恿她要看宙斯的真面目。宙斯被公主发嗲酥到不能拒绝，现出真身，神光闪现，就把人间的公主闪死了。宙斯赶紧把新生宝宝救出来，缝进自己的大腿里，让宝宝在大腿里慢慢长大后，从爹地的腿肚子里再分娩出来——重生！

另一个说法是，宙斯与人间小三公主生孩子之前，还有一个小三。宙斯与这个前小三生了个孩子。天后希拉派神杀死了前小三的儿子，宙斯悄悄地救出了宝宝的心脏。并把这颗心脏安置到自己与新小三所生的儿子的肉体之中。于是，宙斯就有了一个结合了两代小三结晶的儿子——重生！

不管是哪个版本，私生宝宝，遍游人间，教人们种植葡萄和酿酒。变成了酒神，葡萄种植保护神，重生的象征。新年之初，靠天吃饭的农民会祭祀农神，喜欢喝酒的人们，则会祭祀酒神。

从最早的酒神祭祀，演变到后来的狂欢节，这两千多年里，天主教会心里苦哇。

对天主教会来说，是“异教徒”节日。异教徒（pagano）对基督教来说，就是指不信天主多神崇拜的人，比如古希腊古罗马诸神。

作为一个异教徒的节日，因为流行度和追捧度都非常高，教会不好明令禁止，把大口喝酒，大口吃肉这种放荡的行为，限定在特定的日子里，成为“放弃吃肉喝酒”进入“斋戒”之前的最后狂欢。这样，Carnaval 就变成了一个不是宗教节日的民间庆祝日。

西班牙的狂欢节，一般从星期四开始，到下一个星期二结束。

星期四和星期二，这时间也是有说法的。

开始狂欢的这个星期四，叫 "Jueves lardero"。这一天，举办狂欢节的小镇会以胡吃海吃开始，镇子上会有以美食为主题的庆祝活动。西班牙谚语说："Jueves lardero, longaniza en el puchero"。

前面讲了，Carnaval 最初的意思是：抛弃肉食，斋戒吃素。因为过了这几天，就要进入斋戒月了，人们就趁着还能吃肉，大吃特吃。结束的日子必须是星期二，叫：Martes de Carnaval。从名字就可以看出，星期二才是狂欢的高潮。

为啥必须星期二结束捏？因为星期三就是天主教的圣灰节，或者说是大斋期的第一天。

通俗地讲，就是复活节或圣周（semana santa）开始的前 40 天。

天主教有自己的“历法”，和我们习惯的一月二月有出入。复活节的日子，每年都不一样，狂欢节的日子，要根据复活节的日子来定。

复活节（Pascua）的日期每年不一样。复活节必须是在星期天（Domingo de

Pascua）。如果 3 月 22 日是星期天，那这一天就是复活节的日子。如果 3 月 22 日不是星期天，那就要推迟到下一次满月之后的第一个星期日。

按这种算法，时间“误差”就大了去了。

万一 3 月 22 日，不是星期天，又刚好是满月后的第三天，那就要等到下一次满月之后的第一个星期天。一等，就是一个月！

所以，每年的圣周日期都不一样。星期天复活日（Domingo de Pascua）的时间会在 3 月 22 日到 4 月 25 日之间。

确定了星期天复活日（Domingo de Pascua），往前推 40 天，就是就是星期三圣灰日（Miércoles de Ceniza）。再往前一天的星期二，狂欢节的最后一天：Martes de Carnaval（狂欢星期二）。确定了狂欢节的最后一天，往前一个星期四（Jueves lardero）就是狂欢节正式开始的日子。

我的亲娘，搞个狂欢节，还得数学要好。大米良已经严重觉得，我就是一个文科生。这种初中数学题，都被绕晕了。

狂欢节的日子确定之后，就是各种嗨皮了。狂欢节的基本元素：面具、花车、游行、各种秀。当然，还有吃货们无法割舍的各种烤肉蒸肉炖肉。

每个城市，都有自己的 Carnaval，日期已经随性到必须提前两个月查看官网信息，才知道确切开始的日子。大部分狂欢节都在二月。在西班牙，被列为西班牙国家级非物质文化遗产的狂欢节有三个：

Carnaval de Tenerife（特内里费狂欢节），有易装选秀，热闹程度仅次于巴西的里约狂欢节。

Carnaval de Cádiz（加迪斯狂欢节）。加迪斯人爱叨叨，他们的狂欢节，不像海岛那样到处飞羽毛，而是整脱口秀。加迪斯狂欢节每年最隆重的是：Concurso oficial de agrupaciones del carnaval de Cádiz。针砭时弊吐槽群哔哔大赛！2018 年的口水战，一共有 170 个队伍参加，从 1 月 7 日开始，每天车轮战。一直喷口水到总决赛。

Carnaval de Águilas（安吉拉狂欢节）。这第三大狂欢节，在穆尔西亚（Murcia)。

城市篇

5.1 马德里那头熊是母熊还是公熊？为啥在爬树？

马德里市徽上的七颗星到底是哪个星座的？

马德里市徽的熊和七颗星，脱胎于中世纪的马德里贵族标志。

首先，马德里这头熊，是头母熊，而且是大熊星座的那头母熊。

中国著名的北斗七星，就是指大熊星座的那七颗星。中国人把大熊星座看成是一个北斗，也就是一把巨大的勺子。在西班牙人眼里，大熊星座的形状更温情，被看做是婴儿车的形状。

为啥是婴儿车斗？

因为要装附近的小熊星座里的小熊呀！

大家仔细观察就会发现，大熊星座的那个车斗，刚好对着一头栽下来的小熊。另外一个含义是：天上最亮的星是小熊星座上得北极星，马德里建城之后，贵族们希望马德里能像一个海纳百川的车斗，容纳天上最亮的星。

小熊星座也有七颗明亮的星，为啥就是大熊星座不是小熊呢？

16 世纪塞万提斯的老师 Juan López de Hoyos 在他的《马德里徽章考》（*Declaración de las Armasde Madrid*）一书中的一段关于马德里母熊和七颗星的记载。

“那头母熊周围，围绕着七颗闪亮的星，直指附近的猎户座！象征着早期的马德里，如一头稳健的母熊，向周边拓展着国家的疆域。”

塞万提斯他老师的描述，已经是 16 世纪的马德里市徽，那已经是经过进化的。最

早的徽章，那七颗星其实是镶嵌在母熊的下半身。呃，大米良的意思是：在腰部和臀部，完全尊重天空大熊座七星所在的位置。而且，最早的市徽，那只母熊是四肢着地在悠闲地吃草。

1212年的文书有记载说：马德里的徽章上那七颗星，如天上的星座一样攀附在母熊的后背。

马德里地区的贵族，以熊作为图腾，从西哥特人时期就开始了，也就是在摩尔人入侵伊比利亚半岛之前。后来卡斯蒂利亚王国逐渐扩展，攻占托莱多建立王国之后，沿用了母熊作为图腾。加入到徽章之中。

在摩尔人到来之前，这只母熊是四脚着地，悠闲地在地上搜寻食物的。为啥到了后来，母熊就开始爬树了呢?

确切地讲，在1222年之前，马德里的母熊都是四脚着地的！1222年到底发生了什么?

大家知道，黑暗的中世纪，教会的势力非常大。在1202年，马德里的教会势力和贵族势力对马德里的土地管辖发生了争执。

在马德里，有大片土地是平原，另外一大片土地是山地。平原的水草自然比较丰美。由于马德里的贵族们先入主马德里。先来的贵族们的土地自然是大片大片的平地。后来逐渐掌握政权的教会势力，他们也要种地放羊自给自足，对自己囿居于山地非常不满。于是，在1202年，教会要求重新划分马德里的土地。

都是既得利益，谁都不想让步。一争论就是20年。到了1222年，最终有了裁判结果。政府官文上是这样写的：所有狩猎之地归贵族所有，所有游牧之地归教会所有。

狩猎之地，就是山地！游牧之地，就是平原草地嘛！所以，教会获得马德里绝大部分平地牧场，而贵族们则被赶到山林之中。

为了将这个历史性的“打贵族分田地”的历史记录下来并时刻提醒贵族后代记住这个新的规矩，马德里政府制定了一个新的徽章。

分到平原草地的教会势力，沿用原来的母熊吃草的徽章，而被驱逐到山地的贵族们，则被要求使用新的徽章。

新的徽章特意设计了一棵象征山林的树，四周有一条象征着河水的蓝色外框。整个设计的意思就是：贵族们，树林山地归你们，千万别越界！母熊身上的星星，自然就被镶嵌到蓝色环带之中。

贵族们对这个结果非常愤怒，但迫于教会的势力，敢怒不敢言。于是，在设计新的徽章时，把平和母熊的形象，修改为：

一只愤怒的爬树母熊！

一只挠树的狂暴母熊！
一只想吃树上果子却够不着的悲情母熊！
一只承载着贵族们愤怒的母熊！
一只讲述着一段悲哀历史的母熊！
一只阵痛被遗忘整日被拍照合影的母熊！
（大米良排比得好有气势！）
（收住！）

于是，贵族们的新徽章也从原本悠闲吃草的母熊，变成了一只挠树吃不到果子的愤怒的母熊！

当教会势力衰弱，贵族依靠武力重新掌握政权之后，贵族们沿用了站立母熊徽章，彻底取代了吃草母熊设计。

至于为什么是杨梅树（madroño）？历史上没有具体记载为啥是杨梅树。因为马德里地区杨梅树很少，也不是特别有特色。Madroño 这种树，和中国的杨梅树也不一样。

据说，当时设计母熊爬树的时候，并没有说这是一棵什么树，只是为了便于识别，在绿树上画了几个红色的果子。红色的果子，完全是为了加强色彩反差而设计的。

1554 年国王卡洛斯一世的史官，在描述国徽时，只是简要地说马德里的徽章上，母熊爬在一棵长着红色果子的树。也没有明确地说这是一棵杨梅树！

真正确定这是 Madroño 树的是在 1859 年。当时是西班牙历史上最淫乱的女王：伊莎贝拉二世，也就是马德里皇家歌剧院前面广场上站立的那个女王。对各种军队，政府机构的徽章进行整理时，第一次将马德里徽章上的树，称为杨梅树（madroño）。

为啥是杨梅树？答案其实也很简单。

在大家熟悉的长着红色果子的树里头，长着红色果实的树有哪些？

樱桃和杨梅！

杨梅树叫 madroño，和 Madrid 马德里的拼写是最接近的。不然，马德里到处都是的樱桃树，樱桃树完全可能胜出。

最后，马德里太阳门广场的那只著名的狗熊爬树的雕像，有一个非常严重的历史性错误！

马德里徽章上的狗熊，设计本意是狗熊伸舌头去吃红果，但是够不着！就连马德里现在的标识上，母熊都是没有舔到树干的。

可是太阳门广场的母熊，竟然吃到了红果？！！！

这是历史的胜利还是对历史的误解？！！

另外，都说了是母熊了，为啥还总是 Oso de Madrid？！应该是 Osa de Madrid 才对！

5.2 马德里王宫隐藏的风水秘密

马德里的王宫，占地面积 135 平方公里，共有 3418 个房间，是白金汉宫和凡尔赛宫的两倍大，是欧洲最大的王宫，是世界最大三宫殿之一。

现在我们看到的王宫，之前是个军事城堡（Real Alcázar）。恩里克三世（Enrique III de Castilla）将这个军事城堡作为他的行宫，到他的儿子胡安二世（Juan II）将内部改造成宫殿。之后历代国王都对城堡进行了改建和装修。

1734 年一把大火焚毁了城堡。国王菲利佩五世在 1738 年下令重建城堡，并计划将新建成的宫殿作为王宫。整个工程一直到卡洛斯三世才结束。卡洛斯三世是第一个正式住进王宫的国王。

这段历史太长，期间还有各种诡异事故。今天先讲一个口味比较轻的。

从谷歌地图上可以很明显的看出王宫的整体规划。王宫在兴建规划时，是把皇家歌剧院包括在整体格局规划之内的。

我们把地图竖起来看，有没有发现整个设计就像一把贵族佩戴的宝剑？皇家歌剧院是剑柄当中的剑首，而皇宫刚好在剑格的位置。剑格就是镶嵌宝石的位置。

马德里王宫有一条类似紫禁城子午线的中轴线。这条中轴线隐藏了一个非常大的秘密。

马德里王宫看起来是正南正北坐向的，我们在 Almudena 教堂隔着铁栅栏看到的是大广场，是“Patio del Rey”（国王的阳台）。请允许我姑且将之翻译为“阳台”吧。

哈哈。

从风水上来讲，离皇宫不远有埃及神庙的小山包可以作为王宫的靠山，这个“国王的阳台”作为明堂，对面的教堂作为朝山。这个格局还稍微靠点谱。可惜的是，王宫的坐向并不是坐北朝南的，而是是坐西朝东，真正的大门开在东面。这就是为什么王宫也叫 Palacio Oriente（东宫）。

国王们出入的正门，是正对着皇家歌剧院（Teatro Real）的那扇不起眼的小门。这也是为什么西班牙国庆节阅兵式不在“国王的阳台”举行，而在那扇不起眼的小门面前。

当然，这不算啥秘密。秘密在大门附近的地板上，有一个指南针式的地标，地标的正中间有一个数列：5° 34’52” 。很显然，这是一个方位的度量标尺。

这个标尺是当年修建王宫时，负责外景设计的建筑师 Martín Sarmientol（马丁•萨面佟）留下的。马丁在他的回忆录中写道：西班牙作为最早的日不落帝国，王宫的设计应该有一条象征王权的中轴线。以此为中心，万国臣服。但是，西班牙人应该有自己的子午线，而不是简单地参照标准经纬刻度和指南针。

虽然西班牙王族一直都是虔诚的天主教徒，但在称霸全球的野心面前，一直有超越生死的欲望。王宫的坐向与国运生死线都应该在正位上。

所谓的正位，就是正南正北正东南正西北等八个方位。

哪条才是西班牙国运生死线呢?

在西班牙 Santiago 朝圣之路上，最终不是 Compostela 大教堂，而是世界的尽头 Finisterre！在世界尽头有一个十字架，标志着欧亚大陆的终点。对于西班牙人来讲，那里就是世界的终点，也是生死的起点。

马德里是整个伊比利亚半岛的中心，太阳门广场有一个零公里标志。世界尽头与王宫中心的连线，就是真正的国家生死线。通过测量，这条生死线，刚好和正东北方向偏差了 5° 34’52” 。为了实现君权正位，整个王宫的坐向都调整了 5° 34’52” 。

所以，在王宫正门前的那个指南针标识，和标准的东西南北指向是有偏向的。王宫也不是正东正西坐向，而是与正东正西偏离了 5 度。那个西北东南的指向，则是 18 世纪西班牙建筑师眼中的国运生死线。

既然马丁大人能够将方位度量精确到 5° 34’52”。说明马德里的王宫坐向本来可以是中国风水的正山正向的。可被这生死线一整，变成了兼山兼向。幸好没有超过 7 度，不然来个骑缝出线就更惨了。

虽然马德里的王宫是欧洲最大的，其实风水并不见得好。真正有王气的是巴塞罗那的“伪王宫”——加泰罗尼亚艺术博物馆。要不是有多处煞气镇着加泰罗尼亚，巴塞估计连脱欧协议都达成好多年了。

5.3 马德里索菲亚博物馆里的灵异事件

马德里索菲亚国家博物馆（Museo Reina Sofia）收藏了西班牙20世界最重要的艺术作品，收藏着西班牙两位大师的杰作：巴勃罗·毕加索的《格尔尼卡》，以及萨尔瓦多·达利的作品。索菲亚博物馆，除以现代艺术知名外，还以闹鬼闻名！

博物馆的主体建筑完成于18世纪，当时的功能是：医院！

是不是？但凡闹鬼的地方都与医院有关！

当时的西班牙国王卡洛斯三世主持修建了这所医院。最初的建筑设计师是 Jose de Hermosilla。首任主持建筑师在施工期间抱病身亡，之后由 Francesco Sabatini 继续主持完成建造。

在卡洛斯三世正式动工修建医院之前的两百年，现在马德里火车站 Atocha 往东的一块地方，就被选为“诅咒之地”。这块“诅咒之地”是怎么诞生的？

1566年菲利普二世突发奇想，希望找一块阴邪之地，把散落在马德里各地的医院都汇集起来，一方面利于就医，另一方面可以控制医院病患散发的病气对城市的影响。30年后，菲利普三世选中了 ATOCHA 车站附近这块阴邪之地。

国王下令在当今 calle Santa Isabel 这块地方建造了第一个流浪汉收容所。

名为收容所，实际上是集中处死流浪汉的地方。就这样，这块被诅咒之地慢慢聚集着流浪汉的怨气，阴邪之气日盛。

后来，在这块地皮附近，国王下令建造了 Hospital de Santa Catalina 和 Hospital de la Pasión，并不断扩建，最后合并为一个大医院：Hospital General（总医院）！

由于之前就有一块埋葬流浪汉的乱坟岗，医院许多没有家属认领的尸体也就近埋在了那里！

这块尸气大盛之地，聚集了一个世纪的尸气、怨气和阴气。到18世纪，当时的西班牙国王费尔南多六世请来西班牙当时最知名的设计师 Jose de Hermosilla，希望将总医院进行全部翻修，甚至重建成一个合理分布的大医院。

Jose de Hermosilla 接到国王的邀请后，1750年开始动工改建医院，施工期间出现了诸多怪异事件，导致施工多次停止，而主持建筑师 Jose de Hermosilla 则患上了怪病，不能继续完成工程。兴起改建工程的国王费尔南多六世工程动工伊始就开始生病，1758 年驾崩。

最后是马德里城市之父国王卡洛斯三世请建筑师 Francesco Sabatini 完成了这个浩大的工程。建成之后的总医院，可以容纳 18000 个病人！总医院一跃成为西班牙规模最大、声誉最高的医院。两个世纪内，几乎所有的知名医生都曾坐镇总医院。

两个世纪内，病死的、暴毙的、抢救无效的各种怨灵不断聚集在医院的各个角落。走进总医院，就有一股逼人的寒气！

作为医院，发生各种超自然现象再正常不过了，或许当时的医生已经习惯各种鬼魅灵体游荡。

根据医院的一些记录，许多病人会经常看到窗外游荡着一些灵体，甚至会看到已经去世的病友！那些蜡黄干瘪的脸蛋，凹陷无神的眼睛，还有成群结队的修女修士，成为当时病人最常见的“幻像”。

1960 年，总医院最终被废弃了。一荒废就是 20 年！ 1982 年在王后索菲亚的亲自干预下，西班牙政府批准将总医院大楼改建为索菲亚王后现代艺术博物馆。1986 年索菲亚博物馆正式对外开放。

在总医院的改建过程中，不断从厚厚的墙体中发现被嵌入的尸骨。无数狭小的暗房，存放着各种医药用品，还有一些人体标本。一些参与施工的工人，突然就像中邪似地大呼小叫。现代医生对中邪的工人手足无措，只能请来教会的驱魔师帮忙。在后来的整个施工工程中，都有三名驱魔师全程护佑。

1990 年，博物馆二期改建工程中，在一个秘密房间内发现了三具修女的尸体。从尸体的体态特征看，三人是一起非常安静地死去的。出于对天主的敬畏，教会决定将这三具修女重新埋在索菲亚博物馆大门的地下！

没有错，现在索菲亚博物馆的大门入口下面就有三具修女的尸体。当你跨门而入时，你就是跨着三具尸体进入的。

从博物馆落成对外开放至今，无论是安保人员，工作人员还是参观者，都不同程度地感受到了博物馆内的灵异现象。

1995 年 4 月 21 日，记者 Alvaro Gariño 发表了第一篇关于索菲亚博物馆游魂的文章，举证了大量目击者的亲叙。在 Alvaro Gariño 的文章中，许多游客有被抚摸或者被推搡的感觉，而同行游客并未做出此类举动。另有一些美院学生，在写生作画时，会听到异常的叫喊声。而负责安保的工作人员，则对博物馆深处一些展厅里经常出现的魅影游魂见怪不怪了！

不少博物馆的工作人员证实在下午晚间的不同时段曾偶遇过“三个修女”。三名修女都穿着当时传统的袖袍，腰间挂着大串的琏珠，衣服摩挲声清晰可辨。三位修女一字排列着前行，嘴里念念有词。

一些媒体摄影师也为鬼魂作证。一名《国家报》摄影师，曾进入博物馆拍摄毕加索的《格尔尼卡》。对画作的不同角度，各种细节完成拍摄后，照片冲印出来后，在画作的左边，赫然悬空立着一个干瘦的男子，眼神直勾勾地盯着镜头，满怀恶意！

一名清洁女工在打扫时，曾看到一位 80 岁左右的白胡子老头坐在一张椅子上，悠闲的看着一幅画。清洁女工向她打招呼，白胡子老头却没有任何反应。女工和保安说起，保安却说当时博物馆已经关门，没有任何游客！

西班牙国家电视台曾经在博物馆不同展厅角落放置了摄像机。经过几天的夜间秘密拍摄，不仅录制到了几乎可以辨识词汇的叫喊声和名字，还录制了一些飘忽不定的鬼影。而最清晰可辨的鬼影，就是三个穿着长袍的修女！

三个修女的鬼影沿着博物馆一直走，进入到老医院的精神病科。这个区域的另一个摄像头，非常连贯地录下了三名修女鬼影的出现，并进入精神病科。镜头之外，各种叫喊哭喊之声不绝于耳。

为了保证录制不受其他光影和电影的影响，录制期间，所以的电闸都被关闭，所有的员工都退出了博物馆。

神秘的现象无法得到合理的解释，博物馆请来马德里知名的通灵人士。在通灵人士的观测下，又从博物馆的地下室内墙里，发现了三具尸体。三具尸体交缠在一起，从骨骼判断是两具男尸和一具女尸。通灵人士在镜头前举行仪式，请来了博物馆里的游荡的灵魂。第一位附身的是老医院的一名病人，他甚至不知道自己已经死了，还在等待着医生来给他做急救！

越来越多的灵异事件浮现出来，严重影响到了索菲亚博物馆的声誉。不胜其扰的索菲亚博物馆管理层，最终决定禁止一切关于索菲亚博物馆闹鬼的调查！

索菲亚博物馆闹鬼事件逐渐被时间冲淡了，人们也不再谈起。但博物馆的工作人员已然对下午 8、9 点钟关门的时刻心有余悸。如果你身体足够敏感，走进博物馆深处的展厅，或许你会感受到阵阵寒意，甚至，你会见到一些不期而遇的影像。

5.4 巴塞罗那的起源：是大力神赫拉克勒斯还是魔王汉尼拔？

在巴塞罗那大教堂旁边有几个铜铸的字母。大米良之前一直以为就是BARCELONA的拼写，可是，大家仔细看看，这几个字母竟然是：BARCINO!

这个Barcino和Barcelona是啥关系？

聪明如大米良的同学一定猜到了，这就是巴塞罗那Barcelona最早的名字！

这个名字是怎么来滴？

说起来，还是一个希腊神话人物给“御赐”的名字。

在伊比利亚半岛上，托莱多（Toledo）和大力神赫拉克勒斯有关系，加利西亚有赫拉克勒斯灯塔。

巴塞罗那，也是希腊神话大力神赫拉克勒斯一手建造起来的！

故事的起源要从比利牛斯山的起源开始。

在西班牙比利牛斯山，就是西班牙北部隔断西班牙和法国的那个山脉。在古希腊神话时代，现在的比利牛斯山所在的地方，有一个叫Tubal的王国。Tubal国王的女儿叫Pyrene（碧蕾娜），长得天生丽质。某一天在森林里散步时，被大力神看到。神话故事嘛，男女主角肯定是要一见钟情的。

两个年轻人迅速坠入爱河之后，Tubal国王不同意女儿和大力神的婚事，两个人只能秘密地在树林里偷偷地做着不该做的郊野之事！

哎呀，大家别想歪了，就是牵个手，散个步。

某一天，Pyrene在等待赫拉克勒斯的时候，一只三头怪物Gerion看上了美貌的Pyrene。野兽的自然本性流露，要强暴Pyrene（碧蕾娜）。

Pyrene誓死不从，开始在丛林中飞奔！三头怪立马狂喷火焰，把整座森林都烧得红红火火恍恍惚惚。

一只老鹰看到了这悲催的一幕，赶紧飞去告诉赫拉克勒斯。

悲剧故事，不需要太多的转折。等赫拉克勒斯赶到时，美女已经奄奄一息，但依照剧本，留着最后一口气，等着要死在爱人的怀里！

Pyrene“顺理成章”地死在了大力神强壮的臂弯之内。悲痛欲绝的大力神，把

Pyrene 放在地上，盖上鲜花，还抓起了周围的石头，给心爱的人垒了一个巨大的坟墓。这个坟墓是如此之大，成为一个逶迤千里的山脉，后人就把这座山以美女的名字命名。

“比利牛斯”山的名字就是源自这位希腊神话中的公主的名字：Pyrene。

好，真相！

大米良想不明白，是哪个翻译，把一个美女的名字翻译成：比利牛斯！

美女比利牛 ~~ 斯，这都安的什么心！！

故事转折进入到与巴塞罗那有关的部分。

在垒完这个巨大的墓地之后，大力神也累得够呛！他伤心地坐在现在巴塞罗那这块地方，吹着忧伤的海风，怀念着美丽的爱人。

等大力神从悲伤中缓过神来，觉得这里风景优美、气候宜居，是以后颐养天年的好地方。就决定在这里建一个“度假养老院”小城镇。

不知道过了多久，赫拉克勒斯总算找到了足够的人手，带着 9 艘大船，浩浩荡荡地从地中海的那一头，驶向这一头，准备在当今巴塞罗那这块地方建造一个华丽的度假村！

愿望是美好的，计划是缜密的，就是老天不给力。

在温和的地中海上，突然狂风大作，将赫拉克勒斯的 9 只船全部吹散了。有几艘船在现在的马赛靠岸，那批水手在那里建城落户。

赫拉克勒斯心疼那些被离散的水手和船员，一艘艘地寻找，把 8 艘船都找到了。最后第 9 艘，怎么找都找不到。心灰意冷的赫拉克勒斯，怏怏地来到最初看中的风水宝地。惊喜地发现，这里有第九艘船的残骸。而曾经的水手已经在这里圈地建城了！

喜出望外的赫拉克勒斯决定为这个地方赐福，并把这个地方命名为：Barca-nona，意思就是 Barca novena，第九艘船！到古罗马人时代，就把这里称之为 Barcino。

这是关于巴塞罗那建城起源流传最广的传说。当然，还会其他几个版本。

另外一个版本是：在公元前二世纪，伊比利亚半岛上的伊比亚人（Ibero），在现在巴塞罗那的地方建了一个部落，叫 Barkeno，被拉丁语化之后，就变成了 Barcino！

这个版本好不浪漫！

如果抛开大力神建城的传说，巴塞罗那的命名还有另外一个比较残忍的说法。和让古罗马军队闻风丧胆的迦太基将军：汉尼拔有关！

汉尼拔的姓是 Barcas，是不是和 Barcelona 很像？

不过史学家认为，汉尼拔虽然攻占整个伊比利亚半岛只为打败罗马，但用自己的姓氏给巴塞罗那的命名可能性很小。

经过两千年，巴塞罗那哥特区还保留着古罗马时代的城墙和砖瓦。巴塞罗那大教堂旁边的拱门，就是最早的古罗马老城的入口。还有城门口的那个水渠，也是最早的古罗马水渠。走在哥特区，脚下全是历经两千年的罗马古城。

5.5 圣家堂为啥是不接受资助的赎罪教堂？圣家族又是啥家族？

在房地产界，但凡烂尾工程，基本上是因为资金不到位！圣家堂就是资金不到位导致百年烂尾的经典案例。

圣家堂是全西班牙接纳游客最多的景点之一，那么一个宏大的项目，不接受财团资助可以理解，但为啥不接受政府和教会的资助呢？为啥非要作死靠零零碎碎的信徒捐助？

有帖子说：圣家堂定性为赎罪教堂，是不接受财团、教会、王室和政府资助的，只靠教堂参加弥撒的虔诚的信徒的捐助！还有门票！

大米良可以非常负责任地告诉你：放屁！

圣家堂的完整名字是：Templo Expiatorio de la Sagrada Familia（嘉泰语：Temple Expiatori de la Sagrada Família），直译过来就神圣家族赎罪圣殿！

两个关键词：神圣家族和赎罪圣殿！

这个神圣家族，是指哪个家族？

就是圣经里那个最纯洁的三口之家：耶稣，圣母玛利亚和养父圣若瑟！

牵头提出修建圣家堂项目的人叫 Josep Maria Bocabella（伯格北亚）。

这位 Josep Maria Bocabella 先生 1815 年出生在一个书商家庭，1861 年去罗马旅行时，声称自己受到了圣若瑟（San José）的感召，要在圣若瑟（San José）的灵力引领下，振兴家族事业。

圣若瑟是耶稣的养父，和耶稣妈妈玛利亚生活了一辈子的男人！

伯格北亚从罗马回来后，成立了一个 Asociación de Devotos de San José（圣若瑟信徒协会），利用家里现成的印刷设备和发行渠道，出资出版了不少宗教著作，靠售书和其他活动积攒了一定资金。

虽然伯格北亚非常虔诚，也想一辈子献身给耶稣基督和他的养父圣若瑟，但没有建造一个宏伟的教堂的心量。提出建造圣家堂的，是当时的一个专注青少年教育的神父：San José Manyanet y Vives（曼亚内特）。

曼亚内特是个孤儿，被教会收养。他先后成立了 Hijos de la Sagrada Familia 和 Misioneras Hijas de la Sagrada Familia de Nazaret 两个宗教教育机构，主要对年轻的男娃女娃进行天主教教育。

当神父曼亚内特看到书商伯格北亚如此虔诚，又小有积蓄，就“怂恿”伯格北亚修建一个向“耶稣一家三口”致敬的“神圣家族教堂”。

伯格北亚一听计划，顿时就像打了鸡血一样激动了！

他本来只是筹建个协会“侍奉”耶稣养父，现在要建个大教堂，来“侍奉”耶稣一家三口！这可是个流芳百世的大功德！

伯格北亚拿着自己手头的积蓄，花了 17.2 万比塞塔（1034 欧元）买了一块地，准备盖这个教堂！

当年，圣家堂这块地皮还不属于巴塞罗那。到 1887 年，才被划到巴塞市区。

高迪修建了米拉之家、巴特略之家这样的豪宅。那个年代，资本主义大行其道，巴塞罗那市中心，富豪们都通过建豪宅斗富！为啥圣家堂就没有拉到“赞助”呢？为啥教会也不出钱赞赞助？

世界上有许多赎罪教堂（Templo Expiatorio），比如墨西哥的 Leon 教堂（TEMPLO EXPIATORIO DE LEÓN），是由地方土豪出资修建的，也是赎罪教堂。法国第八区的赎罪礼拜堂（Chapelle Expiatoire），路易十八和昂古莱姆公爵夫人掏腰包修建。

赎罪教堂，有点像中国富商捐佛堂，捐佛像。不是由教会出钱修建的教堂，而是民间（也包括王室）出于内心感召，出钱修建的教堂，都可以称为赎罪教堂。

好多帖子都说，圣家堂为啥不接受资助？为啥只能通过卖门票来获得修建资金？因为他是赎罪教堂！

这里有个很大的误解！

西班牙首富出个一亿两亿欧元，西班牙国王捐个几百万（如果他有的话），完全不违背圣家堂作为“赎罪教堂”的属性！那为啥只能通过弥撒信徒捐助和买门票来获得资金呢？

原因其实很简单：刚开始修建圣家堂时，没人愿意出钱！

首先，提出修建圣家堂的神父，José Manyanet y Vives（曼亚内特）他只是搞了两所教会学校。在当时，既不是主教也不是知名大咖！出资买地的 Josep Maria Bocabella（伯格北亚）也只是一个书商，印刷点小刊物。虽然他的耶稣爸爸协会鼎盛时有 3 万会员，但相比巴特略和福斯特来说，都是开百元店级别的小商人。

当一个没有号召力和一个没有雄厚财力的两个人凑在一起，要做一件惊天动地的大事时，大家的反应是啥？

切！！

圣家堂计划从一开始就不被看好！第一任建筑师，本计划修建成新哥特式风格，后来发现，两位老板拿着 5 万块钱要做 5000 万的事情，这不是浪费我的时间嘛！

第一任建筑师辞职不干后，当时还不是太出名的高迪才有了这个机会。圣家堂首任建筑师辞职后，小团队在朋友圈发消息：

招聘一个才华横溢的建筑师！

给你一块地皮，让你流芳百世！

要求：视金钱如粪土！

有人把这个不太现实的项目推荐给了高迪。高迪喜欢这个项目没有约束可以自由发挥，也契合他“为上帝而建筑”的态度，就给出了自己的设计方案。对金钱的要求是：够我生活就行！

高迪的设计方案，远远超出了两位创始人的想象，他们甚至无法想象这个教堂要哪个世纪才能够竣工？！但高迪向两位老板保证：他将用一生的时间来完成这个工程！

接了圣家堂这个活，高迪开始与教会和各大老板频繁接触。

知名度有了，人脉也广了，就有了后来的巴特罗之家项目。总之，圣家堂这个不赚钱的项目，给高迪带来了声誉，也带来了各路财神。

高迪邀约不断，主持修建圣家堂的确是他一生的大项目。同时进行的，还有各种给他带来巨大经济利益的豪宅项目。在这个背景下，高迪才敢说“我的客户（上帝）并不着急”！

其实，高迪的钱包，也不着急！

高迪有名了，但并没有为圣家堂拉到赞助。虽然主教教皇也都“莅临指导工作”，但资金依然短缺！圣家堂项目，因为资金短缺，好几次停工！

到后来的后来，高迪出名了，他终其一生修建的圣家堂也出名了！专门管理圣家堂的基金会发现，靠门票和捐助，可以维持收支平衡，虽然进度比较慢，但至少尊重并沿袭了创始人的初衷！

咱们要有点骨气！就是不要人家的钱！

所以，圣家堂就从最早没人愿意掏钱，到后来靠门票就能自给自足。

5.6 巴塞隐藏着一栋百年中国之家。建筑师把整栋楼建成了一个牌坊

巴塞罗那市中心，每一个拐角都能构成一处独特的风景。游走其间，会不期而遇各种新奇建筑。19 世纪末 20 世纪初，巴塞罗那主城区扩建，汇聚了大量如高迪、蒙特内这样的新锐建筑师，无数不差钱的大富豪，把整个巴塞罗那城当作他们的试验地。

在巴塞市中心，有一个百年建筑，叫 Casa China（中国之家）。大米良几次从大楼前路过，但真不知道，这栋楼为啥能叫中国之家。

发扬考据咖精神，大米良查了一下历史。

这栋楼位于 calle Muntaner, 54，在巴塞罗那大学附近。是高迪的学生 Joan Francesc Guardiola(1895~1962) 在 1929 年设计建造的。是 Joan 34 岁的时候设计的。

这栋楼一经呈现，就被认为是惊世骇俗的丑。

作为丑的惩罚，尽管是百年老楼，从来没有被政府任何机构和部门垂青过。巴塞罗那但凡有点姿色的建筑，都会入驻政府机构或者世界级基金会办事处。而这栋楼，一直就被政府机构刻意无视！

在 20 世纪初，能够那么随性地设计一栋当时被认为丑爆了的大楼，没有过硬的后台关系，是无论如何也无法中标的。

一查，果然！Joan 的确有非常过硬的关系，因为这栋楼是设计给他亲哥哥

Fernando Guardiola 的。

真想知道 Fernando Guardiola 当时听到世人说这栋楼丑爆了的时的心理阴影面积。

大楼建好之后，建筑师弟弟给取了个非常神秘而诗意的名字：Casa China。

这楼到底哪里 CHINA 了？

远看大楼正中间的设计，是不是有点中国贞节牌坊的赶脚？

是的！大楼借鉴了中国庙宇上挑飞檐设计。JOAN 把整栋楼建成了一个牌坊！

Joan 你有考虑过住在牌坊里的人的感受吗？

大米良查到的资料说，这位 Joan Francesc Guardiola 是高迪的学生，家境殷实，所以可以远赴印度等亚洲国家旅行学习。

史实记载说："远赴印度等亚洲国家"，至于这个"等"里面是否包括中国，就无从知晓了。

这位年轻的设计师，在瓦伦西亚还有一个非常"亚洲风"的作品。但这栋楼叫 CASA JUDIO（犹太人之家）。地址是：Calle Castellón Número 20， valencia。

整栋建筑的犹太标志是大门上本应该悬挂八卦镜的地方，刻了一个犹太六芒星！

大米良想问犹太人，你们知道瓦伦西亚有一个犹太人之家吗？

Joan 你把这栋楼命名为犹太人之家，有考虑过犹太人的感受吗？

从装饰风格和大楼命名来讲，大米良只能说，Joan 是个有钱任性的建筑师。他的传世作品不多，除了巴塞罗那的"中国之家"，瓦伦西亚的"犹太人之家"，在瑞典还有几处小作品。

为了来一个漂亮的收尾，大米良会说：西班牙是一个艺术高度自由且包容的国家，这里有高迪、蒙特内这样旷世奇绝建筑大师，也有 JOAN 这样任性洒脱建筑师的一席之地！

作为南欧艺术之都，祖国人民来巴塞罗那一定不要错过"中国之家"！

每个时代的艺术，都有他的时代印记。吐槽只是为了引导大家阅读，无论美丑，总是有值得学习和借鉴的地方，与其批判，不如欣赏。

5.7 他建世上最美医院“报复”社会：巴塞圣十字圣保罗医院的秘密

巴塞罗那离圣家堂不远的圣十字圣保罗医院，是现代主义建筑的瑰宝，主持建筑师多米尼克·蒙塔内也是西班牙建筑师上现代主义的代表人物，他的作品还包括加泰罗尼亚音乐宫。

这个圣十字圣保罗医院曾经是一个专门给穷人看病的医院，现在已经变成了博物馆。在100多年前兴建之时，建筑师多米尼克·蒙塔内这个圣保罗医院的设计，竟是为堂而皇之地对抗巴塞罗那政府。

在19世纪初期，巴塞罗那当时最大的医院hospital de Santa Creu严重超负荷运转，需要扩建。受到周边环境的限制，巴塞罗那市政府最终决定重新再建一个。

原来的hospital de Santa Creu所在的区叫拉瓦区（Raval），这个区的主要人口是巴基斯坦人和低收入的嬉皮，类似于马德里的Lavapies，现在被改造成了biblioteca de Santa Creu图书馆。

新建医院计划，迟迟没有落实，主要原因：缺钱！

1896年，银行家Pau Gil去世，他的部分遗产拿出来修建一个专门给穷人看病的现代主义风格的灰常漂亮要有很多花花花花花花花花的大型医院，而且还要取个非常花花的名字叫：Hospital de la Santa Cruz y San Pablo（圣十字圣保罗医院）。

这正好符合巴塞罗那政府要重新修建医院的愿望。

谁是最适合主持修建这所用无数花花花花来点缀的专门给穷人治病的大型医院呢？

我们今天的男主角蒙塔内是个政治活动家，在报刊杂志和广播上的曝光率非常高。蒙塔内在 1887 年修建的 Castillo de los Tres Dragones（三龙城堡）和 1889 年主持修建的 Palacio Ramón Montaner 宫殿，已经让他声名在外。

负责整个圣保罗医院新建项目的“组委会”内定了蒙塔内作为主持建筑师。

蒙塔内并没有让人失望，给医院贴上了很多很多的花，各种各样的花。这一风格，沿袭到了他同时期的另一个作品：加泰罗尼亚音乐宫（ Palau de la Música ）。

蒙塔内最早的构想是修建一个拥有 48 个独立建筑的建筑群，在这个建筑群里，讲述一部圣人救世的史诗。每个建筑以一个圣者的名字命名，每个建筑的大门上，放置一尊圣母或者圣者的雕像。每一个圣者刚好是治愈一种疾病的“吉神”。大门口如果是位男圣者，就安置男病号；大门口的雕像如果是圣女或者圣母，就安置女病号。

这个计划过于宏伟，最终只修建了 27 个。男女分院也简化成，大门右边是男病号看诊区，左边是女病号看诊区。

这还不是圣保罗医院最大秘密。最大的秘密在于圣保罗医院的朝向。

根据巴塞罗那市区的规划，主城区都是以八角形方格作为城市布局。所有建筑的长度、宽度和方位都根据既定规格设计安排，连张狂无二的高迪，在设计圣家堂时，都规规矩矩地按照城市的既定规划布局安排。

但是，作为政治活动家和建筑师，蒙塔内一生都在反对巴塞罗那这个城市布局。（个人恩怨秘史和野史，大米良没有找到相关资料。暂时不能爆出啥劲爆猛料。）

巴塞罗那城区这种方方正正的布局，是巴塞罗那政府在 1860 年拍板决定的。当时的巴塞罗那政府为了扩大主城区，把巴塞罗那扩建成像巴黎或华盛顿那样的国际大都市，对外公开招标，邀请加泰罗尼亚的建筑师和设计师提供方案。最后，一个叫 Ildefonso Cerdá 的人中标。

这位 Ildefonso Cerdá 先生，用今天的话来讲，是土木工程师、数学家、诗人，就是不算建筑师，因为他没有拿到建筑师的 Titulo（学位）。他提出用八角模块理论来扩张巴塞罗那城区，将建筑群四边的长度规定好，并把 90 度的直角切出一个 45 度的斜边。

这样既可以充分利用城市空间，又可以提高车流马流人流在拐角时的可见度和流畅度。这个主意得到了当时巴塞罗那市政府的认可，成了巴塞罗那城市扩张的定版方案。巴塞罗那这个主城区拓展计划，也叫 Plan Cerdá。

一个没有建筑师职称的人中标，这对于建筑界来说，是件耻辱的事情。从 1860 年 Plan Cerdá 开始实施以来，专家学者的反对声音一直没有中断过，有人甚至把 Cerdá 的老祖宗不是加泰罗尼亚人的污点挖出来，以污蔑 Cerdá。在诸多反对这一城市规划方案的大咖里，蒙塔内就是其中的一个。

蒙塔内认为这样呆板的设计，会导致城市风过大，尤其是临近海边的街区，这会严重影响城市的生活舒适度。为了抗议巴塞罗那政府一直坚持 Plan Cerdá 来规划巴塞罗那，蒙塔内在主持修建圣十字圣保罗医院时，就采取了争锋相对的坐向。虽然医院外墙符合城市规划，但内部的所有建筑群，和大门延伸出来的步行街，都像一把剪刀，插在巴塞罗那规规矩矩的城市规划之中。

相比于横七竖八的马德里城市规划，巴塞罗那的城市规划，对于车流量巨大的现代都市来讲，的确是有远见的。提出八角理论的 Ildefonso Cerdá，也成为西班牙现代城市规划学的先锋。蒙塔内虽然小肚鸡肠用那么大的医院工程来报复社会，但一点也不妨碍我们欣赏他为后人留下的无数花。

大米良禁不住在想，蒙塔内得有多大一颗少女心，才装得下那么多花！

5.8 最管闲事的天使在西班牙。巴塞 13 岁的守护神很生气！

西班牙有世界上唯一一个公开陈列的堕天使雕像，在马德里的 RETIRO 公园。在巴塞罗那，则有一个最爱管闲事的天使。

这个天使位于巴塞罗那的 Plaza de Angel，离政府广场非常近。

这个天使为啥爱管闲事呢？

故事是这样的。

巴塞罗那的守护神圣女 SANTA EULALIA 雕像，一直位于巴塞罗那海边 SANTA MARIA DEL MAR 小教堂里的。1339 年的时候，教会决定把守护神搬到大教堂里去。巴塞罗那大教堂，现在就是以这个圣女命名的，叫巴塞罗那的主教座堂圣埃乌拉利亚大教堂（Catedral de Santa Eulalia de Barcelona）。

1339 年 7 月 10 日，是教会选定的黄道吉日，适合入宅祈福。那一天，王公贵族主教商贾全部正装出席，统统跟在圣女像后面。

仪仗队抬着圣女像从海边教堂开始，沿着莱埃塔那大街往上走，走到当时的 Portal Mayor（现在的 Plaza de Angel），圣女像突然就变得特别特别沉。抬圣像的人全都不堪重压，不得不把圣母像放到地上。换一批人上来抬，圣像就像长在地上一般，纹丝不动。加大人手再试，依然纹丝不动。

前几分钟还好好的，怎么突然就重如泰山了？

教士们开始祈祷，人群也跟随着一起祷告。嗡嗡的祷告声直达天际。

突然一道刺眼的亮光，一个天使降落在广场的屋顶上。天使一手指着出发的地点，一手向下指着人群。

人们看到天使降临，大为惊喜！顺着天使手指的方向，看到一个浑身颤抖的人。

大家知道一定是这个人使坏，惹怒了圣女，导致圣女像突然重达千斤！

在人们质疑的眼神中，这个人从怀里掏出一个泥塑脚趾。

原来，这个抬圣女像的人，偷偷地掰了圣女像的一个脚趾头，准备当神物拿回家去供奉。

且不说掰掉脚趾头痛不痛，圣女缺个脚趾头，太有碍瞻观了！而且教会还不打算给赤脚的圣女买一双合脚的鞋，那么几百年就让人家光着脚丫子。

几百年光着脚丫子，不需要落地走路也就忍了，现在竟然被掰掉一个脚趾头！这种羞辱怎么可以容忍！！

于是，圣女就耍性子，不走了！

还得要等天使下凡来指出这个偷头脚指头的人！

这个圣女 Eulalia 生前吃了很多很多很多很多苦，最终成为了标准配置的天主教徒。世人被她的虔诚和坚韧所感动，教会直接把她奉为圣女，成为巴塞罗那的早期的守护神。后来当黑圣母 Merce（和梅赛德斯奔驰一个姓）出现后，取代了圣女，成为巴塞罗那新的守护神。目前，巴塞罗那大教堂里养着的 13 只白鹅，就是为了纪念圣女 Eulalia 圣埃乌拉利亚。

这位圣女 Eulalia 去世的时候只有 13 岁，升天之前她养着一群大白鹅。鹅鹅鹅，曲项向天歌。

13 岁，就是个未成年小女孩呀！

在小教堂里被埋葬了近千年，现在总算迁居到大教堂，住大 HOUSE 了，竟然被偷了一个脚趾头？！！！

你说，小姑娘能不生气吗？！！

偷养鹅小妹脚趾头的人，把脚趾头又重新接到圣女的脚上。大家就觉得一阵微风刮过。几个人试了试圣女像，轻而易举地就抬了起来。

见到脚趾头找回来了，天使腾空回天庭。

为了纪念天使显灵的神迹，这个小广场被更名为天使广场（Plaza de Angel），而天使的雕像则是一只手指着下面的人群。

为了一个脚趾头而下凡，这估计是最爱管闲事的天使啦！

5.9 Girona 那只求亲屁屁的母石狮子：读懂老城里被石化的传说

赫罗纳（Girona）因为《权利游戏》在此取景，越来越火。在赫罗纳有个母狮子的屁股：亲亲小屁屁，母狮子我在这里静静地等你回来！

古城，总是有许多神话传说！大米良今天就给大家说几个被石化了的鬼怪故事，在大家游玩赫罗纳时，感受一下另一个维度的生命气息。

等你再来亲屁屁的母狮子

这头母狮子，以母狮子的屁股（el culo de la leona）闻名。

这个母狮子是怎么来的？

据说很久很久以前，在 calle Calderers 上有一个母狮子旅舍：L'hostal de la Lleona。在这个旅舍内部，装饰着一只攀援在石柱上的母狮子，呼应这个旅舍的名字。

当这只母狮子还在旅舍的时候，过往的客人都会温柔地抚摸她、爱抚她。住过这家旅舍的人，最后都记住了这只爬在石柱上一脸惊恐的母狮子。

旅舍老板发现这只石狮子是个不错的营销手段，在客人抚摸狮子的时候，就随口说一句：摸一摸这只狮子，我们在这里等你回来。

仔细想想，也就是现在我们常说的“欢迎再来”，只不过更文艺一点。

后来旅舍拆了，母狮子被挪到了现在的位置，还被垫高了。当地人同情这只被“抛弃的母狮子”，延续着摸一摸这只石狮子，我们在这里等你回来的说法。只是不再是回到“母狮子旅舍”，而是回到赫罗纳。

最早，大家都来摸一摸这只石狮子的头和背。由于被垫高，基本上只能摸到屁股。事实就变成了“摸一摸母狮子的屁屁，我们在这里等你回来”。再后来，不知道是哪个恶搞，开始爬上去“亲一亲”母狮子的屁股。逐渐的，亲一亲母狮子的屁股，就变成了别具一格且被游客热衷的行为。

变身月老赐爱的吸血鬼

在 Girona 的 Rambla 大道上，一个拱顶的一角，藏着一只被石化了的吸血鬼。这个吸血鬼有着长长飘逸的胡须，两侧有吸血蝙蝠的大翅膀。

传说这是 Girona 老城区一个作恶多端的吸血鬼，经常在深夜的小巷上空游荡，袭击晚归的人。还会偷偷潜入闺房之内，调戏良家妇女。

突然有一天，吸血鬼准备捉弄一个还没有成年的姑娘。小姑娘的家里非常穷，吸血鬼化妆成一个迷路窘迫的路人，趁姑娘一个人在家时敲开门，讨要吃的。小姑娘说家里没有什么可以吃的，只有两个干面包。小姑娘抓起干面包，递给吸血鬼。

吸血鬼被姑娘的善良震撼到，他听到自己邪恶的内心破碎的声音，突然就讨厌起自己作恶多端几百年的心。

在一个月圆之夜，吸血鬼祈求上帝封存自己喜欢作恶的心，哪怕全部石化也在所不惜。

上帝如他所愿，将他彻底石化了，安置在 Rambla 大街的一角。

虽然吸血鬼被石化了，但他的灵气仍然存在。在永世孤独的吸血鬼看来，最幸福的莫过于人间的爱情。于是，在吸血鬼石像前秀恩爱的，都会被吸血鬼赐福，让他们的爱情像吸血鬼一样永生永世。

吸血鬼良心发现直接变身月老，这里就成了情侣们祈求吸血月老赐姻缘的地方。

大教堂的巫婆

Girona 大教堂上有各种各样的滴水兽，基本上都是各种怪兽。有一个滴水兽是一个老太婆（La bruja de la catedral）。

这个老太太，曾经是 Girona 老城里的一个巫婆。

老巫婆非常不喜欢那些虔诚信仰的人，认为那些人太虚伪。老巫婆会经常在大教堂外，向大教堂和做弥撒的人群投掷石块！

巫婆的扰民行为让当地警方非常无奈，人家是有法力的， 要捉住她可不是件简单的事，更何况，谁也不想被巫婆诅咒。

来大教堂做弥撒的人，越来越害怕遇到这个向路人投掷石头的巫婆，都在祈祷圣母能够惩治这个老巫婆。

众人的恼怨终于打扰到了圣母的清静！

在一个热闹赶集的日子，老巫婆依旧在教堂附近向路人投掷石块，突然天空响起了声音：piedras tiras, piedras tirarás, y de piedra te quedarás。（民谣风的翻译就是：丢石头，石头丢，最后变成块石头）。

巫婆自己就是邪恶的，肯定不信邪，继续丢石头，结果，真的就变成了一个石像，还被悬空安置在了城墙上当出水口。

脑壳长树的秘密

在 Girona 政府所在的老建筑大门口，门楣上有一个奇怪的石雕头颅。

这个没有身子的脑袋，头顶百会穴被直直地插入一颗树，牙齿咬着吐得长长的舌头。怎么看怎么像在受酷刑啊！

可是，这个脑壳长树的石像，是非常正能量的。

这栋大楼建造之时，就是为地方议会所用，讨论地方大事，需要口风紧！牙齿咬着伸长的舌头，意思是口风要紧！而头上长树，则是聪明智慧的象征。

这么解释下来，这个无身头颅，一点都不神秘。

但大米良很困惑，脑壳不进水，怎么去浇灌脑壳上的那棵树呢？

5.10 六百年大乌龙！巴塞市徽里的那只蝙蝠竟是历史笔误

巴塞市徽上有一只蝙蝠，巴塞罗那许多历史老建筑上，也有一只蝙蝠的存在。

这只蝙蝠，到底是啥来历？加泰罗尼亚，或者说阿拉贡王国那么长的历史，为啥会选一只蝙蝠做吉祥物？

大米良在开启考据模式之前，问了好几个自觉很有学问的巴塞罗那当地人，他们都不知道为啥是只蝙蝠！

哈哈哈哈！大米良的虚荣心得到了极大的满足！！

现在来给大家讲大米良的考据结果。

为啥是只蝙蝠呢？

有一个最常见的说法，和阿拉贡王国最伟大的国王海梅一世（Jaume I）有关。

巴塞罗那地铁哥特区有一站是 Jaume I，说的就是这个国王。

海梅一世，在西班牙历史上被称为征服者（el Conquistador），所以提起历史上的海梅一世，都是说：征服者海梅一世（Jaime I el Conquistador）。

海梅一世（1208 年 2 月 2 日 -1276 年 7 月 27 日），5 岁时继位成为阿拉贡国王。海梅一生致力于扩大阿拉贡王国的版图。海梅一世在位的时候，刚好是中国的南宋。Mallorca 海岛、瓦伦西亚都是海梅一世将之至纳入到阿拉贡版图的。

1239 年，海梅一世攻克瓦伦西亚，成为瓦伦西亚国王。就是在征服瓦伦西亚的战争中，一只蝙蝠起了非常关键的作用。

在 1239 年的某一天，国王亲自带着大军扎营瓦伦西亚古城之外，国王在军帐中研究完战术后昏昏欲睡。就是黄昏入夜，星月徐升的时候，一只蝙蝠突然闯进了国王的帷帐，在军帐里乱蹿鸣叫，国王被这只不速之客突然惊醒。

被惊醒的海梅一世走出营帐，在一片寂静中，嗅到了不安，亲自巡视阵营，提醒大家要多加提防。

巧的是，就在海梅一世提醒军士多加防范不久，哨兵就发现了瓦伦西亚的偷袭军队。由于国王提前惊醒，阿拉贡的军队有足够的时间准备迎战，并打败了瓦伦西亚军队。

战后，海梅一世想起了那只惊醒他的蝙蝠，认为那只蝙蝠是上帝派来的，是上帝的使者。

那次战役之后，海梅一世一鼓作气，彻底攻破了瓦伦西亚城，将瓦伦西亚收入阿拉贡王国的版图。

蝙蝠，被海梅一世看作赢得战争的吉祥物。

从那之后，在海梅一世相关的文艺创作中，多有蝙蝠的身影。

加泰罗尼亚的确有许多蝙蝠，巴塞罗那市政府还拨款在市区给蝙蝠筑窝，希望通过蝙蝠来减少蚊虫。

但是，什么时候巴塞罗那的市徽里开始加入这只蝙蝠呢？

巴塞罗那有真正的历史学家对这只蝙蝠进行了考据，发现市徽里的蝙蝠，完全是一个乌龙事件。

虽然蝙蝠被海梅一世认为是战争吉祥物，但海梅一世活着的时候，并没有在自己的盾牌、旗帜、甚至宫殿的装饰中采用蝙蝠的形象。

在海梅一世之后的一百年，到阿拉贡国王 Pere 四世（ Pere IV d'Aragó ）。 Pere 是加泰语，西语就是 Pedro。西班牙历史上的阿拉贡国王佩德罗四世。

这位国王在自己的徽章上加了一条带翅膀的龙。有文字记载，国王要在徽章上加一条带翅膀的龙（ Dragon alado ）。

1387 年佩德罗四世去世。50 年后，1437 年一份王族记事中，将国王徽章上的龙，写成了蝙蝠！

从龙到蝙蝠，为什么会这样？！！

秘密就藏在加泰语之中：

Drac Penat：翼龙（有翅膀的龙）

Rat Penat：蝙蝠（有翅膀的老鼠）

龙是 Drac，老鼠是 Rat，发音相似，但不知道哪个和大米良一样总写同音错别字的史学家，竟然把 Drac 写成了 Rat。于是，翼龙变成了蝙蝠。后来一个不了解历史，也不去考据历史的宫廷画师，直接根据文献记载，将一只蝙蝠画在了国王徽章上。

1545 年一份加泰罗尼亚历史文献中，第一次出现蝙蝠形象的徽章。从那之后，蝙蝠就正式成为加泰罗尼亚徽章的“图腾”。

后来有历史学家提出质疑，官方也多次对历史真相进行争论，但讨论的结果是：虽然应该是一条翼龙，但蝙蝠形象已经“深入人心”。蝙蝠形象也比翼龙形象的逼格更高，更具神秘感，巴塞罗那市政府决定将其市徽保留蝙蝠形象。

大米良胡乱联想了一下，蝙蝠不是吸血鬼的代表吗？永生永世的蝙蝠，的确比见首不见尾的翼龙更神秘。

所以呢，虽然蝙蝠出现在海梅一世的故事中，但并不是成为巴塞罗那市徽的真正理由。这只蝙蝠，就是历史上的一个笔误，只是这个笔误，一误就是 600 年！

5.11 巴塞哥伦布雕像手指的是非洲！详解纪念碑上哥伦布的一生

在巴塞罗那海边的“哥伦布广场”，有一个哥伦布纪念碑，这个纪念碑几乎是所有游客必到景点。纪念碑上除了肯定没有恐高症的哥伦布雕像，基座上还有许多人物雕像。今天大米良就好好考据一下这些历史配角。

巴塞罗那的哥伦布纪念碑是1888年巴塞世博会的产物，在当年6月1日揭幕。在海边修建一个哥伦布纪念碑，初衷是纪念哥伦那次发现南美洲的航海，首次登陆伊比利亚半岛是在巴塞罗那！

大家对这个纪念碑有三大误解：

哥伦布手指的方向是南美！错！

哥伦布航海回西班牙在巴塞罗那登陆！错！

纪念碑上的女神是胜利女神或者“西班牙的妈祖”！错！

哥伦布指向的不是美洲而是非洲

虽然哥伦布的初衷是去亚洲，虽然哥伦布误打误撞到了美洲，可是巴塞罗那港口的这个哥伦布雕像，手指的方向，既不是亚洲也不是美洲，而是非洲的阿尔及利亚！！

网上早有讨论，大米良亲自拿风水罗盘去测了，南方小偏西（艮山坤向）。亚洲在东方，新美洲在西方，巴塞罗那靠山面海，海在东面。直接面朝大海，至少能指到印度嘛。不知道他为啥要指非洲？或许是暗示他发现美洲大陆后，大批非洲人将作为奴隶贩卖到美洲？

最近加泰罗尼亚独立派 CUP 党建议拆除哥伦布纪念碑，因为这是西班牙侵略史的象征，不值得纪念。

纪念碑地基是个十字架

纪念碑的地基呈圆形，但在圆形的四边设置了台阶，刚好组成一个十字架。这个十字架非常重要。国王们支持哥伦布出海，除了心里暗地盘算的贸易和黄金香料，“明目张胆”的理由是去传播天主教，让主的光辉普照遥远的东方。

在哥伦布几次出海中，都有牧师随行，雕像细节上也有许多教会人物。而哥伦布最早也是得到教会的支持，才有机会向当时的国王提出“赞助”的。

八个黑铁铸成的狮子

八头狮子，朝海面山的四头是蹲着的，其他四头是站着的。狮子都是警觉守卫的神情。八头狮子的作者是动物雕塑家 Vallmitjana。Vallmitjana 是动物学家，也是雕塑家，两个爱好合起来，就是动物“写实主义”雕塑家。

对于 8 头狮子，有说法是站着的四头是公的，坐着的四头是母的。根据资料说明，8 头狮子全是公的。

既然都是保卫这个城市的狮子，怎么可能因为要保护私处而坐下呢？是不?

铜牌上的八个人物

1. 天主教双王之费尔南多国王 Fernando el Católico;

2. 天主教双王之伊莎贝拉女王 Isabel la Católica;

3.4. 马丁·平松（Martín Alonso Pinzón），文森特·平松（Vicente Yáñez Pinzón），随哥伦布第一次出海，La Pinta 船的船长，也是整个发现美洲 的主要功臣。

哥伦布首航的一部分资金也是借自平松家族。大米良看到的资料说，平松家族是哥伦布出海项目获得王室支持的关键。平松兄弟也是航海经验丰富的老手，但也需要扩张自己的商业版图，所以才找到哥伦布。他们拥有很广泛的社会资源。他们向当时王室的财政大臣力推哥伦布的航海计划，哥伦布的计划，才有机会进入王室的视野。

5. Andrés de Cabrera（marque de moya）侯爵，是当时财政部大臣，哥伦布项目的“内部推手”；

6. Beatriz de Bobadilla（marque de moya）女侯爵，从小就跟在伊莎贝拉身边，是伊莎贝拉的闺蜜。伊莎贝拉在决定是否资助哥伦布项目是，和闺蜜讨论得最多。Beatriz 的意见，对哥伦布项目有重要影响。

7. Fray Juan Pérez 神父，第一个支持哥伦布远航计划的人；

8. Fray Antonio de Marchena 神父，是收留哥伦布到 convento de La Rábida 修道院避难的人。算是哥伦布转运的贵人了。

基座上的八幅浮雕

纪念碑的基座看起来是圆形，实际上是多个复合八边形。

基座上有八个国家和地区的徽章。这八个地方，与哥伦布有着深厚的渊源。

基座上一共有八个黄铜浮雕，讲述着哥伦布的故事。八个浮雕的阅读顺序是特殊设计的。基座上所有的内容都是顺时针安排的，唯有这八幅浮雕故事，是逆时针安排的。第一幅正对着大海，然后逆时针观看。

第一幅：哥伦布申请 La Rábida 修道院收留他，并在此安家。Monasterio de La Rábida 修道院，在安达卢西亚的韦尔瓦（Huelva）地区。那个时候，虽然哥伦布已经拥有丰富的出海经验，也是地球是圆形球状的支持者，毕竟还不是特别有名，生活漂泊不定。monasterio de La Rábida 修道院收留他，是他实现远航梦想的起点。所以在纪念碑上，也有韦尔瓦（Huelva）的徽章。

第二幅：哥伦布向 La Rábida 修道院院长（Prior del monasterio）Fray Juan Pérez de Marchena 第一次阐述他远航亚洲的计划。在刚刚把摩尔人赶走，天主教信仰全面铺开的时代，教会的意见在王室拥有举足轻重的作用。哥伦布正在通过教会的人脉，才有机会向国王们为自己的远航项目争取冠名费。

第三幅：哥伦布首次在科尔多瓦 (Córdoba) 国王的行宫向西班牙王室推介了自己的亚洲远航计划！哥伦布坚信地球是圆的，可以开辟新的航道通往亚洲，打破现有海上商路的垄断。哥伦布预计这趟旅行只需要 7 个星期，但王室认为这是一趟至少为期一年的出海，费用不菲。在这里，哥伦布首次遇挫。但贵族们都开始议论哥伦布的计划，哥伦布成功在贵族朋友圈进行了消息群发，上了热搜榜。

第四幅：哥伦布在萨拉曼卡（Salamanca）San Esteban 修道院向当时王国的“议会”议员们陈述自己的计划，并与议员们争辩，舌战群儒。这场辩论最终打动了伊莎贝拉女王。

第五幅：基督教双王在 Santa Fe （格拉纳达旁边的小镇，是为了攻打格拉纳达城修建的。）行宫中，最终同意资助哥伦布航海计划。

第六幅：哥伦布从帕洛斯 Palos de Moguer 港口出发。帕洛斯 Palos de Moguer 港口应该是现在的 Palos de la Frontera。在现在帕洛斯 Palos 海港，哥伦布具体是从哪个点出发的，还没有确凿史实证据。

1492 年 8 月 3 日夜里，哥伦布的舰队从帕洛斯港（Palos de Moguer）出发了。他的舰队由 3 艘帆船和 90 名船员组成。旗舰是一条大型的克拉克帆船——圣玛利亚号，以及两艘小型的卡拉维尔帆船——平塔号和圣克拉拉号。平塔号和尼尼亚号的船长是来自帕洛斯当地的平松兄弟（马丁 · 平松 Martín Alonso Pinzón 和文森特 · 平松 Vicente Yáñez Pinzón）。平松兄弟是哥伦布整个航海计划的重要人物，后面大米良有介绍。

第七幅：1492 年 10 月 13 日，哥伦布船队发现了第一块陆地，就是现在的瓜那哈尼岛（Huanahaní）。关于这个瓜那哈尼岛的发现，大米良看到的记载说：这个岛最早是由平松兄弟的“平塔”号上的水手瞭望到的，马丁·平松船长确认之后再通知后面的哥伦布船长。不过，哥伦布坚称是自己最早发现的。毕竟哥伦布是整个船队的“领导人”，历史功劳从来就是归领导人的。哥伦布登陆后，进行了各种仪式，并将这个岛命名为 San Salvador（圣·萨尔瓦多）。西语意思大家都知道了，就是“拯救者”“救世主”一类的意思。

第八幅：天主教双王在巴塞罗那接见了哥伦布。

天主教双王的确是在巴塞罗那为哥伦布接风，在巴塞罗那哥特区的国王广场。那个四分之一圆形台阶，就是哥伦布觐见国王们的地方。但是，哥伦布第一次回航靠岸登陆的地方，不是巴塞罗那。

哥伦布 1493 年 3 月 15 日星期五中午回到了当初出发的 Palos 帕洛斯港。在哥伦布回到西班牙之前，平松兄弟的平塔号在 2 月底先行抵达了西班牙加利西亚岸边的一个港口。马丁·阿隆索·平松在靠岸后，立即上书请住在巴塞罗那的费迪南国王和伊莎贝拉女王求见，但他们坚持要先见哥伦布。所以，直到哥伦布船队回航，伊莎贝拉女王还是忍了一个月，等待哥伦布。

在 8 幅浮雕之外，纪念碑基座上还有几个人物雕像。是 3D 版的，自然是非常重要的角色了。不过呢，为什么是这几个人物，还是有玄机的。

玛格丽特船长

这个看起来毁容的雕像是 Capitán Margarit（玛格丽特船长），原名 Pere de Margarit，是个加泰罗尼亚籍军人，与哥伦布一起进行了第二次远征美洲大陆。玛格丽特船长的主要历史功绩是征服了当地的印第安人，建立了西班牙的海外殖民地。在他的雕像般毕恭毕敬跪着得就是一个臣服于西班牙的南美印第安人。

天文学家 Jaume Ferrer de Blanes

Jaume Ferrer de Blanes 是哥伦布发现美洲大陆那个时代的西班牙政治家和天文学家。在哥伦布发现每周大陆之后，他绘制了全新的世界地图。是推动西班牙海外殖民的重要人物。Jaume Ferrer de Blanes 的雕像，左手拿着一个卷轴，右手给一个拿着地球仪的学生讲解。

Fray Bernat de Boiil 神父

Fray Bernat de Boiil 是 Montserrat 修道院的神父，随哥伦布第二次航海一起出行，到南美洲去传教。是天主教在海外传教的代表性人物。神父身边跪着的是一个皈依受洗的南美土族信徒在亲吻他的手。

Luis de Santángel 公爵

Luis de Santángel 是哥伦布的重要资助人。Luis de Santángel 同时也是天主教双王的首席智囊，当年伊莎贝拉女王第一次拒绝哥伦布之后，就是 Luis de Santángel 从中游说，说服了女王。

Luis de Santángel 手上拿的是当时装黄金珠宝的匣子，需要密码才能打开，类似于现在的保险柜。腰上还别了个巨大的钱袋。Luis 身上的外套和装饰也是那个时代最富贵的。

大米良看到雕塑的解释说：雕像采用了现实主义的表现手法，力图还原人物最本真的面貌和细节。从这个雕像的现实表现来看，Luis 大人是不是有点太炫富了？在人流量那么大的地方，腰上别个鼓囊囊的钱袋不够，还要手里再提个“爱马仕”珠宝盒？！

四个人物雕像，在哥伦布发现美洲大陆的探险中，起到的作用并不大，这个集体雕像的主要作用是推动了西班牙对南美的扩展与开发。而那些对哥伦布三次南美洲航海起到关键作用的人，不是用石头雕刻的，而是用黄铜铸进了历史。在纪念碑的基座上有八个铜牌，铜牌里的八个人物，就是那几个不会被历史风化的角色。

帆船和女神

在基座的上端，是一艘由狮身鹰头兽守护的帆船，狮身鹰头兽抱着巴塞罗那的徽章。四周有四名长着翅膀的女神，很多人把这个女神认作是类似中国妈祖的海上保护女神。

大米良以自己那张写实主义的脸担保，这个说法是错误的！

这个女神的名字叫墨菲，是希腊神话中的声望女神。声望女神手里，一般拿的是个小喇叭。女神通过喇叭，向世人的思维中吹入赞赏或是毁谤的观点，人们就有了对人对事的是非看法。所以，声望女神也是诽谤女神、流言女神。

当女神手里的喇叭变成了橄榄枝编制而成的桂冠，就说明女神发现了不朽的事迹。戴上墨菲女神编制的橄榄枝桂冠，就可以获得永生。纪念碑上的四个声望女神，象征着哥伦布发现美洲大陆的不朽功绩。

柱子顶端的四海女神

柱子顶端有带着自由女神星星炫酷头饰的女神，像大力神一样驼着哥伦布。这个不是自由女神！大米良不拿脸担保，这是四名大地女神，分别支撑着四个大陆：欧洲、亚洲、美洲、非洲。

最后，整个纪念碑都是现实主义和写实主义表现手法。既然我们总是从下面仰望哥伦布，大米良在想：哥伦布有穿秋裤吗？

5.12 西班牙最古老的巧克力之家：Casa Amatller

来巴塞旅游，总会想带点什么手信才合适?

在高迪那栋梦幻屠龙的巴特罗之家旁边，静静的伫立着西班牙第一巧克力大亨的家。她的美艳被巴特罗之家盖过了，就像一个本来马上就要红的明星，却突然被一个半路杀出来的更有颜值的小鲜肉给抢去了风头。

这栋外形没有巴特罗之家那么奇怪的建筑叫：Casa Amatller（阿马特耶之家）。在这个幽深暗黑的建筑里，有一段和高迪脱不了干系的爱情与背叛的故事。也有一个关于高迪作为前辈如何违章乱建的故事!

大米良先讲比较不八卦的高迪违章乱建的故事。

这个被无数游客忽视的 Casa Amatller（阿马特耶之家），与巴特罗之家，以及不远处的莫雷拉之家（Casa Lleó-Morera）是当年 Illa de la Discòrdia（不和谐街区）的主打建筑作品。

Casa Amatller（阿马特耶之家）这个现代主义风格建筑，是由卡达法尔克（Josep Puig i Cadafalch）在 1898 年到 1900 年间，为巧克力大亨安东尼 · 阿马特耶（Antoni Amatller）建造。

Antoni Amatller 本人是摄影爱好者，对古典艺术非常痴迷，他偏爱对阴暗扭曲人性的探索。他希望把自己的住宅设计成：哥特式风格。

根据金主的要求，建筑师把大楼的外墙屋顶，模仿荷兰、比利时低地国家的哥特风格，设计成三角尖顶。外墙有许多宗教人物浮雕，内部设计是加泰罗尼亚式哥特风格：大石头垒起来的阴暗空间里，只通过窗户来采光。

与隔壁巴特罗之家的明亮鲜艳流动的特点一对比，巧克力大亨之家，就显得阴暗肃穆和沉闷。等会要讲的爱情悲剧，就从这个阴暗肃穆沉闷的住宅开始。

阿马特耶之家只有第一层对外开放，楼上不能参观。在加泰罗尼亚国家艺术馆（Museo Nacional de Arte de Cataluña：MNAC），可以看到阿马特耶先生当年使用的一些家具和物件，风格也十分的古（阴）典（郁）。

现在巧克力大亨的房子，紧挨着纺织大亨巴特罗之家。巧克力房子先建。在建造巧克力房子之时，巴特略先生还没有买下现在造型奇特的巴特罗之家。为了表示自己有钱，巧克力大亨就要求建筑师，一定要比周围的房子都要高！

可是，根据图纸设计和获批的设计图稿，房子只能建造到和隔壁的巴特罗之家前身老宅一样高！

怎么呢？要怎么样才可以比隔壁房子高呢？

建筑师想出了一个好办法：在屋顶上，再加一个山墙！就是我们从外面看那个尖尖的屋顶一样的墙。那个其实不是屋顶，只是一面墙，目的就是让房子看起来，比周围的房子高！

1900 年建好巧克力之家，三年之后，1903 年，拥有多家纺织厂的富商巴特略先生（Josep Batlló i Casanovas）以 51 万比塞塔（合 3065 欧元）的价格买下了隔壁那栋建筑，他计划将老楼拆了重建。

但高迪觉得改造改造就可以。

不推倒重建也可以，纺织大亨要求高迪要把房子造得比卖巧克力家的高。

老房子本来就比巧克力大亨的家要矮。高迪为了比巧克力大亨家高，就偷偷地给巴特罗之家又违章搭建了一层，再加了龙脊屋顶，变成了整个街区最高的房子。

高迪，也是违章搭建的老前辈了！

阿马特耶先生是当时的巧克力大亨，他是加泰罗尼亚地区一个巧克力家族的第三代传人，已经算是富三代了。他们家的巧克力工厂 1797 年成立了，至今 200 多年了。

阿马特耶巧克力工厂，是欧洲最古老且依然在运转的巧克力工厂。阿马特耶巧克力也是欧洲最古老的巧克力品牌。

阿马特耶年轻时到瑞士和法国拜师学艺，潜心研究欧洲其他国家巧克力的制作工艺。1878 年，他回到加泰罗尼亚，结合各国经验，重新修建了一个现代化的巧克力工厂，推出阿马特耶巧克力（Chocolates Amatller）品牌，将家族式管理升级为现代企业化管理。

相比于隔壁的巴特罗先生，阿马特耶先生有更高的艺术修养，慷慨资助年轻的艺术家。作为回报，这些年轻的艺术家，为阿马特耶巧克力设计了大量现代主义风格的宣传海报。通过这些海报，阿马特耶巧克力获得非常好的市场声誉。

阿马特耶巧克力还开创了零食界集卡风潮！阿马特耶将当时现代主义年轻艺术家的作品，印制成小卡片，装在巧克力包装内。不定期推出各种主题，刺激消费者来购买集卡！

在阿马特耶有生之年，把阿马特耶巧克力管理成西班牙第一巧克力生产商。1972 年，Chocolates Simón Coll 集团收购了阿马特耶巧克力公司，Simon Coll 集团对阿马特耶巧克力进行重新包装，保留了阿马特耶巧克力生产线。现在，阿马特耶巧克力工厂，是欧洲最古老且依然在运转的巧克力工厂。

阿马特耶巧克力也是欧洲最古老的巧克力品牌。

阿马特耶先生是个非常优秀的摄影师，有许多国际获奖摄影作品，他本人也是比利时摄影家协会的理事。阿马特耶先生痴迷于摄影，他走遍了欧洲、北非和中东诸国，寻找最有镜头表现力的瞬间。

成功的商人，游走世界的摄影师，这些都是需要时间的！阿马特耶的时间，不是在管理者巧克力工厂，就是在海外摄影搞创作！巧克力先生这种四海漂泊的生活，让巧克力夫人大部分时间都独守空房。

要是守着一个阳光灿烂的房子也就算了，偏偏还是一个阴暗沉闷的哥特式石头房子。

西班牙女作家 Care Santos 在她获得 Ramon Llull 文学奖的作品《欲望巧克力》（*Desig de xocolata*）一书中，记录了三个不同时代三位女性的故事，其中就有巧克

力夫人：阿马特耶太太。

在这本书里，阿马特耶太太喜欢热闹和交际，而阿马特耶先生则是个内敛内向。他痴迷于摄影创作，除了管理巧克力工厂的经营，就是在外地游历摄影。生性活泼的阿马特耶太太，喜欢到隔壁的巴特罗之家串门，对巴特罗之家明亮绚烂的光影流动赞不绝口，对自己家里阴暗肃穆的风格多有不满。

一个人守着阴暗的石头房子，整天等着老公从外国摄影回来爱爱的阿马特耶太太最终还是没能耐住寂寞，她和一个男高音私奔了。

从巧克力太太私奔这件事情，大米良顿悟了两点：

吃巧克力的满足感，绝对不能和爱爱的满足感相提并论！

不要找喜欢摄影的男人！（阴险地笑 ~~）烧钱耗精力没时间爱爱！

巧克力夫人与男高音私奔之后，阿马特耶先生的生活似乎并没有太大的改变，只有他的小女儿和母亲有联系。阿马特耶巧克力也默默地在商业大潮中，沉淀成为西班牙最古老的巧克力。

5.13 巴塞又怂又逆天的凯旋门！一堆红砖里偷偷统治着的诸神

巴塞罗那 Arco de Triunfo（凯旋门），是吃中餐之后，出镜率最高的景点。夏天的夜晚，还会响起凤凰传奇，一群华人大妈在此大跳广场舞传播国粹！

大米良考据了一下这个凯旋门。

这个有点怂有点丑的凯旋门，其实隐藏了加泰罗尼亚人“不可一世”的小心机！从这个怂得一米的门，就可以看出加泰人逆天“心机婊”的个性！

巴塞罗那的凯旋门，和德国、巴黎的凯旋门不同。建造的初衷，没有任何军事目的，而是为了1888年在巴塞罗那举行的世博会。巴塞罗那的凯旋门，是1888年世博会的大门。

1888年的巴塞罗那世博会，是巴塞罗那城市建设的重要年份。就像上海世博会改变了上海市容市貌一样。1888年的巴塞罗那世博会，从凯旋门开始，往大海的方向，修建了一系列的建筑，盘活了这个原属于城市郊区的地段。

凯旋门这个红砖垒起来的大门，是新穆德哈尔式建筑风格。

西班牙历史上有如此之多的建筑风格，为什么在1888年的凯旋门，要选择穆德哈尔式风格？

我们知道，在中国唐朝的时候，北非的阿拉伯人入侵伊比利亚半岛，并迅速占领了伊比利亚半岛大部分地区，开始了西班牙历史上的摩尔人统治时代。摩尔人时代持续了800年，伊比利亚半岛上的天主教贵族们，一直在努力收复失地，光复伊比利亚半岛上

天主教的统治。最终，在 1492 年，天主教双王攻破格拉纳达，消灭了最后一个摩尔人政权，完成了历时 800 年的光复运动。

在天主教贵族重新统治伊比利亚半岛之后，消灭了摩尔人的政权，但没有驱赶普通的摩尔人。许多优秀的摩尔人设计师、建筑师还被王室贵族重用。这些留下来的摩尔人，为天主教贵族和教会建造的教堂、宫殿等建筑，符合天主教教会和贵族的居住使用习惯，但建筑装饰风格又非常阿拉伯，这种独特的建筑风格，就叫穆德哈尔式风格。

穆德哈尔式建筑风格，是伊比利亚半岛上绝无仅有的，也是天主教贵族最终赶走了摩尔人，实现伊比利亚半岛统一与复兴的象征。所以，在 1888 年，兴建巴塞罗那凯旋门时，就采用穆德哈尔式风格。因为是后来模仿建造的，所以被称为新穆德哈尔式建筑。

在这个红砖砌成的凯旋门上，还隐藏了许多小心机。

最上面有一排白玉人物雕像，大门两面的雕像内容完全不同。大门正面的人物群像，是“诸神来贺”，人物都是希腊神话中的人物。坐在正中间的是胸口印着加泰罗尼亚徽章的女性，这只是一个象征着加泰罗尼亚的人物，不是具体的神话人物。两边的人物，则是大地女神盖亚、智慧女神雅典娜等等神话人物。

是不是很心机？！竟然捏造一个象征着加泰罗尼亚的人物来接受众神的恭贺？！！

在另一边，这排人物群像，则全部是普通人。坐在中间的依然是只有象征意义的女性，两边的则是工匠、军人、商人、农民等象征各行各业的人物雕像。

一边是神，一边是人，用毛爹爹的话来讲就是：人定胜天！加泰罗尼亚一直都对教会和王室有抵触情绪，他们对共和民主情有独钟。所以，在巴塞，会少了很多众神的传说。

在凯旋门的两边，也有这样的人物群雕。一边是象征着农业和商业的人物群雕，另一边则是象征着建筑和科学研究的人物群雕。

说起工农兵，就会想起又红又专。这个设计，就是这个意思。

与群雕在同一个高度，四个圆柱前有 8 个长着翅膀的女神，她们是声望女神：墨菲！墨菲女神是流言蜚语女神，也是声望女神，她们的主要造型是举着橄榄枝和吹着喇叭。

这个墨菲女神，在巴塞罗那许多建筑中都有出现。在海边的哥伦布纪念碑中，也有几个拿着橄榄枝，吹着小喇叭的女神，他们也是流言蜚语和声望女神墨菲。

圆拱上的水泥装饰，正中间是加泰罗尼亚地区的徽章，两边则是加泰罗尼亚大区内各个地方的徽章标志。在圆拱的下面，是一只收着翅膀的蝙蝠。蝙蝠，是巴塞罗那市的象征性动物。巴塞罗那市徽就是这只蝙蝠。

如果深究巴塞罗那凯旋门的设计，真是非常能代表加泰罗尼亚人自带委屈属性只敢叫叫不敢真走的娇生惯养小孩子的个性。

5.14 加泰罗尼亚音乐宫：花花里藏着小心机

巴塞罗那最艺术的音乐宫：加泰罗尼亚音乐宫（Palau de musica），这个被蒙特内尔雕琢了无数花花草草的建筑，承载了太多的政治斗争。

音乐宫，是加泰罗尼亚合唱团（Orfeón Catalán）的项目。在1905年4月23日奠基，1908年2月9日竣工。

加泰罗尼亚合唱团（Orfeó Català）是加泰罗尼亚重生（Renaixenya）文化运动的重要组成部分。巴塞罗那追求民主的政治诉求，与西班牙主流社会格格不入。在1960年，弗朗哥独裁统治期间，那一年刚好也是加泰罗尼亚合唱团团歌《旗帜之歌》（*Cant de la Senyera*）的作者，诗人Joan Maragall一百年诞辰。音乐宫准备了一场盛大的合唱，来纪念这位伟大的诗人。不巧的是，刚好弗朗哥在这几天访问巴塞罗那。就在表演临开场之前，弗朗哥下令禁止演出。

禁令一出，民众怒了。所有现场的人，自发站起来大声合唱《旗帜之歌》，抗议弗朗哥独裁。抗议活动得到了广大加泰罗尼亚人的响应，就在弗朗哥访问巴塞罗那期间，每天都有上千巴塞罗那人走上街头。

结果是很多人都被捕入狱，其中就包括现在因为在安道尔有秘密巨额账户而官司缠身的加泰罗尼亚前主席Jordi Pujol。

由于加泰罗尼亚合唱团本身就具有强烈的左派民主运动倾向，作为合唱团总部的加泰罗尼亚音乐宫，也具有了这样鲜明的政治色彩。

音乐宫在 1989 年之前，只有一个入口。这个入口就是 calle Sant Pere més Alt 和 calle de Amadeu Vives 两条街交汇的拐角，此处有一个非常显眼的浮雕群像。

浮雕群像最上面的是加泰罗尼亚的传说人物：圣乔治。这个屠龙拯救公主的圣乔治，左手拿着一面飘扬的旗帜，右手臂靠着那柄屠龙剑。圣经传说人物被塑造成一个“革命者”的形象。俨然一个工农兵代表呀！

与高高在上的圣乔治对应的，是下面凌空飞起的自由女神。女神周围围绕着老人、小孩、工匠、农民、知识分子和贵族。这个群像的意思就是：这个音乐宫没有阶级之分。

从女神和圣乔治的造型就可以闻出浓烈的“民主”“共和”的味道。

巴塞罗那另外一个很丑，但很霸道地安放在一个人流量最多的地段，而且还是个巨无霸雕塑。

这个雕像，在加泰罗尼亚广场上。靠近 Rambla 大街那边。这个雕塑是几个台阶，倒扣在一个石台上。每次大米良路过，都觉得丑得惊天动地！

这个雕塑是向加泰罗尼亚的知名政客：Francesc Macià 致敬。在倒扣台阶下面有个青铜人物头像，这个头像就是 Francesc Macià 本人。

为什么会在这个广场上致敬 Francesc Macià 呢?

Francesc Macià 是加泰罗尼亚 19 世纪末 20 世纪初的政治活动家，他是坚定的加泰罗尼亚独立分子。他曾经担任过加泰罗尼亚大区主席，西班牙空军司令，也是现在加泰罗尼亚势力最大的 ERC 政党的创始人。也就是加泰罗尼亚前任大区主席马斯和现任主席“溥仪接着萌”(Puigdemont) 所在的政党。

这个看起来巨丑的雕塑，就是一个宣誓独立的大石头！

那个倒扣的台阶，前面三级是支撑在石头基座上的，象征着 Francesc Macià 担任加泰罗尼亚主席那三年，为加泰罗尼亚独立之路奠定了基础。从那以后，加泰罗尼亚的独立之路，将由后人一点点来构筑。所以这个倒扣的台阶，一级级增高。最后，也是最高的那一个台阶，留着粗糙的切口，象征着加泰罗尼亚独立的台阶还要继续往前建造。

虽然你们加泰罗尼亚人吼独立只是雷声大雨点小，到处建一些植入“主权”的雕塑。但是，巴塞罗那有一个巨大的伤疤，是独立派永远的痛。

那就是巴塞罗那城市公园 Ciudadella 里的“老议会宫”（Palacio del Parlamento de Cataluña）。

这个建筑在 18 世纪早期，是巴塞罗那军事防御工事的总指挥部所在地，实际用途是：兵工厂。

这座建筑是加泰罗尼亚一段屈辱历史的见证者。在 1701 到 1714 年的西班牙王位继承战争中，加泰罗尼亚本来是与其他所有的西班牙兄弟一样，站在法国那一边，后来奥地利的阿布斯堡王族用贸易权诱惑加泰罗尼亚，结果加泰罗尼亚就傻乎乎地叛变到奥地利那一边。

战争的结果，是西班牙其他兄弟和法国赢了，加泰罗尼亚背叛亲兄弟的行为没有得到新国王菲利普五世的原谅，剥夺了加泰罗尼亚的自治权。就是从那个时候开始，加泰罗尼亚开始漫长的没有历史根据的“闹独立”之路。

在西班牙王位战争结束之后，菲利普五世见识了加泰罗尼亚贪财墙头草的作风，就在巴塞罗那建造了这座兵工厂，加强对巴塞罗那的监管！这座兵工厂，就是西班牙国王对加泰罗尼亚不信任的标志！

不管这栋大楼之后被用作何种用途，但他的存在，就是加泰罗尼亚背叛亲兄弟那段耻辱历史的见证！

不管是何种形式的艺术，其实都是一种表达，有一种诉求。政治诉求，自然属于艺术表达的主题之一。大米良只是觉得加泰罗尼亚广场上那个庞然大物，依然很丑！

5.15 他建巴塞第一壕只为给太太个小惊喜

来巴塞，大家总惦记着百年烂尾楼圣家堂，还会到高迪的清新小品巴特罗之家去走走，要么就是隔壁的米拉之家。这都是仰慕高迪来的。

巴特罗之家的名气之大，让巴特罗先生也流传千古。

大米良觉得，关于巴特罗之家，有两点大家可能不知道。

第一点，巴特罗之家一楼的外墙。这个外墙成波浪起伏状，不知道导游会怎么解说，但是，大家看出这个外墙上的那只小动物了吗？

这个外墙的整体造型，其实是一只蝙蝠！

高迪在许多建筑中，都暗藏了蝙蝠的造型。

Paseo gracia 感恩大道，作为巴塞罗那的奢侈品大街，寸土寸金。但无论是米拉之家，还是巴特罗之家，都只能位列左右，能够一眼看尽感恩大道的，只有大道尽头的 Hotel Casa Fuster（福斯特之家酒店）。

福斯特之家，是由建造了圣保罗医院，加泰罗尼亚音乐宫，以及烂尾楼三龙城堡的 Lluís Domènech i Montaner（蒙塔内）主持修建。

福斯特之家 1908 年完工，在 2004 年被改建成超五星酒店，是巴塞罗那最贵的几家酒店之一。一个 SUIT 套房的价格是每晚 1700 欧元。即便那么贵，外国游客还是趋之若鹜，酒店 75% 的客人都是外国人，酒店年入住率超过 90%。

巴特罗先生和伯爵的女儿结婚，这位福斯特先生，和侯爵的女儿结婚。从社会地位上就高了巴特罗先生一级。

福斯特全名是 Mariano Fuster， 1929 年生在 Palma de Mallorca。他的产业很多，他是巴塞罗那最早的浮雕经销商，多个艺术圈的领军人物，也是加泰罗尼亚起泡酒界的大亨，还是巴塞罗那重要的政客。

福斯特先生和 Marqués de Alella 侯爵的女儿 Consuelo Fabra i Puig 结婚。

结婚 20 多年后的某一天，福斯特先生想给自己妻子送一件小礼物，调节一下生活情趣，想来想去，送玫瑰太俗，送大钻石又不足以表示出诚意，于是，就决定送妻子一栋豪宅。

福斯特先生花了 1300 万比塞塔，请当时正在主持修建加泰罗尼亚音乐宫的蒙塔内，来给自己造这个给妻子的小礼物。

在那个年代，能花 1300 万比塞塔建住宅的人物，在当今应该可以上福布斯富豪榜前 100，或者前 500，哈哈。大米良瞎猜的。总之就是巨款。

蒙特内尔主持修建的这栋壕宅有 300 个现代主义风格装饰雕刻，最显眼的是壕宅的两个字母：CF。也是现在酒店的徽标。

大家都认为 CF 是 CASA FUSTER 的缩写，其实不是！ CF，是福斯特先生老婆的名字缩写：Consuelo Fabra。

看，20 年之后，第 3 个 7 年之痒要如何度过？送豪宅呀！而且还要把老婆的名字缩写刻上去！

1908 年大楼建成之后，成为当时加泰罗尼亚地区的第一壕。每天都莺歌燕舞，午餐和晚餐都有专门的乐队演奏。

不过，这种超级壕的生活状态，需要巨大的资金支持。如此奢靡地过了十多年。

到 20 年代初，福斯特先生对老婆说："娘子，我们天天大宴宾客，开销实在太大了。我赚钱的速度，跟不上你写请帖的速度呀！"

识大体的福斯特太太，决定节衣缩食。最终，这栋加泰第一壕宅也没有逃脱"分租"的命运。福斯特一家占用了地下室和地上一层。地面一层做商铺，其他楼层则分租给其他有钱人。

1929 年福斯特先生去世，虽然家族显赫，但子女并没有像老爹那样炫耀，都低调地在各自领域优秀着。

毕竟福斯特家族的身份显贵，这栋大楼一直都是巴塞罗那上流社会聚会的场所。到 1962 年，电力公司 Enher 以 1100 万比塞塔的价格，买下了这栋大楼。也像中国万达一样，计划将整栋楼拆除重建。后来受到巴塞各界的抗议和抵制，曾经的第一壕才幸免于拆建。

2000 年 Hoteles Center 酒店集团买下了大楼，改建成现在的超五星豪华酒店。

都是一个时代的艺术精品，巴特罗之家艺术性高，所以白天接客。福斯特之家，更贵气，所以晚上接客。

不过两者的差别还是很大的。巴特罗之家，不买门票进不去。福斯特之家，虽然套房（SUIT）一晚一千多欧，但进去坐在大厅里，假装等土豪，欣赏一下室内装潢，是免费的！

哈哈哈，不说了，再说，大米良的屌丝气质就暴露无遗了！

其实，到 CASA FUSTER 楼顶露台去喝杯可乐，也就 5 欧元。

大米良之前写了中世纪的“妓产业”，发现人家姑娘嫁不出去，是因为姑娘家没钱！这周，大米良写福斯特先生，人家结婚 20 多年，送老婆一栋大楼，来个小惊喜！想想现在，真是时代的大倒退呀！！同情那些自己贴钱娶媳妇还送不起小惊喜的娃！

5.16 巴塞“再来泉”隐藏了啥历史秘密?

在巴塞罗那，有一口著名的泉水，叫“再来泉”，据说喝了这泉眼的水，就一定会再次回到巴塞罗那。对于巴萨球队，这泉眼是：成功之泉。只要巴萨队夺冠后，任何一次狂欢游行，都会以这口泉眼为起点。

这个听起来很浪漫的泉水，真实面目一点都不浪漫，就是现在加泰罗尼亚广场的一个“水龙头”。

不过，我们现在看到的这个铁质四嘴自来水口，虽然也叫 Fuente de Canaletas，但已经不是当年那个被赋予美好象征意义的泉眼了。

那口被赋予巴塞罗那人民民族感情的泉眼：Fuente de Canaletas，到底是咋回事？为什么这口泉眼也被称为巴萨队的“成功之泉”？

在 18 世纪的时候，巴塞罗那是一个还有城墙圈围起来的城市，现在的流浪汉大街（Rambla）曾是一道古城墙。城墙内外，差别巨大。现在的流浪汉大街，左右两边的治安，依然“差别巨大”。在现在的加泰罗尼亚广场（Plaza Catalunya）和流浪汉大街附近，有一个小型的水渠枢纽，多道水渠在这里汇集，又分汇到 Raval 和 Rambla 其他泉眼供应当地居民的饮水。

19 世纪的时候，巴塞罗那市区内的城墙被拆除。1862 年这个泉水枢纽也被废除，取而代之的是两个新修的铁质泉眼（水龙头）。1888 年，巴塞罗那市政府突然悲秋怅惘开始怀旧，想起了那个曾经的泉水枢纽。为了“修复历史”，政府计划在原来的地方修建四个具有象征意义的“泉眼路灯”——上面是路灯，下面是泉眼。

这个泉眼路灯计划，被委任给裴雷·法格斯（Pere Falqués）主持修建。有失败前科但依然野心勃勃的城市规划建筑师 Pere Falqués 决定扩大这个泉眼路灯计划，把之前设定的 4 个泉眼，拓展为 14 个泉眼，分别安置在巴塞罗那比较知名的景点。比如 Portal del Ángel, la calle Mayor de Gracia, la plaza de San Agustín Viejo, la ronda de San Pablo, la Gran Vía con Pau Claris 等等。

这 14 个泉眼路灯，极具 Pere Falqués（裴雷 · 法格斯）现代主义装饰风格。14 个泉眼路灯也逐渐成为巴塞罗那的一大标志。

这 14 个泉眼中，第一个位于在流浪汉大街上，叫 Fuente de Canaletas，就是现在被人们认为具有魔力的泉眼。

Canaletas，从词根可以看出，Canal 就是通道、渠道、水渠的意思，Canaletas 就是多个水渠汇聚之意。Fuente de Canaletas 翻译过来就是卡纳雷答之泉。这口泉水有一句著名的 Slogan："Aquel o aquella que beba de su agua volverá a Barcelona"，中文翻译有很多种，大致意思就是：饮彼泉之水，必重游巴塞。

这句话的出处呢？

大米良翻找了很多资料，没有找到最早的文献出处。基本说法是：由于是 14 个泉眼的第一个，喝了这个泉眼的水，循着 14 个泉眼游览一遍巴塞罗那，一定会爱上巴塞罗那这个城市。

大米良看到的另外一个比较可行的版本是：裴雷 · 法格斯是个浪漫的人，他希望自己野心勃勃的 14 泉计划能够在巴塞罗那历史上保留下来，就自作主张创造了这句话。

一个铁疙瘩水龙头没有人会留恋，但如果是爱之泉眼，多少单身汪会情不自禁地上前去喝一口呀！一旦被赋予这层含义，宁愿相信美好的人们，必然会"到此一游"！

这口泉水，对巴萨球队来讲，是胜利之泉。巴萨队夺冠之后，都选择这"第一泉"作为胜利庆祝流行的起点。在巴萨球队文化中，这"第一泉"也是胜利之泉，带着胜利回到这里，也是从这里重新开始新一轮的征程。

那么，巴萨"胜利之泉"的典故是因为"第一泉"吗？

大米良可以非常负责任用有历史穿透力的声音告诉你：真实原因毫无历史厚重感！

故事要回溯到 1930 年。当年是没有微信，没有电视现场直播，更没有网络直播，获取消息都是采用电报。当年，在现在卡纳雷答之泉附近，也就是流浪汉大街起点附近，有当时发行量最大报纸：*La Rambla*，报纸为了抢新闻，拥有当时最先进的通信设备：电报！但凡重大比赛，*La Rambla* 都会第一时间收到现场记者发回的电报。没法去现场看球的巴萨球迷，就会聚集到这家报纸附近，等候着现场记者的电报。逐渐地，这里就成为不能去现场看球的巴萨球迷的聚集地。一旦巴塞夺冠，这里也是最早出现集体狂欢庆祝的地方。

后来有了电视，球迷们不再需要去报社门口等候结果，但喜欢热闹喜欢庆祝的巴萨球迷，却保留了在 *La Rambla* 报社门口附近聚集看球庆祝的传统。

其实，这和那口喷泉没啥关系。但后来，*La Rambla* 倒闭了，人们需要一个名字来指代这个地点，就开始选择 Fuente de Canaletas（卡纳雷答之泉）作为识别。再后来，卡纳雷答之泉的故事被移花接木，就变成了巴萨的"第一泉""成功之泉"。

5.17 错爱小镇 Teruel：罗密欧与朱丽叶的故事原型

如果说 Ronda 是私奔小镇，Teruel 就是错爱小镇！

San Pedro 教堂，最大的特色是他的穹顶。在五颜六色的穹顶中，仿佛金银镶嵌，象牙玛瑙点缀，而实际上，既没有象牙，也没有金子，一切都是涂料仿制的效果。木质的穹顶，各色男女和生活场景，记录着 13 世纪 Teruel 的生活。神奇的是，穹顶上的男人和女人数量，是一样的！ San Pedro 另外一个特色是他的瞭望塔，是 Teruel 最高的穆德哈尔建筑。

Teruel 属于阿拉贡地区，在摩尔人统治着伊比利亚半岛大部分领土的年代，1171 年，基督教王国的“光复运动”正在逐步向南推进。阿拉贡国王阿方索二世计划在靠近其国土南方边界的地方建一座城，以巩固其疆界，抵御阿尔莫哈德人的攻击。这座城的中心设在哪里，叫什么名字，以及拿什么来作为标志呢？

阿拉贡的智者和头领们“朝思暮想”，他们走着走着，突然遇见了一头体型硕大的公牛，在牛的上方，闪耀着一颗明亮的星星。一闪一闪亮晶晶。于是灵感喷涌而出：我们就用一头被星星照耀的公牛做文章的图案吧！还要给它取一个既有星星的仙气，又牛气逼人牛逼闪闪的名字！

公牛叫 Toro，那颗照耀公牛去战斗的星星叫 Actuel，公牛之星合体变身，就成为 Toruel！这个名字后来演变成了 Teruel。

在 Teruel 老城的中心有一处不大的广场，广场的中央立着一座喷泉，而位于喷泉中心的高高的柱子上，就站着 Teruel 的标志——一头公牛。

这片小广场被叫做“El Torico 广场”。El Torico 指的就是石柱上的那头牛——torico 是阿拉贡语的叫法。是的，阿拉贡语不是 Castellano，他们有自己的语言，虽然基本听不出差别。在 Castellano 里它应当写

作 torito，意思是小牛。

Teruel 有一个错爱博物馆：Museo de los amantes，主题就是 Amor Imposible。

关于这个 Amor Imposible 到底改如何翻译才贴切？大米良喜欢“错爱”，有更多的“情节脑补空间”，也没有那么绝望。

Teruel 特鲁埃尔小镇 13 世纪发生的真实的爱情故事，诠释了 Amor Imposible 的来历。据说，这个真实的爱情故事，也是《罗密欧与朱丽叶》的故事原型。

故事大概是这样的：

女主叫伊萨贝尔 Isabel de Segura，男主叫迪亚哥 Diego de Marcilla。男主是个穷酸小伙子，可能颜值还不错！就是没钱没地位！

迪亚哥看上了美丽的伊萨贝尔，也偷偷地私会了伊萨贝尔好多次，在花前，在月下，在城墙的阴暗角落里，都留下了他们相爱却没法爱爱的身影！最后，迪亚哥实在受不了只是牵牵手来一些 besitos 的日子，没车没房没官职的迪亚哥向伊萨贝尔的老爹求婚！

大家还记得最早讲过的吗？Pedir la mano，求婚，最早不是向新娘求，而是向心爱的姑娘的父亲求！因为嫁女儿意味着一大笔嫁妆！只有父亲有决定陪不陪嫁妆的权力。

伊萨贝尔父亲看迪亚哥啥都没有，自己要倒贴许多嫁妆还不能保证女儿的幸福，就冷冷地对迪亚哥说：你现在什么都没有！拿什么给我女儿幸福？！给你五年时间，五年后的今天，如果你赚到了钱获得了官阶，我就把女儿嫁给你！

为了娶到伊萨贝尔，迪亚哥参军打仗去了 既然没有文化也没有文凭，那就靠自己的勇敢和勇气去换取官阶！

果然，迪亚哥在军队表现出众，受到长官们的赏识，五年后总算是个小将领了！

战场上小有所成的迪亚哥盘算着，可以回村娶我那个小可爱了！

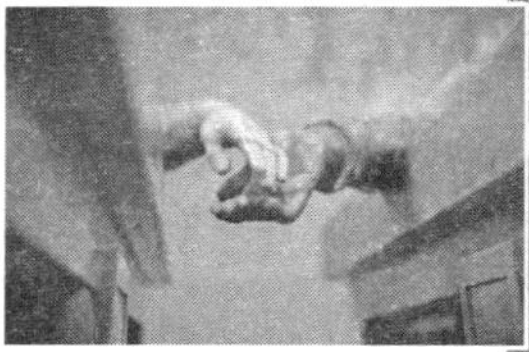

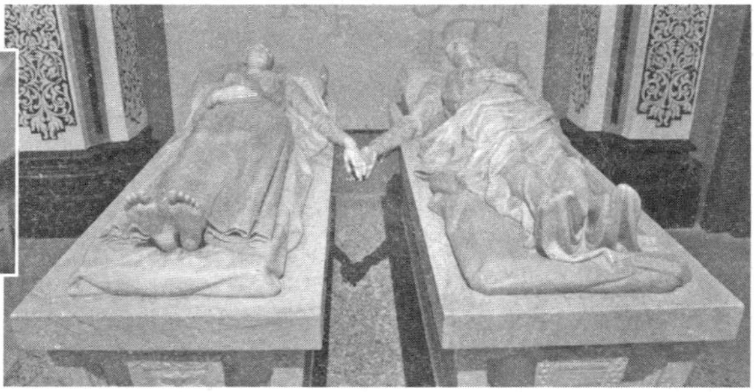

悲剧故事嘛，大家都可以想象这个故事的结果。悲催的就是故事都发生在同一天。

就在迪亚哥千里迢迢回到 Teruel 这个生他养他嫌弃他的村子的那一天，他听到了村子里的礼炮和庆祝的钟声——想都不用想，必然是女主嫁给其他男人的婚礼！

自己在前线奋勇杀敌，踩着尸体一点一点爬到今天，就为了娶你！你怎么一天都等不了？！非要在我刚刚回到村子的这一天举行婚礼？！

伊萨贝尔很委屈地说：悲剧故事的时间线就是如此呀！不然我生三四个小孩等你回来？

嗯，串场了！

伊萨贝尔很委屈地说：我爹说等你五年！这五年里，你不知道我遭受了多大的压力！你非得第五年的最后一天踩着 Deadline 回来呀！提前一天两天回到村子要死啊！

不管理由是啥，悲剧就应该按照悲惨的结局去发展！

迪亚哥说：我为你奋斗了五年，最后吻我一次吧！

在爱情和道德面前，伊萨贝尔决绝地对迪亚哥说：我已经身为人妇，虽然依然爱着你，但我不能绿我丈夫！

索吻不成，迪亚哥一口鲜血吐了出来！然后就迅速进入到最后环节！（编剧要有节约胶片的思维嘛）

迪亚哥最终因为得不到爱，很快就抑郁而死了！伊萨贝尔一直忍着悲痛没有去看迪亚哥！

最后，最后，最后，在迪亚哥停尸几天要下葬的那天，伊萨贝尔总算鼓起了勇气，扑到准备下葬的迪亚哥身上，深情地吻了下去！

这一吻下去，伊萨贝尔一口气没上来，就死在了迪亚哥身上！

特鲁艾尔小镇人民说，他们是因为爱而死的！哎，的确是很有爱！但爱得不勇敢！

伊萨贝尔坚持妇道，拒绝吻迪亚哥！迪亚哥是被气死的！而伊萨贝尔，很可能是中尸毒当场暴毙的！

怎么那么快就死了，只有砖家们才知道！爱情故事，我们还是看取浪漫有爱的部分吧！

Teruel 小镇每年二月庆祝节日都会举行“Boda de Isabel Segura”表演，重现那段悲剧爱情。

传说中的那对苦命鸳鸯的尸体埋葬在 San Pedro 大教堂。大教堂里的错爱博物馆（Museo de los amantes）有两具石棺，就是当年考古学家发现错爱悲剧主人公尸体的地方。

两具雕像的手看起来是握在了一起，但实际上，几百年了，这两只手却永远无法握在一起。

Teruel 被称为“穆迪哈尔之城”。伊神曾经仙临 Teruel，在她的豆瓣日记（Iris

de Mayo）中有对 Teruel 的历史和穆德哈尔建筑的详细科普。

请允许大米良偷个懒，摘录伊神的科普段落。

收复了失地的基督徒们对待穆斯林比较客气，他们并没有驱逐穆斯林，允许继续信奉伊斯兰教，说他们自己的语言，保留他们自己的风俗，甚至可以建造与自己故乡的风格类似的建筑。

这些生活在基督教统治下的穆斯林们被叫做穆德哈尔，在阿拉伯语里的意思是仆人或奴隶。在这样一种基督教与伊斯兰教并存的环境里，也就诞生了一种特殊的建筑样式——穆德哈尔式建筑。穆德哈尔式建筑显著的特点，在外部体现为用砖块堆砌而成的复杂而有韵律感的装饰结构，在内部则体现为细致华丽的木制天花板。

穆德哈尔式建筑是西班牙独有的， 阿拉贡自治区的穆德哈尔式建筑则以其优美而具唯一性的风格被选为人类文化遗产。阿拉贡的穆德哈尔式建筑与其它地区的同类建筑最大的区别就在于陶瓷在建筑装饰上的应用，小块小块绿色或是青色的陶瓷被镶嵌在建筑外墙上，让原本单调的色彩一下子就变得丰富了起来。当你拐进一条巷子，突然发现在巷子的尽头立着一座如织毯般华丽的塔楼的时候，那种惊喜感将是难以形容的。

在穆德哈尔式建筑中，你会看到绿色的瓷砖和蓝色的瓷砖，这两种颜色，也暗藏着宗教融合的历史秘密。穆斯林的天堂是绿色的，天主教徒的天堂是蓝色的！所以，穆德哈尔式建筑中会大量使用绿色瓷砖。Teruel 的手工陶艺也大量采用绿色。

5.18 Miravet：圣殿骑士的藏宝之地

西班牙圣殿骑士团，在历史上有浓重的一笔，也是无数隐秘财富的主角。当南欧各国大规模绞杀圣殿骑士团时，西班牙有圣殿骑士团最后的城堡，这个城堡就在：Miravet！

Miravet 小镇是 RIO EBRO 埃布罗河上的一个军事要塞。沿河盘山而建，是历史上圣殿骑士最后的城堡，见证了圣殿骑士最后浴血抵抗的历史。最让历史难以割舍的，还是圣殿骑士们在附近埋藏的宝藏。

在罗马人到来之前，Miravet 就已经有伊比利亚原住民居住于此。在西哥特人统治时代，这里只是一个小山村，并没有大的发展。真正给 Miravet 带来繁荣的是后来入侵的摩尔人。由于地势险要，哈里发王国把这里变成了军事要塞，并在周边逐渐发展出一个村镇，唤作 Muràbit。

Muràbit 小镇多以犹太人居多，在摩尔人入主后，犹太人和摩尔人也相安无事。

1153 年，Aragon 公爵 conde Ramón Berenguer IV 在夺取了 Siurana 之后，势如破竹地占领了 Muràbit，将之收归到阿拉贡王国版图下。为了强化对这个地区的统治，公爵下令，按照古罗马建筑风格，沿河临山修建了集军事防御和修道院为一体的城堡。

1492 年西班牙大规模驱逐犹太人，Muràbit 绝大部分犹太人只能背井离乡。于是，这个曾经犹太人的小镇，就变成了 90% 都是摩尔人后裔的天主教辖区。

在 Aragon 公爵 Ramón Berenguer IV 占领 Muràbit 之后，改名为 Miravet，并派驻圣殿骑士团驻扎此地。由于 Miravet 位于埃布罗河的中游，拥有比较重要的军事和商业地位，驻扎此地的圣殿骑士团，在近 200 年的时间里，逐步积累起了大量的财富。

1307 年法国国王“挟持”教皇，在欧洲范围内剿灭圣殿骑士，驻守 Miravet 的圣殿骑士也得到了消息。由于地处偏远，并没有立马受到波及，有足够的时间将巨额的财富在附近藏匿了起来。圣殿骑士在三四天内所埋藏的巨额财富，成为许多考古学家一直醉心研究 Miravet 的主要动力。

当时统治阿拉贡王国海梅二世（Jaime II），在 1037 年 12 月下令围剿各地的圣殿骑士团。到 1038 年初，围剿部队才打到 Miravet。

圣殿骑士团拼死抵抗，坚持了一年，最后 Miravet 内外交困，弹尽粮绝。在 1038 年 12 月 12 日，抵抗的圣殿骑士最终和平交出了 Miravet 城。成为西班牙境内最后一个被攻取的圣殿骑士的城堡。

在 12 月 12 日和平交城的时候，依然有 6 名血性的圣殿骑士宁死不屈。其他骑士将他们关押在了城堡的塔楼里。两天之后，这 6 名骑士被说服了。但厄运并没有因为交城而走远，就在 6 名圣殿骑士被说服之时，Jaime II 下令将所有的圣殿骑士处以火性，全部当众烧死！关押 6 名骑士的塔楼，就被称为“血塔”（Torre de Sangre）。

圣殿骑士团在 1037 年转移和藏匿的巨额财宝，在今后的一千多年里，都成为史学家、探险家、考古学家一直试图解开的谜。

被当众处死的圣殿骑士，在烈焰中，愤恨地诅咒着统治者。从那之后，Miravet 一直战火不断。1317 年，Miravet 被医院骑士团接管，之后在阿拉贡王室、西班牙王室、法国侵略者、共和党人、弗朗哥军队之间多次易手，任何一次王室争斗，任何一场战争，Miravet 必定受到牵连。

永远无法免受战火而必遭折磨，这就是最后几名被烧死的圣殿骑士对这个小镇的诅咒！

5.19 巴特罗之家：高迪把一生的色彩都给了巴特罗

巴特罗之家（Casa Batlló）由西班牙自然主义天才设计师安东尼·高迪于 1904 年至 1906 年间设计并建造完成。是高迪创作成熟期完成度最高的现代主义建筑作品。

高迪把一生的色彩都留给了巴特罗之家。在建造巴特罗之家后，除了一直没有完工的桂尔公园，再也没有涉及过如此绚烂多彩的建筑。巴特罗之家以其奇幻的造型，丰富的色彩，成为高迪所有建筑中最为梦幻的作品。由于巴特罗之家独特的外墙造型和有趣的色彩，其外墙成为来巴塞罗那旅游的必到打卡景点。

2005 年 7 月，巴特罗之家被联合国教科文组织列入世界文化遗产名录。

巴特罗之家位于格拉西亚大街 43 号。20 世纪初，巴塞罗那富有的新兴资产阶级富豪们都会选择这条大道作为炫耀他们地位和财富的理想地点，在这里兴建了许多非常吸引眼球的巴塞罗那现代主义标志性的建筑物。

巴特罗之家的外墙非常引人注目，有些人在外墙看到了坐着马车途经此地的游行队伍所佩戴的面具，另一些人则看到了人类头盖骨上额骨的形状，还有在最高处盘踞的一条龙的龙脊。关于巴特罗之家外观的描写不胜枚举：美若雕塑的作品，现代主义名副其实的建筑瑰宝。

我们这里和大家分享萨尔瓦多·达利对它的描述：

“高迪依照大海的形态建造了这座宫殿，展现了暴风雨中波涛汹涌的景象。生动刻画了日暮时分云彩在水中的倒影以及各种情状的大海：波涛舒展的大海，潮汐涌起的大海，水波不兴的大海，波光粼粼的大海，水面被风吹皱的大海。”

整个巴特罗之家就是一个海底世界。但是，高迪在设计改建这栋建筑时，并没有绘制任何施工图。整个方案仅限于一张草图和高迪亲手制作的一件石膏模型。高迪的创作，多以模型为主，并没有每一层的详细平面图和施工图。高迪更喜欢到现场直接向承建人和建筑工人解释该如何施工。高迪从建筑物外观到内部所有细节，甚至包括家具，都亲自参与建造。

巴特罗之家的外墙上有四根骨形支柱，其间装饰有植物的图案，巴特罗之家因此被戏谑为“骨头之家”。外墙阳台的设计，仿若张开的大嘴，这座建筑也被称为“呵欠之家”。

起伏有致的建筑物外墙覆盖着陶瓷的环形图案，上面饰以不同颜色及大小的玻璃碎片，这一切会令人不禁联想起印象派画家克劳德·莫奈的睡莲。

进入巴特罗之家，会有两个入口。一个右边的楼梯，那是给楼上的租客和佣人使用的。左边的门厅和走廊，专供巴特罗一家使用的。

主人专用门厅和走廊的设计，没有一根直线，仿若奇幻世界中不可思议的曲线和波浪造型。比如尼莫船长的舰船上乌龟壳般的天窗，鱼鳞样的舱壁和用史前巨兽的脊柱制成的爬梯。

仔细观察这神奇的扶手。它让您想到了什么？这会和巴约之家外墙上盘踞着的那条巨龙有关系吗？毫无疑问，此刻我们正置身于某头史前巨兽的大型脊柱骨面前，巨大的脊柱透过回旋向上的楼梯空隙，在墙壁与天空间延伸。

当您拾阶而上时，您会发现扶栏设计与您的手型轻柔地贴合在一起。这就是高迪在这栋建筑里符合人体工学设计的范例。

走上扶梯，进入一个金色的房间。这个房间曾是巴特罗先生的办公室，正是这位富裕的纺织企业家要求高迪修缮这座宅邸，并使之成为了今日巴塞罗那的建筑瑰宝之一。

左侧墙上凹陷去的蘑菇状小房间是一个奇特壁炉室。这个壁炉室内壁为陶瓷耐火材料，可以更好地保持热量，两端安置了一大一小两个座位。据说，这是为一对情侣和女方的陪同设计的。陪同通常是个上了年纪的妇人，专门在小姐们上街和约会时陪着她们，这在当时是很常见的。在壁炉的通风罩上，还能看到建造者的铭文刻章：拉蒙·热古昂，巴塞罗那。

窗户的把手，是用陶土和黄铜铸造成的，与人的手型完全吻合，体现出了这一设计的功能性。

进入大厅，大厅由大片落地窗构成的大观景窗。观景窗几乎与房间同宽，通过每扇窗户上的垂直开启系统可以完全打开。这一系统依靠隐藏在两端的重量平衡器来发挥作用。

这一系统使得窗外的景色一览无遗，同时整个房间也能充分地采集自然光线。为了避免房间内射入过多的光线，窗户上方安装了彩绘玻璃，玻璃上的圆环离大厅中央越远，颜色越浅，使光线透过后变得柔和，有用色彩点缀了房间。

利用彩色玻璃和柔化室内光线，是高迪建筑的一大特点。光线透过可开关的薄板天窗，彩绘玻璃窗或弯曲有致的大玻璃窗射入室内。对于高迪来说，光线是建筑的一部分。光线可以塑造空间，使空间沉浸在一种魔幻的气氛之中。在这座公寓，哪怕是最小的房间也会设置一个开放式的结构，用来采集自然光。

在右侧墙壁的尽头，门的旁边，您会看到一个波浪形嵌入式漂亮壁龛，在它的门上，高迪镶上了几面镜子，用来反射室内的光线，增大空间感。

巴特罗之家的餐厅也充满了梦幻的弧线，对于这个设计，巴特罗太太非常不满意。她抱怨道：都是弧线，家具怎么摆啊？为了安抚巴特罗太太，高迪专门为巴特罗之家设计了很多家具。让家具完美贴合空间的曲线。

在这个餐厅里，可以看到来自自然界的各种元素。比如天花板正中的12个球茎形状，它们是溅入牛奶里的涟漪，还是一朵花的花萼？

餐厅紧连着庭院。巴特罗之家的庭院外墙上，有几个嵌入墙中的花坛，它们也是由陶瓷和碎瓷砖拼贴图案组成的，这也是高迪设计的作品。

但最大的惊喜就在外墙的最高处，在这里高迪让他的想象力自由奔腾，他设计的平台幻化成了各种颜色和各种几何及植物图形的肆意宣泄，环形设计和彩色碎瓷砖拼贴法的应用形成了万花筒般的效果。

巴特罗之家在 2018 年 11 月正式对外开放现代主义装饰风格的居家展厅。展厅还原了 19 世纪末 20 世纪初富裕的资产阶级生活的场景。

在高迪生活的那个时代，巴特罗先生是如何起居的？他的办公室是什么样子？巴特罗太太喝下午茶的沙发茶具是什么样子？在这个现代主义风格展厅，一目了然。

展厅还摆放了高迪为巴特罗之家设计的桌椅，原装正品！展厅内的所有家具和器皿，都是来自 19 世纪末 20 世纪初的古董。装修风格也是尊重了当年那个年代的生活习惯。

除了参观，还可以穿上那个时代的服装，拍一张老照片作为留念。

参观路线将沿着令人惊叹的日光天井的楼梯继续，高迪将这座天井当成建筑物的外墙来进行设计。这座天井仿佛一道流光瀑布，日光跳跃在彩绘瓷砖间，从所有的空隙中进入，再洒落到地窖的天窗，光线轻抚过每一片起伏的墙面。

请留意光线的均匀分布……我们看到颜色从白色转为珍珠灰，从珍珠灰变成天蓝色，最后成为海蓝色和钴蓝色。这些覆盖在天井墙面上的瓷砖颜色随着高度的上升而逐渐变深，这是因为越高的地方，日光越强。高迪借助这一设计，高迪成功地平衡了天井中色彩和光线的分布。

栏杆装饰的是高迪设计的水纹玻璃。透过水纹玻璃，所见一切都如浸润在海水之中，荡漾着朦胧的美意。

巴特罗之家的顶层阁楼，当时顶楼被住户们用作储物间和洗衣房。佣人和住户们会上来晾洗衣物。这里也是了解高迪建筑通风系统和采光系统最好的地方。

高迪在顶楼采用悬垂拱形结构。使用悬垂拱，可以节约成本，而且能扩张空间。这些弧形拱顶由砖砌成，用石膏粉刷，再进行打磨抛光，这一结构支撑着整座平台。

在这个独特走廊的右边，是开放式的墙壁，状如鱼鳃。依靠这一简单的解决方案，高迪成功地使得这个狭窄走廊显得更为开阔。他还采用了一套独特的系统使走廊防雨，从外面无法看到里面，自然光却依然可以透过，外部空气也可以在室内空间流通。

巴特罗之家楼顶这个开放的空间，朝着巴塞罗那的天空敞开怀抱，高迪在这里酣畅淋漓地释放自己的想象力。在巴特罗之家的楼顶平台上，功能性与美观性，象征性与实用性再次巧妙地结合在了一起。

高迪建筑物的正立面和楼顶平台的烟囱上都采用了玻璃碎片拼贴法。理由很简单：一片弧形的表面不能使用平整的整块瓷砖，必须像当年拜占庭人的做法一样，将瓷砖切碎。高迪在烟囱上将这一手法进行了新的演绎，用各色玻璃和陶瓷拼贴成巨型的马赛克，从白色到黄色，从橙色到绿色，再从土黄色到蓝色……

通常情况下，楼顶就是安置各家各户的烟囱。高迪并没有把每一楼层的烟囱在平台上随意安置，而是将它们聚拢到一起，使其形成一道美丽景观。我们的建筑师摆脱了传统形式和解决方案的窠臼，将烟囱转化为艺术品。为了能顺利地将烟雾排出，他用一道花冠状的围墙来保护这些烟囱，不仅是为了装饰，同时也是为了形成一道屏障，从而保证烟囱的正常工作。

高迪的禀赋在于他将结构的理性和以及建筑的装饰性和象征性结合在一起。这也是将他和其它现代主义建筑师区分开来的重要一点，后者注重修饰，却不讲究结构，而理性主义建筑师，重视结构，却缺乏热情。

巴特罗之家正立面上的屋顶被设计成了一个由大的陶瓷鳞片组成的巨龙脊背，暗合了传说中被加泰罗尼亚的保护神圣·乔治所战胜的巨龙。巨龙，也是加泰罗尼亚文化中的一个传统符号。在龙脊附近，有一个四面伸展的十字架，十字架被安置在一个奇怪的球茎状物体上方，这反映了高迪对宗教的虔诚态度。

巴特罗之家是高迪设计成熟期最完整的作品，没有遭遇任何预算问题，高迪所有的想法都得以实现。同时，巴特罗之家也是高迪最有创作热情的作品，相比后期偏向沉郁素净的设计风格，巴特罗之家集合了高迪创造力喷发期的色彩和线条，也集合了高迪最放肆的想象和创作力。在这里，你可以感受到一个意气风发志得意满的高迪！

美食篇

6.1 西班牙美食地理，西班牙吃货有多骄傲？

西班牙的美食，是欧洲国家中最丰富，也是最符合中国人口味的。可惜的是，每当我们说起地中海美食，不是想到橄榄油，就是海鲜饭。这些已经被符号化的菜品，掩盖了西班牙美食真正的光芒。作为一个西班牙吃货，应该深入历史，深入广博的伊比利亚半岛，去发现那些被传承了数千年的珍馐美味，做一个有文化的吃货。

关于西班牙美食最早的记载，出现在古罗马诗人维吉尔的诗句中。

维吉尔在《农事诗》里面提到：在伊比利亚半岛上，一道利用前一天吃剩下的面包渣、大蒜和一些蔬菜捣碎而成的冷汤。这道冷汤就叫 Gazpacho。在拉丁语中，这个 Gazpacho 的意思就是：前一天食物残渣做成的汤。聪明智慧的劳动人民对这个冷汤不断改造，就变成了以西红柿为主的蒜味冷汤！

Gazpacho 发展到现在，有以番茄为主的红色冷汤，也有以大蒜和杏仁为主的白色冷汤，叫 Gazpacho de ajoblanco。

有冷汤就有热汤，热的叫 Gazpachuelo。原料是蛤蜊、鳕鱼做成的热汤，和 Gazpacho 其实没啥关系。

在古罗马时期，由西班牙人发明，只有贵族才能享用的西班牙美食之一：Garum 海鲜酱。现在是各大顶级餐馆的调味秘方。

在古罗马时期，只有海滨城市能够吃到海鲜，内陆城市只能吃盐腌的咸鱼。伊比利亚半岛上安达卢西亚地区，位于地中海和大西洋交汇处，海产种类比地中海其他国家丰富。当时的安达卢西亚人发明了一种用海鱼内脏密封腌制而成的海鲜酱：Garum。味道鲜香独特，成为贵族们偶尔奢侈一把的珍馐。

两千年前，这种 Garum 海鲜酱就行销整个地中海国家。可惜的是，赚得盘满钵满的并不是西班牙人，而是有商业头脑的迦太基人或者腓尼基人。

欧洲大部分国家，在食材用料上虽然讲究，但受气候条件和地理环境的限制，选择范围相对狭小。西班牙美食的食材则可以包括天上飞的，海里游的，树上长的，土里生的。比如被中国人喜爱的食物中，最遭外国人诟病的是各种内脏！

西班牙是吃内脏的国家，不像中北欧国家，除了肉肠还有肉肠，还有肉肠和肉肠。

西班牙肉店中有一个分类，叫 Casquería，就是卖各类内脏。早期的西班牙还有一个叫 Volatería，从词面可以看出是卖飞禽类的肉店，主要出售火鸡、鹌鹑、鸽子、鹧鸪、野鸡等等。

在家乐福的鲜肉专柜，可以看到“猪脑”“大肠”“牛胃”这样的内脏。在比较有特点的地方美食中，也有一些类似于黑暗料理的菜品，都是当地的一些特色美食。

在萨莫拉（Zamora），就有吃鸡冠（Crestas de gallo）的传统。拿鸡冠做食材是萨莫拉（Zamora）的特色。有盐焗、有卤制，还有加面包屑清炖，也有加到肉汤里的。鸡冠蒸煮之后，有一种滑腻带脆的口感。萨莫拉（Zamora）地区的高级餐厅，对鸡冠的选择非常讲究。公鸡饲养的时间要超过两年，鸡冠才足够成熟，公鸡个头至少超过60 厘米。这有符合这一标准的公鸡鸡冠才能做出最地道的 ZAMORA 鸡冠美食。

在 La Rioja 地区的阿罗（haro），最有名的美食是：头骨蒸羊脑（Sesos de cordero en su cráneo）。这道阿罗（haro）名菜，用不到一岁的嫩羊羔。清理掉脑颅里的其他器官，留着大脑和眼睛。整个羊头放进烤炉里烤制。

中国人吃猴脑，在许多西方人眼里是极为惊悚的做法。吃猪脑、羊脑、猴脑，在西班牙并不鲜见，在科尔多瓦和巴斯克地区，羊脑和猪脑是美食常见原料。

喜欢吃肥肠面的中国吃货，在西班牙也可以吃到肥肠。不过是油炸羊大肠（Gallinejas y entresijos）。在马德里的 San Isidro 节日，除了冒着热气的油条雪糕摊，还有马德里的油炸内脏。大量的羊大肠、猪大肠，混杂着一些鸭肠和鸡肠，直接丢到碳烤炉上，滋滋地冒着出油腻的热气。一旁庆祝的马德里人端着酒杯，等着咬一口烤好的大肠杂碎。

不受局限的食材选料，是西班牙和中国在美食文化上的相似之处。一些中北欧国家有厨艺精雕细琢的深度，在食材选用上却没有上天入地的深度。在整个人类美食历史上，西班牙吃货的贡献，绝对是改变了世界美食版图。

假如，这个世界上没有西班牙吃货。世界上的橄榄油要贵一倍！这种液体黄金，就只能在意大利和希腊街头作为游客的纪念品，而不能在世界范围内普及，甚至会从大众厨房中消失。因为西班牙橄榄油的产量占世界总产量的 44%，是意大利的一倍，希腊的四倍。

假如，这个世界上没有西班牙吃货。世界葡萄酒价格要翻着倍的涨。傲娇的法国，再也不敢牛逼哄哄的把红酒买到全世界，因为法国的酒厂就是西班牙。西班牙是世界上葡萄园种植面积最大的国家，西班牙的葡萄园占世界所有葡萄园种植面积的 15.5%。法国超过一半的红酒都从西班牙进口。

葡萄酒贵了，莎士比亚和哥伦布钟爱的雪利酒（Sherry）也不会存在。雪利酒产自西班牙的 Jerez de la frontera 地区。

莎士比亚将雪莉酒比喻为“装进瓶子里的西班牙阳光”。没有了瓶子里的阳光，莎士比亚就不会有《亨利四世》第二幕中的一句台词：“如果我有一千个儿子，第一课就是教他们品尝雪莉酒。”

假如，这个世界上没有西班牙吃货。中国就不会存在番茄炒蛋这道名菜啦！因为欧洲的番茄、土豆、可可、玉米和香烟，都是西班牙人在大航海时代从南美洲引进的。

有了西班牙的吃货， 欧洲人才可以优雅喝一杯咖啡！舒尔茨老爷爷才会从意大利偷学咖啡技术，中国才会有装逼圣地：星巴克！

要不是西班牙吃货，土豆就进不了欧洲，更不可能传到俄罗斯。苏联“土豆烧牛肉”的共产主义理想，就更加无法实现啦！

要不是西班牙人把土豆带到欧洲，在 17 世纪，荷兰人就没法给中国带去土豆，咱现在喜欢的酸辣土豆丝，也就不可能存在了。

红薯，是西班牙人带到菲律宾，中国人再从菲律宾引进的。如果没有西班牙吃货，那中国就不会有红薯，烤红薯、红薯干、红薯饼、拔丝地瓜都不会存在啦！

蔬菜水果家畜禽肉，这些基本食材，在世界各国都有广泛的应用。但美食文化的贫瘠与丰饶，主要差别还在于对食材选用的广度和同类食材利用的深度上。当一个国家的美食，除了肉肠还是肉肠，算是美食，却不敢妄言“丰富”。中国之所以敢称美食大国，是因为数千年的传承，在辽阔的地域疆土上发展出特色各异的地方美食。

在西班牙人票选出来的一百道西班牙特色美食中，虽然土著板鸭人也选了海鲜饭、煮章鱼，更多的还是对非典型特色美食的钟爱。

比如：

巴斯克地区的蒜味鳗鱼苗（Angulas a la bilbaína），

瓦伦西亚的墨鱼汁海鲜面（Fideua Negra），Extremadura 的炖羊肉（Caldereta de cordero），

Navarra 地区的杏仁酱汁炒洋蓟（Cardos en salsa de almendras），

La Rioja 地区的素炒百蔬（Menestra de verduras），

加泰罗尼亚地区的千味鱼汤（Suquet de peix），

海岛 Baleares 腌烤时蔬 (Tumbet),

加利西亚地区的蒜味烤扇贝（Vieiras al horno）等等

地中海美食，是西班牙的一个标签。西班牙一共有7家米其林三星餐馆，三家在San Sebastian。米其林评级只是一个参考，而真正的美食散落在民间。美食的地域特征，丰富了“地中海美食”这个概念，西班牙从南到北，也像中国一样有几大菜系，还有民间那些无门无派的绝佳美味。

独特的地域环境，因植物牲畜种类的不同，而有了不同风味的民间风味。西班牙17个自治区，像拥有八大菜系的中国美食一样，西班牙地域美食也有不同特点。

在西班牙，做一个吃货是幸福的，尤其还能给美食加一点点历史。

6.2 失望，西班牙国菜的历史原来那么短

鸡蛋土豆饼（Tortilla de Patata），可以算得上是西班牙的国菜了，和中国的蛋炒饭是一个级别的！

下蛋的母鸡，真应该被吃货们奉为图腾！

本以为鸡蛋土豆饼这种红遍西班牙大江南北的美食也会像Gazpacho冷汤那样，拥有上千年的历史。但是一查，很是失望呀！

土豆不是欧洲原产作物，是从美洲引进的。所以，在哥伦布发现美洲大陆之前，是不可能有鸡蛋土豆饼的。

土豆，是Pizarro在1537年从美洲引进到西班牙的。虽然Pizarro觉得土豆很好吃，但在那个时候的欧洲，认为所有长在地下的东西，都是邪恶有毒的，不能吃！所以，土豆、花生、红薯这样的根茎类植物只在穷乡僻壤有种植。

直到两百年后，人们才逐渐接受了土豆这种食物。也就是说，土豆饼最早也是18世纪的美食。

关于鸡蛋土豆饼的最早记载是在19世纪初期的保皇战争中，卡洛斯派的著名将军Tomás de Zumalacárregui在路过Navarra一个小村庄时，他和几个将领住进了一个农民家。农妇想招待好这位大人物，可是家里物资不多，只有土豆、鸡蛋和一些洋葱。这名农妇为了让煎蛋看起来多一点，就把土豆和洋葱参杂进鸡蛋里一起煎。做出来的味道得到了大将军的赞赏。大将军问了农夫媳妇这个鸡蛋土豆饼具体的烹饪方法，决定在全军推广这个味道好又简易的土豆饼。

也是从那时起，西班牙就开始流行了鸡蛋土豆饼。

关于土豆饼的另外一种说法是在18世纪，也就是保皇战争之前一百年。

当时的伊比利亚半岛上农作物歉收，大面积的饥荒。当时的Marques de robledo侯爵，想尽办法寻找一种廉价又美味的口粮。当时对地下生长的土豆是不待见的，可是肚子饿了也没有办法啊。偷偷种植土豆的农民发现土豆很好养活，产量也大，充饥能力也是一流。就推荐给了侯爵大人。侯爵命令厨房把土豆做成各种美味，其中就有

那道鸡蛋土豆饼。

为啥鸡蛋土豆饼里有洋葱呢？因为地中海厨房中，不是用葱姜蒜爆炒炼油的，而是放洋葱来给食物提味。

只有加了洋葱的鸡蛋土豆饼才是正宗的西班牙鸡蛋土豆饼！

所以呢，西班牙国菜 Tortilla de patata 鸡蛋土豆饼，最多也就 300 年的历史。

和 Tortilla de Patata 是亲戚关系的，有 Tortilla Francesa——法国鸡蛋饼。

Tortilla Francesa，看起来，就是中国的煎蛋嘛！

大米良在某个悠闲的下午，读到一篇穿越历史的考据文章，发现这个洋气的 Tortilla Francesa（法式煎蛋）和法国美食没有半毛钱关系，是纯纯正正的土到骨子里的西班牙土特产。

Tortilla Francesa 的历史，要追溯到 19 世纪初期。这里有一个血雨腥风的故事。

拿破仑企图驱逐在葡萄牙殖民地的英国人，带着法国大军浩浩荡荡地跨过比利牛斯山，斜穿西班牙。

拿破仑突然想假道伐虢，在驱赶英国的人同时，顺便占领西班牙。

拿破仑把西班牙原来的国王罢黜了，让自己的弟弟来当西班牙国王。于是，在英法战争之后，爆发了西班牙游击队抗击法国人的持久战。

身经百战的法国军队，轻而易举地就把西班牙主力军队打得四处躲藏。在 1810 年，法国军队包围了加迪斯 Cadiz。连年的战争，导致农作物欠收，出现了食物短缺，连生育能力顽强的土豆也生不出孩子了！

Tortilla de patata（鸡蛋土豆饼）作为最常见的家常食物，没有了土豆怎么办呢？

操着浓重 Cadiz 口音的大妈们，“发明”了 Tortilla sin patata（没有土豆的鸡蛋饼）。

男人们听了这个名字表示很不高兴，得取个高大上的名字！既然是因为法国军队围困导致没有土豆，那就将这种没有土豆的鸡蛋饼取名为“tortilla a la francesa”，以纪念法国军队对西班牙的蹂躏和践踏！后来这个做法就从 Cadiz 传遍了西班牙，称谓简化成“Tortilla Francesa”。

所以，西班牙的 Tortilla Francesa 和法国，只有五分钱关系，是为了记录西班牙遭受法国凌辱的历史。和法国人吃的煎蛋完全是两码事！

真正的法式煎蛋是啥样的？

西班牙的 Tortilla Francesa（法国煎蛋）就是鸡蛋打散之后，直接煎出来。而在法国，煎蛋时，鸡蛋打散后要加牛奶，然后再煎。

所以，西班牙的 Tortilla Francesa 和法国的煎蛋，也不一样！

6.3 西班牙曾禁止种植大米500年。那些被误传的海鲜饭！

西班牙是吃大米的国家，西班牙美食离不开大米。这对拥有一颗中国胃的同学来说，是个极大的安慰。

大家可知道，西班牙国王曾禁止种植大米500年？

西班牙的大米，是谁传到西班牙的？

Paella这词的词源是啥？

为什么我们一直误用了Paella和Paellera？

关于大米是怎么进入西班牙这个问题，比较流行的说法是日本海员带到西班牙来的。在Sevilla还有一个日本人村。但仔细考据一下，大米还真不是日本人传到西班牙的，而是阿拉伯人！

在西班牙农业部官网的记载是：大米，一万年前在现在的印度地区就已经出现，5000年前，中国人正式有计划的种植栽培大米。大米传入欧洲，是在公元800年左右，由入侵西班牙的阿拉伯人带到西班牙。再由西班牙人传播到欧洲各国。

阿拉伯人在西班牙瓦伦西亚地区开辟了最早的稻田。大米在公元12世纪之前，都是一种非常奢侈的食物。西班牙著名的甜品Arroz con Leche（牛奶布丁）曾经就是国王的贡品。

1238年，阿拉贡国王收复了瓦伦西亚，赶走了摩尔人。贵族们瓜分了摩尔人的田地。由于大米是摩尔人的食物，天主教贵族大面积的禁止当地农民种植水稻。只要是能种其他农作物的土地，就不能种植水稻。只有那些完全无法种植其他作物的湿地，才有小量的稻田存在。

莱恩国王阿隆索六世（Rey Alfonso VI de Leon），曾出台法令在王国境内禁止农民种植水稻。由于Castilla地区水稻种植面积并不多，这项法令的影响力比较小。

国王海梅一世（Rey Jaime I）占领瓦伦西亚之后，就觉得水稻稻田是瘟疫的温床，建议当地农民改种小麦。

到13世纪，Rey Pere II de Barcelona（对这位国王，历史上的称谓还有：Pedro III, rey de Aragón；Pedro I, rey de Valencia；Pedro II o Pere II de Barcelona），出台法令明文禁止瓦伦西亚地区的农民种植水稻。

禁止种植水稻，最重要的原因不是因为摩尔人喜欢吃大米，而是因为稻田需要活水灌溉。西班牙人不善于管理这样的灌溉系统，活水容易导致水源污染。为了防止稻田水源影响其他作物，国王们就保麦田弃稻田。

直到 18 世纪，西班牙农民才完全掌握了合理控制稻田灌溉系统的技术。大米种植才逐渐普及。

我们中国人习惯把 Paella 翻译成海鲜饭，但其实，Paella 并不是海鲜饭，海鲜饭只是 Paella 的一种。大米良个人认为，Paella 比较准确的翻译是：烩饭。

西班牙的烩饭 Paella 是啥时候发明的呢？

在西语文献中，有据可查的海鲜饭记载出现在 15 到 16 世纪，西班牙瓦伦西亚的农村，需要把手头有的一些食材做成一个容易烹饪的美食，而且这道菜需要啥都有。于是就有了 Paella 这种菜。

最早的 Paella 不是海鲜饭，而是乱炖烩饭！

Paella 烩饭，为啥会用这个拼写呢？ Paella 的词源是啥？

比较流行的说法是 Paella 这个词，源自阿拉伯语中的 Baqiyah。这个词，在阿拉伯语中，是“休息”的意思。瓦伦西亚的农民伯伯们在劳作了一天，下午休息的时候，美美地吃一顿烩饭补充能量。休息时吃的乱炖，慢慢成为一种流行美食，于是懒得查字典的瓦伦西亚人，就借用阿拉伯语中的 Baqiyah（休息）来指代这道菜。再西语改造一下，就变成了 Paella。

在公元 8 世纪之前，北非人就已经开始食用大米。北非阿拉伯人的常用食谱中，有一种叫 bariyani 的大米，这种米长长尖尖的，很耐煮，不容易煮烂。这和西班牙现在的 Paella 烩饭用米非常相似。

现代西语中，做 Paella 烩饭的平底锅，现在被叫做 Paellera。用这个 Paellera 平底锅做出来的菜叫 Paella。

这是语言学上的谬误！

在瓦伦西亚语中，Paellera 是指做烩饭的煮妇，那个锅才叫 Paella。烩饭从瓦伦西亚流传出去之后，大家就习惯用这个锅来指代这道菜。后来由于南部安达卢西亚地区加海鲜的烩饭被欧洲其他国家人喜爱，海鲜烩饭闻名于世。不知道哪个偷懒的中国翻译，就直接把 Paella 翻译成“海鲜饭”。

西班牙有烩饭，Paella 这种烩饭，只是其中一种。带汤汁的烩饭叫 Arroz Caldoso。只有 用 Paellera 这个专用锅煮出来的才能叫做 Paella！

海鲜饭没有一个固定的菜谱，自由发挥的空间非常大。大米良罗列几种比较有名的。

1. PAELLA VALENCIANA 瓦伦西亚烩饭

这是瓦伦西亚烩饭，也是 Pealla 的发源地。最正宗最地道的瓦伦西亚烩饭，就没有海鲜。

地道瓦伦西亚烩饭的基本做法是：新鲜切碎的番茄、红辣椒面、洋葱丁和大蒜爆锅，然后再加入一杯米，两杯水。西班牙人总是强调，一定是一杯米两杯水的比例。然后再加入最关键的食材：兔子肉！正宗瓦伦西亚海鲜饭是加兔子肉的。最后再加入长豆子。

这个地道瓦伦西亚烩饭到了安达卢西亚地区，会再浇一点红酒，更加提味。

2.PAELLA DE CARNE 肉烩饭

这是改良版的瓦伦西亚 Paella，发源地人民必须保证他们的传统，这种放肉肉的烩饭，是西班牙流传最广的 Paella。

这个肉肉烩饭，主要原料不是兔子肉而是鸡肉，偶尔也加猪肉，然后会放黑胡椒、红色甜椒粉、豌豆，以及其他家庭主妇想添加的蔬菜。

由于这种 Paella 是成本最低的，因此成为流传最广的版本。

3. PAELLA DE MARISCO 海鲜烩饭

有海鲜的海鲜饭。这个 PAELLA DE MARISCO，基本配置除了海鲜饭专用的大米外，主要海鲜是：虾、海红、鱿鱼、蛤蜊，有时候会加一点点鳕鱼。

这个海鲜饭，做得最地道的是安达卢西亚地区的大姐大妈们。

由于安达卢西亚地区的国际游客比瓦伦西亚多，而安达卢西亚地区的海鲜饭又以海鲜见长，于是，这道西班牙焖饭，就被翻译成了海鲜饭。

4. PAELLA MIXTA 混合烩饭

混合版烩饭，就是既有海鲜，又有肉的海鲜饭。除了焖米饭的基本步骤外，其实口味的调和还是很重要的。混合海鲜饭最重要的步骤是肉要先煎一煎，其次是必须要有大虾。大虾是最提味的，也是这款烩饭的精髓。

之所以西班牙人会认为 MIXTA 也是一种海鲜饭，是因为：亲生的和外面乱搞整出来的，名分不一样啊。这种 MIXTA 的海鲜饭，一般只会出现在马德里这种“国际大都市”

5. PAELLA NEGRA 黑米烩饭

黑色烩饭，加了墨鱼汁的烩饭，主要流行在加利西亚地区。海鲜味比基础版海鲜饭更重，加上颜色也比较抢镜，在西班牙也很流行。

6. PAELLA BLANCA 白色烩饭

之前几种大家可能基本上都吃过。现在开始的几种，估计就很少人尝过了。

白色的烩饭，之所以是白色的，因为没有放藏红花，或者食用红色素。配料也很简单，是切片火腿肠和 Salami 香肠。这道海烩饭，简直就是冰箱剩料焖饭，而且还是冷的。主要在安达卢西亚南部地区流行。并不当正餐吃，而是给喝啤酒的人作陪的 Tapas。

7. PAELLA VEGETARIANA 素食烩饭

没有肉肉没有海鲜的烩饭。其实，大米良可以自创一道老干妈四川 Paella，西语名就叫：Paella del Liangcing，哈哈。

8. PAELLA DE BOGAVANTE 龙虾烩饭

龙虾烩饭！虽然价格比普通海鲜饭几乎要贵一半，但应该也属于他们海鲜系的吧。不过用大龙虾高汤一起煮出来的烩饭，味道还是不一样的。

这道菜一般不叫 Paella，一般叫 Arroz Caldoso！

9. PAELLA CON MAGRO A LA CERVEZA 啤酒瘦肉烩饭

啤酒瘦肉烩饭。这道烩饭可以吃到的地方不多。主要原料是精瘦肉。在最开始翻炒洋葱的时候，要倒入啤酒。洋葱在啤酒里翻煮五分钟之后再倒入大米。这道烩饭只有在夏天才吃得到。

大米良苦口婆心的讲了那么多，只想说明一点：Paella 不能翻译成海鲜饭。你可以把 Paella 这个锅当做一道菜，你可以把 Paellera 这个漂亮厨娘当成一个铁锅。但你把做法如此丰富的 Paella 简化成海鲜饭，那些兔肉、鸡肉、牛肉上哪里评理去？

6.4 Horchata：法老王墓里的西班牙冷饮

夏天到了，大家知道最具西班牙特色的甜品冷饮是啥不？

是 Horchata！

大米良第一次喝的时候感觉就像中国的花生奶。最正宗的 Horchata 在瓦伦西亚，原料是一种奇怪的根茎：Chufas。

Chufas 是种非常奇怪的植物，中文学名叫：油莎草，又名油莎豆、铁荸荠。放在花园里，就是一种非常顽劣的野草，用来榨汁是它的根茎，和花生一个出身。难怪味道和花生有点接近。

Chufas 在古老的埃及就有使用，而且用途很奇怪：给法老王陪葬！在法老王的墓葬里，发现了大量的油莎草果子。

在公元前 15 世纪，皇族 Vizier Rekhmire 的墓穴中，考古学家发现一副农民们正在称量和准备油莎草根茎的壁画。据考据，当时的古埃及人很喜欢吃这种根茎，特别是贵族们喜欢沾着蜂蜜吃。

古代的波斯和阿拉伯人也有将油莎草的根茎入药。古代波斯人认为吃油莎草根茎可以给身体提供能量，而古代阿拉伯人则认为油莎草是利尿的草药。

大米良暂时没有找到最早的 horchata 这种饮料的文字记载，估计是阿拉伯人引入到伊比利亚半岛的。

Chufas 块茎含油量很高，比油菜籽和花生豆还高，含油量达 27% 左右。不仅可以

用来榨油，制作奶油，而且油粕可用来酿酒，制作糖果，或作饲料。除此之外，茎叶含有较多的脂肪和糖分，是家畜的优良饲料。

呃，是优良的饲料，哈哈哈，换句话说，就是催肥咯！

正宗的 horchata 是用 chufas 来制作的。市面上出售晒干的油莎草果，用水浸泡 24 个小时，将晒干的根茎完全浸活。然后用加水搅拌榨汁，将榨出来的浓汁过滤，加糖，冷藏 8 个小时，凉爽可口的 Horcahta 就做成了。

不过，Chufas 可是野草，整个欧洲，只有西班牙的瓦伦西亚有普遍种植。欧洲其他地区也有类似于 Horchata 这种饮料，但原料已经不是 Chufas 了，而是：大米、花生或者杏仁，还有大麦！！！

意大利和马耳他因为没有 Chufas 这种植物，但又非常喜欢 Horchata 的味道，就混合大米和花生，同样的做法制造出来，味道和 Horchata 也非常接近。

法国人比较 fino，大麦做出了一种类似的饮料，叫 orgeat。

拉丁美洲将这种饮料进行了彻底的改造，虽然同样叫 Horchata，但原料里面没有 Chufas，只有大米、杏仁和桂皮！美洲大陆流行的 Horchata 都是这种做法，说白了就是中国的米汤嘛！

所以呢，世界上唯一正宗的 Horchata 是在西班牙的瓦伦西亚，因为 Horchata 就应该是用 Chufas 来制作。其他改造的虽然也同样可口，原料都不一样了，还是老祖宗留下的东西吗？

当然，你不能说人家的 Horchata 就不正宗，在国际一体化南美经济体高速发展的今天，瓦伦西亚的叫 Horchata de Chufas（油莎草 Horchata），南美同胞的叫 Horchata de Arroz（大米 Horchata）。

你说，用西班牙甜椒做出来的蜗牛粉，和湖南辣椒做出来的螺蛳粉能一样吗？

最后非常有良心的提醒一下：Chufas 油莎草是优良的饲料！容易长肉肉的姑娘们，忍到夏末再喝哈，千万别在夏初就喝！

6.5 BIKINI：比基尼三明治到底有多性感？

在加泰罗尼亚，一个普普通通的酒吧，经常听到有人向酒吧老板要一份：BIKINI!

啥 ?BIKINI? 就是比基尼啦！

一份比基尼三明治，这该有多性感？

老板把这个 BIKINI 端上桌一看，就是土司面包夹了奶酪和大片的火腿肠。一个四四方方的土司三明治，斜切成两个三角形。

莫非这个三角形，就是这个 BIKINI 的由来？像三角形的东西那么多，为了吸引客户，切个三角形，就叫 BIKINI 了？！！！

当然没有那么敷衍啦！

这款假装性感的比基尼三明治的来历是这样的。

1953 年 Avenida Diagonal de Barcelona 开了一家到现在都还很潮的迪厅：La Sala Bikini。

这个迪厅经常举办各种主题音乐会，不少音乐人也常去做客。这个 Bikini 迪厅，推出了一款来自法国的三明治：croque monsieur——热的火腿奶酪三明治。

这款三明治一经推出，就受到广大客户的喜爱和追捧！

当时是弗朗个独裁统治，英文词汇、地方方言都不受待见，法语词汇更是不能使用。于是，BIKINI 迪厅酒吧不能经常使用这个法语名字的三明治，必须改名。迪厅就把这款热销的三明治叫“El bocadillo de la casa” 本店特色三明治。

简单易操作，味道的确好！其他酒吧也开始模仿准备这款三明治！

最早的名称是：el bocadillo que hace en el bikini——Bikini 餐厅那样的特色三明治。到最后，就直接变成了 Bocadillo de bikini。

但是，这个说法只在加泰罗尼亚地区流行。在加泰之外的西班牙城市，这个热的三明治叫 Sandwich mixto caliente。

6.6 这款甜品叫修女的臭屁 Pedo de monja！都是什么鬼！

在西班牙，确切地说，在加泰罗尼亚，有一款非常传统并且有百年历史的甜品，叫：Pedo de Monja。直译过来就是“修女的臭屁”。虽然修女有纯净的灵魂，但她们的屁，应该也是臭的吧。

在糕点屋你会经常看到这种圆圆的小饼干。这种饼干也没有什么特别之处，就是鸡蛋和面粉做出来的，小小的、圆圆的，中间还有一个小凸点。中国也有类似的小鸡蛋饼。

为啥叫 Pedo de Monja（修女的臭屁）？

大米良买几两，味道也没有特别之处，和中国的鸡蛋饼相比，柠檬味会稍微重一点。一点都不臭。或者说，没有什么特殊的臭味。

莫非这是对修女臭屁的赞美？

大米良继续发扬考据精神，查了查这款饼干的来历。

这款饼干最早是由修道院里的修女手工生产的，适逢节日就拿到集市上去销售，以补贴修道院的支出。

修道院的修女们会做各种甜品糕点，名字都蛮正常的，为啥这个就是“修女的臭屁”呢？

这个叫Pedo de Monja（修女的臭屁）的小饼干，最早是从意大利的修道院传过来的。当时是叫 petto de monca。

petto de monca，呃，这个，大米良一脸害臊的翻译过来就是：修女的乳房！

这个小饼干，最早就叫修女的乳房。虽然形状的确像乳房，但这尺寸...

petto de monca（修女的乳房）传到西班牙之后呢，西班牙的修女们掌握了具体的做法，但是不知道为啥就没有花点时间，取一个优雅的名字。意大利语中的Petto（胸）和西语中的 Pedo（屁）很像，修女们最终决定这款小饼干，就叫 Pedo de Monja（修女的臭屁）。

大米良对西班牙人这种懒到令人发指的音译也是无语了。

西班牙人的翻译好像没个谱，英国威廉王子结婚的时候，新闻中竟然把威廉王子翻译成 Guillermo，凯特王妃翻译成 Catalina。那感觉，就是花了个大价钱买了一个百元店的假货。

不吐槽了！

所以，现在加泰罗尼亚吃的“修女的臭屁”来自意大利的“修女的乳房”。

相比之下，西班牙人宁愿吃“臭屁”也不要污秽的“乳房”。

由于整容技术的发展，现在修女的乳房也开始有了填充物，目前市面上比较流行的隆胸填充物是：巧克力！！

6.7 加利西亚地区吃了上千年的美食

西班牙西北角的加利西亚（GALICIA）是西班牙最会吃的地区之一，不仅有最丰富的海鲜，还有上等的牛羊肉。早在古罗马时期，加利西亚就是一个商业繁盛之地，美食文化自然不会匮乏。加利西亚著名的菜品有 Lacón con grelos（土豆萝卜炖五花肉），Pulpo á feira（清煮八爪章鱼），Androlla（猪肉肠），Percebes（藤壶，鬼脚），Roxóns（手撕肉）。

今天大米良给大家讲几道比较加利西亚特色的大菜!

1. Filloas 鸡蛋摊饼

这个类似于中国鸡蛋饼的面饼，源自于古罗马，是加利西亚各大庆祝节日的必备美食。filloas 从词源上就可以看出，是薄如纸张的美食。

Filloas 用面粉、鸡蛋、牛奶做成面糊糊，然后像中国摊鸡蛋饼那样摊成一张一张的面饼。

这种面饼有甜的，也有咸的。嗯，大米良脑补成撒点香葱辣椒面，再包一个根火腿肠的煎饼果子了。不过的确很像，功能也类似。

除了可以直接食用外，基本上是抹上巧克力、乳糖或者蜂蜜卷着吃。放盐的版本是现代人演绎的，加肉加海鲜更是现代人的做法。

对于古罗马时代的加利西亚人来说，这就是节日庆祝时的甜点。只是后来，逐渐从节日甜点变成了日常消费美食。再后来，就从加利西亚传到了整个西班牙。

这个源自古罗马时期的加利西亚加奶鸡蛋饼，历史的确超过 2000 年。

2. Empanada 馅饼

Empanada 馅饼，在西班牙各地都可以吃到。所包的馅也多种多样，有蔬菜的、有猪肉牛肉的、也有贝类和海鲜的。这个源自加利西亚的美食，最正宗的在 Orense，最地道的馅是金枪鱼（atún）和鳕鱼馅（bacalao）。

这种馅饼，最早出现在西班牙7世纪的西哥特时代。那个时代的牧羊人经常一出门就好几天，又不能总吃干面包。于是，贤惠的牧羊人妻子，将烹煮好的鱼肉滤干水分，再用干燥的面饼将鱼肉包裹起来。一来可以防止鱼肉被空气中的灰尘所污染，二来可以延长鱼肉的保质期。这种便携的食物，先被推广到军队之中，进而成为加利西亚的特色餐点。

加利西亚的 Empanada 闻名全世界是在12世纪。那个年代，圣地亚哥朝圣之路开始兴起，每个朝圣者，只要闻到 Empanada 这种特殊的香味，就知道已经到了加利西亚境内了，离目的地就不远了。

Empanada 已经成为朝圣者接近神祇的一个符号，一度成为所有朝圣者到圣地亚哥必须品尝的带有神性的食物。

起源于7世纪的 Empanada 馅饼至今有1200年的历史！

3. Pimientos de Padrón 小辣椒

这个小辣椒，全西班牙都有吃，但被列为千年小吃，大米良还是表示怀疑。因为在17世纪之前，西班牙是没有辣椒的。方济各会修士（monjes franciscanos）在17世纪从墨西哥引进各种辣椒品种。最早在加利西亚大区，A Coruña 省 Padrón 市的 Herbón 镇种植。当时加利西亚人称这种辣椒为 Herbon 辣椒，因为特别特别的辣，没有得到加利西亚人的青睐。这种小辣椒每年5月播种，7、8月采摘后就停止种植。

后来，修士们改善了种植技术，实现全年各个季节都可以种植。但由于气候和土壤的变化，这种非常辣的辣椒就变成了如今这种大部分不辣，只有小部分非常辣的品种。这种随机性强的辣椒，引起了当地人的兴趣。人们把这种辣椒变成了餐桌上的一个游戏。加利西亚语有一句俗语："uns pican e outros non"（直译是：一个辣一个不辣！）这道菜的传统就逐渐保留了下来，成为加利西亚的一道特色菜。名字也从 Pimientos de Herbón 变成了 Pimientos de Padrón。

所以，为啥加 Padrón 小辣椒，因为是产自 Padrón 这个地区！

小辣椒也能成功冲出小镇，走向全国！

据说，Pimientos de Padrón 只有10%是巨辣无比的。但作为弗兰人的大米良，表示在西班牙就没有吃到过辣的！

源自17世纪的 Pimientos de Padrón 辣椒，至今历史只有200年历史。

4. Cocido gallego 加利西亚乱炖

大米良一直认为西班牙各地的 Cocido 就是东北乱炖，各种食材放在一起炖。材料不同，工序都相似。马德里有 Cocido Madrileño, 巴塞罗那也有 Cocido Catalan， 安达卢西亚还有 Cocido Andaluz。

加利西亚的 Cocido 是西班牙各地 Cocido 中原料最丰富的。由于 Cocido 这道菜一般是冬天的大菜，基本上都是高热量，脂肪含量也其高，增肥效果立竿见影，非常适合计划减肥却下不了决心的姑娘们！

咱们先看一下为六口之家做一道 Cocido gallego 需要的原料。

½ Cabeza de cerdo curada，二分之一个猪头，

½ Lacón curado 一公斤熟火腿，

Espinazo，1.5 公斤猪脊梁骨，

2 Rabos salados，2 根盐腌猪尾，约 1.5 公斤，

Tocino veteado，750 毫克薄片熏肉，

Costilla salada，750 毫克腌制猪肋骨，

3 Morros salados，3 个腌制猪鼻肉，

5 Orejas saladas，5 个腌制猪耳朵，

5 Uñas saladas，5 个猪蹄尖，

10 Chorizos de Lalín，10 段红辣椒面肉肠，

5 Chorizos cebolleros，5 段洋葱肉肠，

4 Lenguas saladas，4 条腌制猪舌，

1 Gallina de casa，1 公斤家养鸡肉，

Ternera: falda o jarrete，750 毫克牛腩，

2 trozos de grasa，2 块猪肥肉，约 750 毫克，

Garbanzos，1 公斤鹰嘴豆，

Grelos 1 公斤萝卜缨，

Patatas，1.5 公斤土豆。

单看这些食材就已经饱了，有木有！至于做法，应该不用多说了吧，按照东北乱炖的做法就是啦。

关于 Cocido 的发源年代，没有明确的记载。最早的记载是在对抗摩尔人收复运动的那个时代，约为公元 11 世纪。

所以，Cocido Gallego 的历史至今至少 800 年。

5. Lamprea de galicia 七鳃鳗

七鳃鳗是鳗鱼的一种，盛产于西班牙加利西亚地区。血煮七鳃鳗被西班牙人评为最恶心的十道菜品之一。这道菜本身并没有争议，而是因为七鳃鳗长得丑陋，一张圆嘴全是锯齿，靠吮吸其他鱼类鲜血为食。

地道的加利西亚七鳃鳗鱼，在宰杀时，要把鳗鱼的血留下来，烹煮时倒入鳗鱼自己的鲜血，味道才会纯正鲜美。

七鳃鳗的历史可以追溯到古罗马时期。在西班牙成为古罗马帝国治下的一个省时，罗马贵族在加利西亚地区发现了这种口感独特的鱼肉。由于产量稀少，成为当时古罗马贵族中的一道奢侈美食。

到中世纪，由于七鳃鳗的口感，和传统的鱼肉口感不同，更像陆地畜牧类动物的肉，在中世纪一些不能吃肉的节日中，许多人就拿七鳃鳗来替代肉类。

不遗余力推广加利西亚七鳃鳗的是出生西班牙的神圣罗马帝国皇帝卡洛斯五世。卡洛斯五世最爱的菜就是七鳃鳗，不管是炖汤、油炸还是清蒸，一道七鳃鳗能让暴躁的卡洛斯五世皇帝瞬间改变心情!

西班牙各地的美食都有鲜明的地域特点。虽然这个弹丸岛国地盘不大，但历史悠久，尤其是西班牙人特别注意传承古人做法。所以，在西班牙，真的可以吃到几千年前贵族享用的美味。

6.8 烤大葱的正确打开方式：烤大葱历史、传统

烤大葱，算是加泰罗尼亚比较有代表性的特色美食了。加泰语叫 Calçot，西语叫 calsots。加泰罗尼亚的 Lerida 地区和 Tarragona 的 Valls 小镇，是品尝地道烤大葱的好去处。

Valls 小镇每年的一月最后一个星期天，都会举行烤大葱节（Calçotada）。为啥是这个 Valls 小镇呢？因为据说，烤大葱这种吃法就这个小镇的农民发明的。

大葱这种东西，在古罗马时期就已经存在，伊比利亚半岛上得罗马贵族也有食用，还拿大葱的葱头辟邪。西班牙人之前把大葱，认为是洋葱的一种，能吃的洋葱头是埋在地下的，上面的叶子是不吃的。大葱这个品种，根部没有大大的葱头，在当时，是被人们嫌弃的杆子。

在 19 世纪末的 Valls 小镇上有一个叫 Xat de Benaiges 的农民，由于食物不足，在郊野扯回来一把大葱。农民伯伯准备把大葱烤一烤就吃，结果忙着做其他事情，忘记了。等想起来的时候，大葱已经烤糊了，外面的叶子都烤成了黑色。

看着烤糊的大葱，农民伯伯心疼啊，好不容易弄来的食物，又不舍得丢，就把烤焦的外皮拨开。没想到，这样烤出来的大葱内心，汁水饱满，口感特别好。于是，烤大葱就正式成为一种吃葱的方法了。

西语中的洋葱是 Cebolla，大蒜是 Ajo，大葱怎么就叫 Calçot 呢？Calçot 这个词

是怎么来的？在发现烤大葱这种烹饪方法之前，大葱是被歧视的。

在种植大葱的时候，把葱头埋到土里，大葱就会克服艰难险阻顽强的生长。加泰语中 Calçar，这个动词就是培土的意思。Calçot 就是往根上埋点土就能生长的植物。

用 Calçot 来命名大葱，实际上是对大葱的种族歧视，给点土就能长，感觉贱贱的。

吃大葱的季节是 11 月到 4 月，1、2、3 月份的大葱是最肥美的。

加泰罗尼亚传统的烤大葱大餐，是用明火烤大葱，大葱外皮烧黑之后，拿报纸把大葱包起来，用瓦片盖好保温，让余热把大葱闷熟。大约放置半个小时之后，就可以吃了。

中国有大葱蘸酱，西班牙人吃大葱也蘸酱。吃大葱有两种酱，一种是：Salvitxada，另一种是比较流行的：Romesco。

蘸酱的主要原料是：Ajos 大蒜 Tomates 炒番茄酱 Almendras 杏仁 Avellanas 榛子 Pan 面包屑 Ñora 干辣椒 Aceite de oliva 橄榄油 Sal 盐

一顿烤大葱大餐，除了烤大葱，配菜主要是各种烤肉，烤兔肉，烤鸡肉，还有加泰罗尼亚当地的肉肠：Butifarra。

6.9 西班牙最古老王国都吃什么？黑松露白菜价、烤羊腿随便吃！

阿拉贡作为西班牙最古老的王国之一，美食的地域特点非常明显。比如羊胃包饭、炸羊奶酪配果酱、松露炖野猪肉等等。

埃布罗河（Rio Ebro），是阿拉贡王国的母亲河。充沛的灌溉水源，让埃布罗河沿岸城市拥有丰富的蔬果农产。农产品在 Bajo Aragón 地区尤为出名。这个“下阿拉贡”地区，位于埃布罗河在阿拉贡境内的下游，这个地区土质比较特别，种植出来的蔬果味道都很特殊。

比较有阿拉贡地区特色的蔬果有：阿拉贡洋葱（Cebollas de fuentes de Ebro）。这种用埃布罗河水灌溉栽培的洋葱，生吃没有辛辣的味道，而是甜甜的。粉色番茄（tomate rosa de Barbastro）。这个地区产的番茄，是粉色的！还有下阿拉贡 Calanda 小镇的黄桃（melocotón de Calanda）、埃布罗河下游的李子（ciruelas de la ribera baja del Ebro）、Teruel 小镇的香梨。下阿拉贡地区最有名的是他的黑橄榄，以及下阿拉贡橄榄油：aceite del Bajo Aragón，是西班牙最好的三大橄榄油之一。

阿拉贡地区还盛产各种各样的蘑菇，比较出名的阿拉贡蘑菇是 Robellón 松乳菇、Boletus edulis 牛肝菌。不过呢，最有名的还是阿拉贡地区的黑松露（Trufa negra）。大米良在阿拉贡地区的餐馆，菜单上经常出现 Trufa Negra 为原料的菜，价格都不贵。

作为老王国的属地，打猎是个千年不变的传统，狩猎所得的猎物，自然也会是阿拉贡美食的一部分。野兔（liebre）、鹧鸪（perdiz）、野猪（Jabalin）、鹿肉（ciervos）等等都是常见的美食。

除了各种山珍野味，在阿拉贡地区，有一种特殊的羊肉：Ternasco。

Ternasco 这种羊肉，不是乳羔羊，也不是成年羊，而是介于两者之间的“儿童羊”。

在古老的阿拉贡王国，养羊的农户相对较多，阿拉贡地区的许多特色菜，都和羊有关。其中“羊胃包饭”（chiretas de aragon）就是阿拉贡牧羊人伯伯老婆的惊世之作。

塞万提斯在《堂吉诃德》第二部分六十六章提到过一种美味的羊奶奶酪：queso de Tronchón。Tonchon 是 Teruel 地区的一个小村子。这个村子里的黑山羊特别多，黑山羊的羊奶做成的奶酪，自然有一种骚得惊天动地的味道，Tronchon 奶酪拥有一种独特的外形：像一个喷发过的火山！圆锥形的中间是凹陷的！

阿拉贡是西班牙 17 个大区中的第一个，西班牙地方虽小，但每个地区的美食却别具一格！大米良慢慢给大家介绍西班牙 17 大区的地域特色美食！

6.10 首都马德里有啥美食?

虽然马德里是西班牙的首都，但马德里成为一个重要的城市，是 16 世纪的事情。当时国王 Felip II 将马德里定为首都，马德里才逐渐从一个名不见经传的农村，变身为国际大都市。马德里的美食，形成自己的风格也是在 16 世纪之后了。

有西班牙作家总结道：马德里的美食，源自马德里众多的酒吧和驿站餐馆，这些餐馆的客人都只是进来喝一杯，并没有坐下来好好地享用一顿。所以，马德里美食的主要特点就是：快！在所有的烹饪方式中什么最快？油炸最快！如果用一种味道来定义马德里，那就是：油炸的味道。

马德里的知名 Churro 和 Porra，炸鱿鱼圈（Calamares a la romana），煎土豆鸡蛋饼（Tortilla de Patata），等等，都是用热油炸出来。走在马德里大街上，你会闻到那一层淡淡的油炸的欲望。

这些油炸出来的食物，配上马德里当地的红葡萄酒，有一种恰到好处的满足感。

在 16 世纪马德里成为西班牙首都之后，西班牙全国各地的商贾政客开始在此定居，西班牙各地的美食逐渐影响到马德里人的口味。发展至今，马德里美食的重要特点就是兼容并蓄。虽然马德里不靠海，却有西班牙最好的海鲜！呃，这个，只是稍贵！

严格来讲，马德里美食，主要受到 Castilla la mancha 和 Andalucia 饮食文化的影响。所以，在马德里的特色餐点中，会发现很重的 Manchega 和 adaluce 的痕迹。当 16 世纪西班牙的王族陆续迁居到马德里之后，马德里的地方餐饮业才正式发展起来。

现在依然对外营业的，最老的马德里餐馆，是1642年建立的Posada de la Villa。这家餐馆地址是（ Calle Cava Baja, 9, 28005, Madrid.）。

另一家比较古老的餐馆是1725年建立的Casa Botín，在Plaza Mayor附近。地址是（Calle Cuchilleros, 17）。Casa Botin是创吉尼斯世界纪录的最早的酒店餐馆。一共四层楼，底层是餐馆，楼上是酒店。现在餐馆的名字叫Sobrino de Botin。

这些最早的餐馆，并不是叫Restaurante，而是叫Mension。现在还有许多高级餐馆也叫Mension, 这个词的意思就是给中产和贵族阶层提供美食的餐馆。

17世纪的马德里成为西班牙的中心之后，马德里的饮食文化分流成上流社会的美食和普罗大众的美食。普罗大众的美食，主要食材是羊肉、洋葱和各种豆子。贵族们吃的，自然会比老百姓高级。主要是可以品尝到一些来自国外的食物，尤其是来自新大陆的新鲜玩意。比如咖啡和巧克力。在18世纪的时候，西班牙贵族疯狂的爱上了巧克力，以巧克力为基础的各种甜品风靡整个贵族圈。

西班牙最早的冰激凌出现在马德里。1607年，一个叫Pedro Xarquíes的人，发明了一个地下冷藏冰块的方法。他在如今的Bilbao转盘（Glorieta de Bilbao）建了一个小亭子，把从Sierra de Guadarrama的雪冷藏在地下，将捣烂的碎冰，加上蜂蜜和其他调味剂，做成了最早的雪糕，专门出售给消夏的贵族们。这么会做生意的人，从他的名字Xarquies就可以看出，他是一个Catalan！

18世纪开始，欧洲王族受到多方乡绅和商贾势力的挑战，王室衰落，大量为王室贵族烹饪美食的名厨流落街头。这个时代，贵族们享用的美食才逐渐流传到了民间。比如18世纪末建立的La Fontana de Oro (fonda)，位于现在的Calle de la Victoria, 1, 28012 Madrid。这个古老的咖啡吧，曾经是中产阶级聚会的地方，现在我们所看到的，是后来进行重新装修的，在1843年被强制关闭过几年。

18世纪末期的酒吧还有La Gran Cruz de Malta（地址calle del Caballero de Gracia），最早是一个有现场音乐演奏的咖啡吧。还有San Luis（位于calle Montera)

也是 18 世纪末期开张的古老酒吧。

那个年代，酒吧不叫 Bar，叫 Tascas 或者叫 Tabernas，咖啡吧叫做 Fonda。

Fonda 咖啡吧类似于现在的 Pub，是优雅的喝一杯装装文艺青年的地方，马德里人并不会去 Fonda 吃饭。Tascas 或者 Tabernas 最早也只是喝杯酒，随便 PICA PICA 的地方，也不像现在的餐馆。马德里有名的 TAPA，就是从那个时期开始的。

TAPAS，就是西班牙人的下酒菜。要一杯红酒，会送一小碟吃的，这个小碟子是盖在酒杯上的，防止苍蝇蚊子掉进去，于是，这叠小菜就被叫做 Tapa（Tapar 动词，表示“遮盖”）。

Tapas 这种简单易做的食物，也符合马德里人快速小喝一杯的消费习惯。

常见的 Tapas 有：

Oreja a la plancha 猪耳朵

Gallinejas 油炸牛羊大肠

Gambas al ajillo y setas al ajillo: 蒜香大虾或者蒜香蘑菇

Pincho de tortilla: 鸡蛋土豆饼

Bocadillos: 添加各种肉菜的 Bocadillos，最有名的还是油炸鱿鱼圈的 Bocadillos de Caramal

Patatas bravas：炸土豆块

Caracoles a la madrileña: 马德里风味的煮蜗牛

Soldaditos de Pavía: 红椒炸鳕鱼

Huevos estrellados: 火腿煮鸡蛋

西班牙美食菜谱中，有很多菜都以 a la madrileña 结尾，翻译过来就是“马德里式的”。sopas de ajo a la madrileñ a（马德里蒜味汤）、la ensalada a la madrileña（马

德里式沙拉）, el guisado de Madrid（马德里炖菜）, el pavo asado a la madrileña（马德里式烤火鸡）。

这个 a la madrileña 马德里式的，到底有啥特点捏？

前面说了，马德里成为首都之后，全国各地的美食都汇集到马德里，马德里人对这些地域美食进行简化。注意，是简化，让一道需要精心烹制的大菜，简化成一道简单易行的普通民间菜。为了不玷污这些传统美食的名声，这些被简化的大菜，就加上一个 a la madrileña 马德里式的。

马德里人吃牛角面包，不是切开摸黄油，而是切开后要先烤一下，再抹各种果酱。Churro con chocolate 是很马德里特色的早餐，据说只有马德里才有最正宗最好吃的 Churro 和 Porra。

西班牙的餐馆一般都会有一个 MENU，有限几道头盘、主菜和甜品供选择，比单独点菜要便宜。这个 menú del día 的习惯，就是马德里人发明的。而且这个 menú del día（菜单），根据不同的日子，一定有一道特色菜。

星期一：fabada

星期二：pote

星期三：cordero asado（或者 cocido）

星期四：Paella 海鲜饭

星期五：bacalao a la vizcaína

星期六：cocido

星期天：paella

大米良在马德里的时候，一般都喜欢星期四去吃 Menu，因为有海鲜饭！

如果不吃 MENU， 单独点菜的话，真是马德里马德里特色菜有

BESUGO AL HORNO 柠檬烤鲷鱼

Cocido madrileño: 加了各种豆子、各种肉肠火腿的马德里乱炖

Judías a lo tío Lucas: 肉肠炖豆子

马德里特色菜就是各种炸，各种炖！

Callos a la madrileña: 源自 19 世纪的牛羊胃为主要原料，加入了各种豆子、蔬菜和肉偿的炖菜。

Sopas de ajo: 大蒜汤，据说是马德里排名第三的知名大菜，在 1829 年由 José María Casares 创造的。具体做法就是先爆炒大蒜、然后倒入面包片和红辣椒粉，加入高汤煮沸，起锅之前打入两个鸡蛋。是不是很简单？就因为简单，所以这叫 Sopas de ajo a la madrileña。西班牙南部安达卢西亚也有蒜味冷汤，那个做法可比这个讲究多了。

另外一道马德里特色菜是：Besugo a la madrileña。这道烤鱼是圣诞节的特色菜。

大家都知道法国蜗牛出名，加泰罗尼亚也经常吃蜗牛，其实马德里也有煮蜗牛。这让我想起了咱大弗兰夜市的香辣螺蛳。

马德里并不是一个喜欢吃甜品的城市，18 世纪贵族们对巧克力的痴狂，也没有让马德里变成一个甜蜜的都市。

最有马德里特色的甜品是 barquillos y tejas，就是我们中国的蛋筒。鸡蛋面粉加蜂蜜调成面糊糊，再用铁板烤出来，酥脆可口。专门做 barquillos 的人，身穿马德里传统服装，叫做 Barquillero。

其他比较马德里特色的甜品，基本上都是和宗教节日有关。

Rosquillas tontas y listas y las francesas. 一般在每年的五月份或者马德里的 San Isidro 节日才有卖

Rosquillas de Santa Clara,（San Isidro 节日）

Huesos de santo,（Día de Todos los Santos 万圣节）

Roscón de Reyes（圣诞节）

Torrijas （圣周）

另外还有一些比较常见的甜品：

Los buñuelos de viento rellenos,

Los bartolillos

Las tejas

Los picatostes

Las Chatitas

马德里作为首都，最吸引人的美食，是来自西班牙全国各地的特色美食。就像马德里人说的，马德里不靠海，但有西班牙最好的海鲜。是来自西班牙全国各地，甚至世界各地的吃货名厨，成就了马德里的饕餮之地。

6.11 巧克力怎么恰巧就被西班牙人发现了？西班牙巧克力之城在哪？

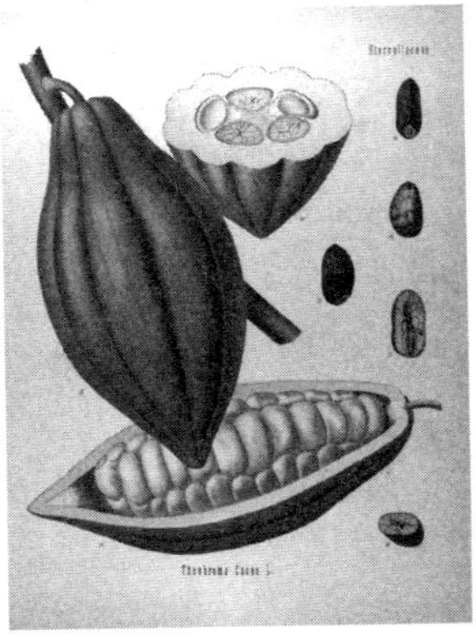

在我们当下这个吃货当道的维度里，励志减肥的小伙伴通常对巧克力的抵抗力灰常灰常的低！可是小伙伴们是否知道：

制作巧克力的可可豆是西班牙人带到欧洲的！

第一杯巧克力是西班牙人发明！

巴塞罗那和 Villajoyosa 位列世界十大巧克力之城。

今天大米良就来讲讲巧克力豆是如何从是神豆，到被嫌弃，再到成为贵族甜品的故事。

中美洲人的“神豆”

之前大米良有个误解，因为西非大量种植可可树，就误以为可可豆是在非洲被发现的。实际上，可可树是西班牙大航海时代，西班牙探险家在美洲大陆发现的一种“神树”，并把这“神树”带到离西班牙更近的西非大规模种植。在巴塞罗那的巧克力博物馆（Museu de la Xocolata）对这段历史有详细的记载。

虽然是西班牙人让可可豆闻名全球，但在西班牙人发现可可豆妙处的 2000 多年前，中南美洲土著就已经在食用可可。玛雅文明，阿兹特克文明都有广泛应用。

玛雅神话中的 Kukulkán（羽蛇神）赐予人类拥有治愈功能的植物，这种植物就是可可。每年 4 月，玛雅人还有祭祀可可神 EkChuah 的仪式。这个仪式上要宰杀可爱的狗狗、可爱的牛牛和可爱的羊咩咩作为祭品。

这位可可神，同时还是战争之神和商业之神！你看，一个国家最重要的两件事，都由可可神管着。按此推理，咱们大弗兰应该有个朝天椒之神！

在巴塞罗那巧克力博物馆的影音资料中有介绍，考古学家发现在玛雅文化等诸多中南美洲古文明中，可可豆是一种非常神奇的存在。比如当地人酿制 Cerveza de cacao（可可啤酒）。可可豆发酵之后酿制的酒精饮料，酿造工艺类似于现在的啤酒。

不过，最神奇的是那个包治百病的“可可神茶”。

可可神茶的基本原料是：可可豆、胡椒、朝天椒、茴香加上其他香料。所有原料一起研磨后加水熬成茶饮用！这杯集合了各种辣味香料的“神茶”：

胃痛时喝了可以感受到神的温暖和热烈！

拉肚子时喝了立止拉肚一吃就停！

情绪低落时喝了立刻精神饱满亢奋！

战事来临前喝一碗“神茶”，力量倍增如得神助！

可可牌神茶！你值得拥有！

西班牙人发现了可可豆

据说，第一个品尝可可的西方人可能就是哥伦布。1502年哥伦布第四次航行时，在洪都拉斯的瓜纳哈岛喝到了当地一种被誉为“神茶”的饮料。哥伦布取了一些可可豆，立马精神亢奋，看天边一抹晚霞，如神之轻抚，爱得迷离沉醉！哥伦布觉得这东西不错，就把可可豆作为“印度调料”带回西班牙献给金主妈妈：伊萨贝尔女王。

但是，看起来脏兮兮的可可豆，味道又苦又辣，让满心期待的伊莎贝尔女王大失所望！期待了大半年的“印度香料”，竟然那么难吃？！

以上这个故事并没有确切文献记载，只是某些历史学家的推测。真正有文字记载的是西班牙另外一位探险家：Hernán Cortés（埃尔南·科尔特斯）。

这位探险家摧毁了阿兹特克古文明、并在墨西哥建立了西班牙殖民地。是大航海殖民时期非常有名的西班牙征服者，他的外号就是Conquistador（征服者）。

这位科尔特斯先生仔细研究了阿兹特克人的“神茶”。他发现，喝了“神茶”之后，脑子异常清醒，眼皮不打架了，胃也不闹腾了，肚子经久不饿，堵塞的菊花也绽放通畅了！对于过度焦虑而便秘的科尔特斯来说，可可豆简直就是通便神豆！

嗯！的确是“神豆”！

1519年柯尔特斯将这一“神豆”带回西班牙，献给了王室。经过柯尔特斯洗脑式的兜售吹捧之后，拥有称霸雄心的西班牙国王卡洛斯一世决定让宫廷御厨好好研究研究这种“神豆”的食用方法。

1534年，萨拉戈萨 Monasterio de Piedra 修道院院长 Fray Antonio de Álvaro 让道院的厨师们，将可可粉研磨后，加了糖来综合它苦涩的口感。于是，就诞生了欧洲第一杯巧克力！

历史上第一杯巧克力的另一个版本是：在墨西哥一个修道院里，一位西班牙修士将糖混入可可粉里，冲泡出了第一杯巧克力。虽然地点不同，但年代相同，也都是西班牙天主教修士。

加了糖的可可饮料，拥有了独特的口感，逐渐从西班牙传到法国、意大利等国家，不断演化，就有了今天各种种类繁多的巧克力。

巧克力之城巴塞罗那

西班牙是最早食用巧克力的欧洲国家。对巧克力的生产和烹食方法也多种多样。大家肯定都认识世界上可可粉销量最大的品牌：高乐高！

高乐高不是美国产品！而是西班牙产品！人家的总部在巴塞罗那！高乐高是巴塞罗那企业 Nutrexpa 食品集团下面的产品。这个兴建于 1940 年的巴塞罗那企业，不是今天咱们讨论的重点。咱们今天的重点是：巴塞罗那有条古老的巧克力秘巷！

巴塞罗那哥特区有一条不长的小巷，街名是：calle Petritxol，近一个世纪以来，加泰罗尼亚人都称之为"Calle de chocolate"（巧克力之街）。

这条今天看起来不起眼的小街，在当年可是非常牛逼的！这条街上开张了西班牙第一家巧克力甜品店！毕加索的第一幅公开作品也在这条街上举行首展！

这条街上 1840 年开业的 La Sala Parés 画廊，是西班牙第一家专业销售绘画材料的商铺。1877 年升级成西班牙第一家专业销售挂卖的商业画廊。达利和毕加索都是这条街的常客，尤其是经常坐在这里喝巧克力，吃 Churros。

总之，这条街在 19 世纪末期的西班牙，就是逼格最高的一条街。

18 世纪那些古老的店铺都被陆续接手改造。目前被誉为巴塞最好吃的巧克力和 churros 在这条街的二号：Granja Dulcinea。

老店都比较任性，中午 13 点至 17 点休息关门！营业时间是 10:00 - 13:00 / 17:00 - 21:00.

如果不巧，你访问巴塞罗那的时间两家老店刚好关门，你可以去同一条街上的另一家巧克力店：Xocoa。这是一家现代化装修的甜品店。里面的跑堂小哥哥 Jose 会说中文。他在上海住了 6 年，西安住了 3 年！中文说得可好了！ Xocoa 的巧克力都是自家做的，分量绝对足。

再往上走几步就是一家卖了 200 多年 Turron 的甜品店： VICENS。Turron 原本是圣诞新年的甜品，但这家 Turron 店是 18 世纪创立的品牌，让 Turron 成为日常消费甜品。该品牌算是传统甜品的先锋改革派了，除了经典口味外，还有各种新式口味。比如金酒口味的，MOJITO 口味的，咖喱口味的。

如果你有时间和店里的小姐姐聊一聊，会发现我们常见的 TURRON 是固体的，但实际上，老一代西班牙人会吃液体膏状的 turron。小店里有售一瓶一瓶的膏状 turron，就是蘸着一种拥有奇怪名字的面包片吃的。这个奇怪的名字，小伙伴可以在直播视频回放精华片段中看到。名字发音超级难！

Granja 奶吧

在离开这条街之前，给小伙伴科普一个单词：Granja。

Granja 我们常见的词义是：农场，农庄。在这条巧克力街上你会看到 Granja de

dulcina 这样的店名。Granja 在西语里还有另外一个意思：奶制品吧！简称“奶吧”。

喝咖啡的地方叫 Cafeteria（咖啡吧），喝杯小酒的地方叫 Bar（酒吧），这是我们在西班牙街头最常见的，还有 Chocolateria（巧克力店），Heladeria（冰激凌店）。与这些分类一样，喝奶的地方就叫 Granja（奶吧）！

奶吧是 18、19 世纪西班牙人最高级的装逼场所！在 Granja 里，可以喝到当下最流行的各种奶制品饮料和甜品。

6.12 《堂吉诃德》里的美食——塞万提斯吃得真惊悚

今天就来讲讲塞万提斯《堂吉诃德》里的那些美食！由于堂吉诃德的故事主要发生在卡斯蒂利亚·拉曼切（Castilla - la Mancha）原以为就是拉曼切地区的美食，结果发现，那个时代，吃得太惊悚了！

对美食对餐馆评头论足，从古至今，都是装X的一种很好的方式。《红楼梦》里是怎么细致描述那些工序繁复的美食，塞万提斯在《堂吉诃德》中就怎么描述过16世纪的各种美食。塞万提斯生活在西班牙的黄金时代，16世纪的饮食起居都带有浓重的阶级烙印。吃什么、想吃什么，都可以反映一个人的身份地位。

堂吉诃德，作为高人一等的“骑士”，自然也会用美食来衬托自己的见多识广。

但是，堂吉诃德所提到的那些美食，恰恰是社会底层人民的食物。塞万提斯就是利用这个反差，来交代堂吉诃德的生活环境和社会身份。在《堂吉诃德》里，塞万提斯就描写了诸多那个时代的特色美食。许多美食，到现在依然流行，只是差了点逼格。

Capítulo 1

“Una olla de algo más vaca que carnero, salpicón las más noches, duelos y quebrantos los sábados, lentejas los viernes, algún palomino de añadidura los domingos, consumían las tres partes de su hacienda.”

salpicón

塞万提斯那个年代，尤其是堂吉诃德活动的拉曼切地区，Salpincón并不是一道“高级”的菜。主要原料是肉渣，加一点火腿丁、洋葱末，用盐和橄榄油搅拌均匀，最后倒一点醋。

Salpincón = Sal + pincón（盐 + 切碎的食材）

很明显，这道菜就是处理没有吃完的肉。不过，经过现代化改造的Salpincón，变化出了很多花样：金枪鱼精装MINI版的Salpicón和手撕鸡肉版的Salpicón。

手撕鸡肉版的Salpicón是煮熟的鸡肉撕成小条，加入各种蔬菜水果，最后撒上一点点的羊奶酪。

duelos y quebrantos

这道菜，主要原料是鸡蛋、肉肠、火腿，猪肉干，大火炒好之后，装陶碗里上桌。

原料和做法其实都很简单，就是鸡蛋炒火腿。

不简单的是它的名字：Duelos y quebrantos

Duelo 表示“战斗、死亡的伤痛”，quebrantar 表示“破碎，碎裂”。

有人说，这是象征着堂吉诃德骑士精神的一道菜。大部分拉曼切人不服！

堂吉诃德才多少年，我们拉曼切这道炒鸡蛋，至少上千年了！

所以，这道菜的官方来源解释是：古老的农妇，烹煮这道菜时，会为家里死去的家畜而悲伤！

曾经，我和你耕种山野，欢笑朝夕；

如今，你却成了我锅里的肉，生死两隔！

这就是人类带给牲畜界的悲哀！于是，这个火腿炒鸡蛋就有了这么个悲壮的名字：Duelos y quebrantos 意为“死亡的伤痛和破碎的心”。

对于这道菜奇怪的名字，另外一种解释是：犹太人在偷偷地纪念他们失去的家园和信仰。大米良觉得这个解释更贴切。

Palomino de añadidura

Palomino，皇家大辞典里的解释是：Paloma Brava。有人说就是野生的鸽子，也有人说是鹌鹑（Codorniz）。现代西班牙人很少吃鸽子，但对鹌鹑却情有独钟。

堂吉诃德所喜欢的这道 palomino de añadidura，是烤乳鸽或者烤鹌鹑，加上其他的辅菜。

Berenjenas en cazuela moxí

Capitulo 14

—Ese nombre es de moro —respondió don Quijote.

—Así será —respondió Sancho—, porque por la mayor parte he oído decir que los moros son amigos de berenjenas.

结合上下文，这里提到的一道菜叫：Berenjenas en cazuela moxí。

桑丘说了，摩尔人特别喜欢茄子。其实犹太人也喜欢吃茄子。这道菜做起来还蛮复杂的，西班牙现代美食中，最接近的是 Berenjena a la cazuela（砂锅茄子）。

茄子切片，和其他蔬菜一起，铺在一个四方形的砂锅里。洋葱切丁和肉末翻炒一下，均匀的铺在茄子片上面。肉末上撒一点奶酪末，最后再打几个生鸡蛋在最上面，放烤炉里烤熟。

Berenjenas rellenas

那个时代，茄子的另外一种吃法是：肉馅茄子（Berenjenas rellenas）。

茄子对半切开，肉末、火腿丁和奶酪覆盖在茄子上，放到烤箱里烤熟。

这个传统菜，在现代已经衍生出各种新奇做法。作为喜欢吃茄子的大米良，还是觉得中国的油焖茄子比较好吃。

empanada de conejo albar

Quijote, Rico, 731-732

levantándose, volvió desde allí a un poco con una gran bota de vino y una empanada de media vara, y no es encarecimiento, porque era de un conejo albar

这是兔肉馅饼，外形四四方方的。

具体做法是：

兔子去皮去骨后剁碎，和熏肉丁一起，加入大量的调味佐料，放盐大火翻炒至兔肉变干。

面粉加猪油搅拌成面团，用擀面杖擀出两块四方形的面饼。一块面饼上铺好兔肉，另一张面饼盖上去。四周拧合在一起。

放烤箱里，把面皮烤熟烤干。最后切成四方小块。由于肉的水份被炒干，面饼也是干燥的，这个兔肉馅饼，可以作为牧羊人出远门的干粮。

现代版的馅饼，为了追求口感，并不会把肉和面饼都处理得很干。

到目前为止，是不是都觉得还可以接受？现在就来两道惊悚的！

在西班牙的黄金时代，或者说塞万提斯生活的那个时代，拉曼切这种地方，食材并不是特别丰富，所以，只要眼睛能看到的动物，都会拿来下饭！其中就包括：猫和老鼠。

Quijote, Rico, 854

hablando con respeto, con un pastelero campo. «Un mes ha que estoy con él, y hanme dicho no sé cuántos cómo mis antecesores han parado en los de a cuatro. Quien los comió, por mi cuenta, se halló, en la de Mazagatos, el carnero moscovita de los toros de Guisando; y el no venderme muy presto lo tendrán a gran milagro: que lo que es gato por liebre, siempre lo vendió en su trato. Pastel hubo que aruñó al que le estaba mascando; y carne que oyendo «¡Zape!» saltó cubierta de caldo.

dar gato por liebre 把猫肉当作兔肉来卖。意思就是，就是挂羊头卖狗肉。也可以是：偷梁换柱。但是，在《堂吉诃德》原文里并不是一句谚语，而是在肉店发生的真实事件。

在塞万提斯那个时代，是吃猫肉的。野兔的肉自然更好吃，但许多肉店，也会直接出售猫肉。堂吉诃德说的这道菜叫：Gato Asado（烤猫肉）。

Gato Asado

网上真的有 Gato asado 的图，过于惊悚，大米良这里就不放了。

这道菜的烹饪工序还蛮复杂的。

猫在天主教文化中，都被认为是不祥的象征。在吃猫肉时，也要仔细处理。逮到一只比较肥的猫，不能直接杀死，而是打晕。打晕之后，猫头要砍掉，然后剥皮去骨。

在那个时代，吃羊脑、猪脑，兔脑，但是不吃猫脑。猫的脑袋一定丢掉。据说吃了猫脑，会丧失理智。

去头去皮去骨的猫，不能直接烹饪。而是要用麻布包起来，在地下埋上一天一夜。去除猫身上的所有晦气，从土里挖出来，洗干净，就可以烹煮了。

一般是放大量的蒜、迷迭香、和盐，烤熟之后，拿出来切成小块，之后再放进烤炉里烤第二次。一定要烤两次。

由于这道菜工序复杂，属于高级菜！

Fritada de ratas

Quijote, Rico, 681

—Sancho amigo —respondió don Quijote—, a las veces tan buena suele ser una gata como una rata.

—Ya entiendo —dijo Sancho—: yo apostaré que había de decir rata, y no gata; pero no importa nada, pues vuesa merced me ha entendido.

这里的老鼠，也是当时一道名菜：炸老鼠（Fritada de ratas）。

这个炸老鼠，在当今的 mallorca 海岛还是一道地域特色菜：rata de albufera valenciana。

瓦伦西亚人民觉得很冤。你们海岛吃老鼠，为啥要我们来背锅？！

rata de albufera 是一种山鼠，体型比较大。

西班牙人吃老鼠，当然不会让你看到齿牙咧嘴的老鼠。山鼠捕捉来之后，去皮洗净后，剁成小块。加各种佐料，大蒜、辣椒面放油锅里炸出来。

呈现在盘子里的，就像一盘辣子肉丁。不告诉你是啥，你只会觉得好吃，根本猜不到是老鼠肉。

olla podrida

Quijote, II, 47

—Aquel platonazo que está más adelante vahando me parece que es olla podrida, que, por la diversidad de cosas que en las tales ollas podridas hay, no podré dejar de topar con alguna que me sea de gusto y provecho

《堂吉诃德》里提到的美食，太多太丰富了。今天咱们压轴的这道菜，堪比塞万提斯那个时代的红烧狮子头。

这锅西班牙版的红烧狮子头到底有多牛？我们来看看原料就知道了。

Se echa en una olla: vaca(母牛肉)，tocino（熏肉），carnero（公羊肉），pies de cerdo（猪蹄），testuz(公牛肉)，longanizas（肉肠），palomas（鸽子），lavancos（冠鷿鷉），liebre（兔子），lenguas de vaca（牛舌），ajos（大蒜），nabos（萝卜），garbanzos（鹰嘴豆）。

这一锅肉，至少要炖上一天一夜！端上桌，就那么一小碗，就让堂吉诃德向往不已。大家可以脑补那种丰盛。现在这锅巨牛掰的肉汤锅，在 Burgos 最有名。

6.13 伊比利亚猪的传说和真相：一眼识别火腿等级

西班牙火腿贵不贵，全看猪的出身！大家都知道，西班牙最好的火腿，是伊比利亚猪。但伊比利亚猪（Cerdo Ibérico）有四种。并不是贴了“Ibérico”标签，就是好火腿。

在火腿种类中，Ibérico 猪产的火腿就是质量保证。有标注：Ibérico，就算是西班牙的好火腿了。但是，在 Ibérico 里头，也分等级，有好的，比较好的，最好的。

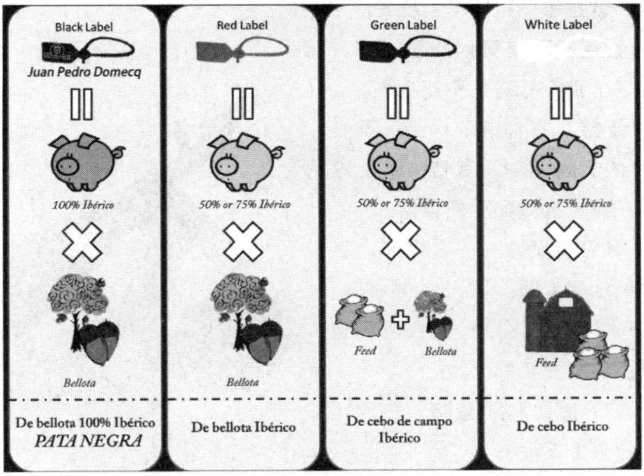

在伊比利亚猪猪家族里，分三六九等，讲究血统，拼爹拼娘。

今天大米良就和大家一起，踏踏实实地研究一下伊比利亚猪，到底是一种什么样的存在。

伊比利亚猪，顶级的，自然是 100% 纯种。爸爸妈妈爷爷奶奶祖宗十八代都是纯种伊比利亚猪。纯种之外，还有不够纯，有点污的。

在伊比利亚猪猪界，有一个雷打不动，动了就五雷轰顶的戒律：

猪妈妈，必须是 100% 纯种伊比利亚猪！

100% 纯正，意味着爸爸妈妈祖宗十八代都是纯种伊比利亚猪。伊比利亚猪族原来是母系社会。维持家族血统纯正的重担，落在了肥胖的女性身上。必须守住贞操，不能和外族猪猪约会爱爱，再帅也不行！

这个种族制度太残忍了！

试想，若一只离经叛道为了爱情的纯种伊比利亚猪妈妈爱上了一只外族公猪，从他们的外孙辈起……将永远被排除出伊比利亚猪界！

在没有猪猪家谱和婚恋史的情况下，如何一眼判断这只猪猪的爸爸妈妈的恋爱动机呢？

为了爱，还是为了家族？这事关子孙后代的身价！

西班牙的食品行业很守规矩，标签的使用有一套严格的规定。四种猪猪，火腿的价格差别非常大。最简单粗暴识别方法，就是看火腿标签的颜色。

火腿标签四种颜色：黑色，红色，绿色和灰色。

最不纯的是：灰色/白色标签的纯饲料圈养的伊比利亚猪猪（Cebo Ibérico）

注意标签的位置，是在蹄子那里。这个标签，才是真正的“伊比利亚猪猪血统”标签。厂商在进行品牌包装时，往往会使用黑色、红色外包装设计，混淆视听。但真正能够证明火腿登记的，就是那一根小小的标签。

品牌标签的颜色，厂家可以随意发挥，自由设计，但蹄子上那个标签，不能乱来。

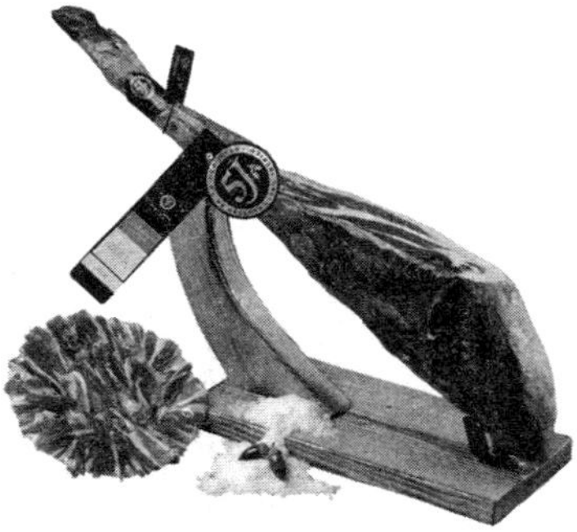

只有伊比利亚猪，才有这个标签。不是伊比利亚猪制作的火腿，是没有资格绑上这个标签的。许多厂商，会做如下处理：

用黑色的品牌包装设计——看起来，就像黑色标签伊比利亚猪火腿。实际上，并不是。猪蹄上没有标签。说明，这是普通白色肉猪做的火腿，不是伊比利亚猪的火腿。

为啥白色标签的伊比利亚猪猪，在伊比利亚火腿中，地位最低下呢？

因为他是城市猪，吃饲料长大的。一辈子，都没有吃过大农村里的新鲜橡树果子。猪妈妈为了爱，嫁给了城里打工的猪爸爸，远离了橡果丰饶的故乡，孩子们只能吃饲料。白色标签的猪，就是喂饲料圈养催肥的猪。

绿色的火腿标签，是给来自大农村放养的有钱伊比利亚猪猪。猪爸爸倒插门，和伊比利亚猪妈妈幸福地生活在橡树园附近。被绿的猪猪，必须生活在大农村，可以自由地奔跑，看蓝天白云，想吃橡果吃橡果，想吃零食吃零食，想吃饲料吃饲料。

大米良觉得，这是四种猪猪里，最幸福的！因为他们有得选。杂食猪猪，因为吃了火腿界的神果：橡子，得道之后，比没有吃过橡子的远方城市表亲身份要高贵一点点。价格也要贵一点。

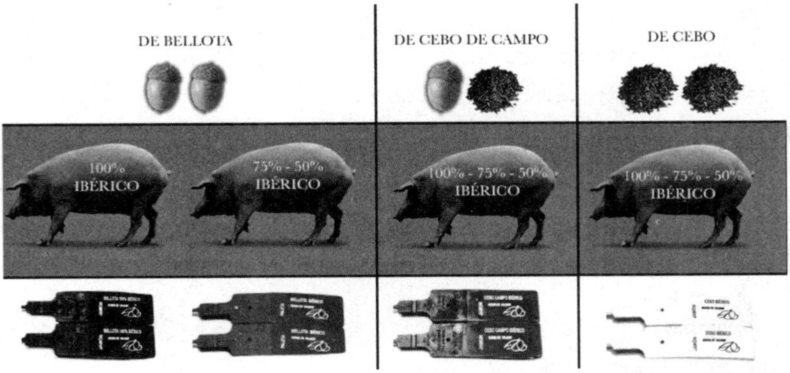

绿色标签，是放养，除了吃橡果，还使用了饲料催肥。

红色标签的火腿：只吃橡果的伊比利亚猪（Bellota Ibérico）

红猪妈妈说：儿啊，要想出人头地，就要管住你的嘴！别学你家绿猪表兄，吃了橡果，吃饲料，一样都是100公斤，他的肉就要下贱好多！

红猪宝宝，从小就非常听话，坚持每天只吃橡子，绝对不吃其他的零食和饲料！虽然红猪宝宝并不是100%纯粹伊比利亚血统，但他用一生的坚持，只吃橡果，成就了火腿界老二的崇高地位！

红色标签，放养，只吃橡果，但出身不够100%纯正。

黑色标签的火腿：只吃橡果的100%纯种伊比利亚猪（Bellota 100% Ibérico）

100%纯种伊比利亚猪。他的爸爸妈妈，他爸爸妈妈的爸爸妈妈，世世代代都住在这个橡树园子里，没有外出旅游，没有和外村猪偷偷爱爱过。小猪猪一辈子只吃Bellota橡子。没有吃过其他零食，更不知道回锅肉和红烧肉是啥滋味。这种吃得单一、没有欲望的佛系纯种猪，大限一到，就羽化涅槃成世界上最贵的纯种橡子伊比利亚火腿：bellota100% Ibérico。

做一头纯种伊比利亚母猪，是件很郁闷的事情。因为纯，所以生育能力不高。纯种伊比利亚母猪，一胎只有4到6个小猪。为了家族的香火，还得近亲结婚，不管他爹颜值如何，都要不断生小猪。

在伊比利亚半岛，伊比利亚猪叫tronco ibérico。老祖宗是伊比利亚南部的野猪。看伊比利亚猪这种不友好的外形，一看就保留了老祖宗野猪的外形特点。

伊比利亚猪的基本外形特点是：周身是深色的，不是白色的。鼻子比较长（hocico alargado），耳朵长得高，还挺阔，像帽子一样，往前伸，能遮风挡雨（orejas en visera）。相比其他猪一样蠢的猪，伊比利亚猪更聪明，可以像放羊那样集体放牧管理。

100%纯种伊比利亚猪猪界，有6大家族！分为两个阵营：黑猪派和彩猪派。

彩猪派

本来有 7 种 100% 伊比利亚猪的，已经绝种的叫 Rubia（金发猪）。除金发猪之外，识别度最高的是：斑点猪（Manchado de Jabugo）。几种在 Huelva 的 Jabugo 地区。

Manchado de Jabugo 斑点猪

Retinto 棕毛猪

Rubio andaluz 金毛猪

Torbiscal 长耳长鼻猪

黑猪派

Negro lampiño 无毛黑皮猪

Negro entrepelado 短毛黑皮猪

我们经常说 Pata Negra（黑蹄火腿）。仿佛黑色的蹄子，就是伊比利亚纯种猪的保证。大家可以翻一翻前面四种彩猪派的蹄子，并不全是黑色的。

为什么会有黑蹄火腿的说法呢？因为黑猪派的两个纯种伊比利亚猪，商业化程度最高，销售范围也最广。这两种猪，不仅蹄子是黑色的，皮毛也是黑色的。

Pata Negra 只是 6 种伊比利亚纯种猪的其中两种。有些非伊比利亚猪，也是黑色蹄子。一些养殖场，利用消费者的知识盲区，用“Pata Negra”黑颜色的蹄子，来包装自己的产品。黑色蹄子的猪，和 Pata Negra 不是一回事。

严格来讲，“Pata Negra”这个概念标签，只能用于“bellota 100% Ibérico”（100% 纯种橡果伊比利亚猪火腿），只能用于这个品种的火腿。

现代人误以为只要蹄子是黑色的，就是“Pata Negra”。这一点，大家要注意。真正的 Pata Negra，不能只看蹄子颜色。除了蹄子是黑色的，还要看是否是 100% 纯种橡果伊比利亚猪火腿。

不是 Ibérico 的火腿，叫 Jamon Blanco，是我们常见的白色肉猪做成的。白色肉猪火腿，蹄子上没有那个四色标签。

所以，火腿好不好，首先看是不是 Ibérico, 然后看蹄子上的标签颜色。

6.14 西班牙的犹太美食

犹太人是一个相对神秘的群体，他们数量庞大，拥有自己的信仰、习惯和饮食方式。犹太人，对西班牙美食的影响非常大。西班牙许多传统菜品都有犹太血统。

犹太人因为信仰问题，在食物上有一些禁忌。能吃不能吃的，在旧约圣经利未记第十一章纪录了各种可食与不可食的动物名单。

名单首先把动物分成“洁净”与“不洁净”（treifah or treif）两类。

“不洁净的”不但不可食用，最好连触碰都不要碰。闻到味道，都会影响桃花和运气！不小心碰到、闻到、都要把衣服丢洗衣机里反复多洗几次，晚上沐浴也要使劲搓搓。这些不洁净的东西，不小心掉进碗里缸里，最好是连碗和缸都不要了。

哪些是会连累锅碗瓢盆的“不洁净”食物呢？根据规定：

兽类，蹄子为偶数、有脚趾还会反刍的动物可以吃，其他的动物都是不洁且不可食用的。

牛、羊、鹿为可食！骆驼、岩狸、兔子和猪，不符合上述条件，是“不洁”而不可食。

水里的，有鳞有鳍的可以吃，其他都不行。

按此规则，只有大部份的鱼类可以食用（无鳞片的鲨鱼、鳗鱼、鲶鱼等除外），而一切贝类，头足及其他水生软件动物，大虾、大闸蟹、蛤蜊、生蚝都不可食用。

禽鸟类，吃肉吃腐食的不能吃，水鸟中只有鸭和鹅可以吃！

昆虫类的规定很有意思：有翅膀的，四足爬行的不能吃。但是如果他们有大腿，能在地上跳，那就能吃。所以，蝗虫、蚱蜢、蟋蟀就可以吃，其他的带翅膀飞行动物都不能吃！

知道了犹太人吃食的基本规则，就可以判断哪些所谓的犹太餐馆，是不是正宗的。西班牙菜品中，许多都源自犹太人的厨房。

茄子，是犹太人非常钟爱的蔬菜。藏红花（Azafran），香菜（Cilantro），都是犹太人带给伊比利亚半岛人民，并让其吃法普及的。

用杏仁（Almendras）和松子（Pinyones）做甜甜的蘸酱，也是源自犹太人的厨房。

肉丸子（Albondigas）！犹太人的肉丸子，以鸡肉和鳕鱼为主要原料，斋戒时会吃大米和蔬菜做的丸子。

酱料腌鱼，也是来自犹太人的厨房。犹太人会给鱼挤上柠檬汁，或者用醋泡起来，这样可以降低鱼的腥味，还能保鲜。对于不能一次性吃完的鱼，犹太人发明了用橄榄油和醋泡的办法。所以。醋腌鳀鱼（boquerones en vinagre）、腌去头金枪鱼（la caballa escabechada y el bonito escabechado）都有犹太厨房血统。

Torrijas 这个圣周的特色甜品，在加泰罗尼亚地区经常可以吃到。这是犹太人发明出来过新年吃的。在犹太人的新年期间，他们会把面包浸泡加了蜂蜜的牛奶之中，再制成 Torrija，象征着新的一年里生活富足甜蜜。犹太人把 Torrijas 叫做 Rebanadas de Parida".

Buñuelos 这个西班牙甜甜圈也是犹太人发明的，犹太人叫 bimuelos。

犹太人民不喜欢浪费，加上他们的专业精神，很多各种食材小分量混在一起做成的食物，都来自犹太人的创作，这类食物就是残羹剩炙再回收利用做出来的美食。

附录

男性常见名字的昵称和简称

- Adalberto : Adal, Dalber
- Adolfo : Ado, Fito, Dolfi
- Adrián : Adri, Adria, Adriano
- Agustín : Agus, Guti, Cucho
- Alberto : Beto, Berto, Bertín, Al, Tito, Alber, Buichi
- Alejandro : Ale, Álex, Alejo, Alejito, Jandro, Jano, Jani, Jale
- Alfonso : Poncho, Pocho, Poto, Fonsi, Fonso, Loncho
- Alfredo : Alf, Fredo, Fred, Chafeo, Fello
- Álvaro : Varo
- Anastasio : Tacho, Tasio
- Andrés : Andy, Andrelo
- Ángel : Gelo, Gelu, Angelito, Anguito
- Antonio : Toño, Toni, Tono, Anto, Antuco, Choño
- Apolinar : Poli
- Ariel : Ari
- Armando : Armi, Mando, Mandis
- Arsenio : Chenio, Cheno
- Bartolomé : Bartolo, Bart, Mome, Tolo
- Benjamín : Benja, Benjita, Jamín, Mincho, Chamín, Benji
- Bernardo : Berni, Beño, Berna, Beñallo
- Camilo : Cami, Milo
- Carlos : Carlitos, Litos, Charly
- César : Ceso, Cesarín, Cesarini, Chícharo, Chechai, Tesar, Checha, Sari
- Constantino : Tino, Tinín
- Crescencio : Chencho
- Christian / Cristián : Cris, Chris
- Cristóbal : Cris, Cristo
- Claudio : Cayo

- Daniel : Dani, Dan, Ñel
- Dagoberto : Dago
- David : Davo, Davi, Deif
- Desiderio _ Yeyo, Desi :
- Diamantino : Tino
- Donaldo : Doni, Don
- Eduardo : Edu, Lalo, Yayo, Guayo
- Emilio : Milio, Milo, Milito, Miliuco
- Enrique : Ricky, Roque, Quique
- Erasto : Eras
- Ernesto : Neto, Erni, Nesti, Tito, Erne
- Erubiel : Eru
- Evaristo : Varis, Risto
- Federico : Fede, Quico, Freddy, Pico, Fellico
- Felipe : Feli, Pipe, Pipo, Lipe
- Fermín : Mincho
- Fernando : Fer, Fernan, Nando, Nano, Feña, Fercho, Ferny, Ferdo, Ferna
- Florentino : Floren, Flo
- Francisco : Chencho, Chisco, Chico, Cisco, Curro, Fran, Franchu, Francis, Franco, Frasco, Kiko, Pachi, Pacho, Paco, Pancho, Papico, Patxi (vasco), Quico
- Fulgencio : Chencho, Fulgen, Pencho
- Gabriel : Gabi, Gabo, Gabito
- Gaspar : Gaspy, Gospor
- Geovanni : Van, Geo, Geovanini
- Germán : Mancho, Ger
- Gilberto : Gil, Beto
- Giovanni : Gio, Yova
- Gonzalo : Chalo, Gonza, Gon, Gonzo, Lalo, Zalo, Chala
- Gregorio : Goyo
- Guillermo : Guille, Willy, Wil, Mollergui, Memo, Chemo, Llemo
- Gustavo : Gus, Tavo
- Heriberto : Beto, Heri, Erick, Berto
- Hernán : Nano

- Hipólito : Poli, Lito
- Horacio : Lacho
- Ignacio : Nacho, Nachín, Nachus, Igna, Iñaki, Ñaki, Ñaco
- Imanol : Ima
- Inocencio : Chencho
- Israel : Isra, El, Elito, Rael, Ichi, Ojetel, Ortel, Chisrra
- Iván/ Ibán : Ivi, Ivancho
- Jacobo : Yak, Chak, Chaki
- Javier/ Xavier/ Xabier : Javi, Xavi, Txabi, Jape
- Jerónimo : Jero, Momo, Mino, Nimo, Ñimo
- Jesús : Cazú, Chucho, Chuy, Chuchi, Chus, Chuso, Suso, Jechu, Chechu, Quechu, Susi
- Jesús Alberto : Jesusbeto, Chuybeto
- Jesús Manuel : Jesusma, Chuymanuel
- Jesús Ramón : Jerra, Jesusrra, Chuymoncho, Chuymonchi
- Joaquín : Chimo, Joaco, Kin, kim, Quino, Quini
- Jonathan : Jona, Johnny
- Josafat : Josa
- Jorge : Coque, Gorgo, Jordy, Coco, Georgie, Jordi, Choche
- José : Chepe, Joche, Pepe, Pepín, Cheo, Coché
- José Luis : Joselu, Pepelu, Pepeluis, Chelís
- José Antonio : Pepe Nono, Arbi, Gambo, Josan
- José Fernando : Pepenando, Joferny
- José María : Josemari, Josema, Chema, Txema, Chemita, Chemi
- José Manuel : Josema, Josemanu, Chepo
- José Miguel : Josemi
- José Ramón : Joserra
- José Vicente : Josevi, Pepevi, Pepe Vicente, Pepechente
- Juan/ Jon/ Joan/ Yon : Juancho, Juanito, Juanín, Johnny, Juancito, Juañico
- Juan Camilo : Juanca, Camilo, Milantas
- Juan Carlos : Juancar, Juanca, Juanqui
- Juan David : Juanda
- Juan Antonio : Juanan
- Juan Ignacio : Juanacho, Juancho, Juani

- Juan José : Juanjo, Juanchi
- Juan Manuel : Juanma, Juanmi, Juanmilla, Mojito, Juanmihop
- Juan Pablo : Juanpa, Juampi
- Juan Ramón : Juanra
- Julián : Juli
- Julio : Julito, Ju, Jul (pronunciado como Yu, Yul)
- Kévin : Chanko
- Ladislao : Lalo
- Leonardo : Leo, Nardo, Loni
- Lluc : Ruc, Lucky
- Lorenzo : Lencho, Loren, Chencho, Ren
- Luciano : Chano, Lucho
- Luis : Lula, Lucho, Luisito, Luichi, Ish, Sito
- Luis Guillermo : Luisgui
- Luis Miguel : Luismi
- Manuel : Manu, Mañe, Mané, Manolo, Lolo, Meme
- Manuel María : Manosmari
- Marcelo : Chelo, Marce, Marceloco, Chelini
- Marco : Marquito
- Mario : Mayito, Marito
- Martín : Marto, Tincho, Tintín, Martincito, Martu
- Matías : Mati, Matu, Matute, Mato, Mate
- Maximiliano : Max, Maxi
- Micael : Mica
- Miguel : Mike, Miki, Mikey, Migue, Migu, Míguel (palabra llana)
- Nicolás : Nico, Colacho, Colate
- Nelson : Nechon
- Óscar : Oka, Osqui, Osquitar, Oscarín
- Octavio : Tavi, Tavo (similar a Gustavo)
- Pablo : Pablito, Pableras, Pol, Pauloque
- Paolo / Paulo : Paolito, Pauli, Paulis, Pau, Pao, Paolistono, Pausi, Pol, Palini
- Pascual : Pascu
- Patricio : Pato, Patxi, Pati
- Pedro : Perico, Peyo

- Pelayo : Layo
- Ramón : Mon, Moncho, Monchi, Ramoncito, Ramonida
- Rafael : Rafa, Rafucho, Fucho, Fali
- Raimundo : Rai, Rei, Mundo, Mumo
- Raúl : Ruly, Rulo, Rauli, Raulito
- René : Ren
- Ricardo : Ricky, Richi, Ricar, Riches, Yayo, Richard, Ri, Caco
- Roberto : Beto, Rober, Tito, Bob, Rob, Robe, Robbie, Bobby
- Rodolfo : Fofo, Bofo, Rufus, Reno, Rodo, Rodi, Rudi, Fito, Tofi
- Rodrigo : Ruy, Rorro, Rodri, Yiyo, Llolli
- Rolando : Rola, Rolo, Rolas, Roland
- Román : Ro, Romi, Rocco, Románcho, Románcito, Románcio, Románcin
- Rubén : Rubi, Rub, Rus, Rubencho, Rubencito
- Rufino : Rufo, Rufi, Fino
- Salvador : Salva, Chava, Sal, Salvi, Doro
- Samuel : Sam, Samu, Chamu, Sammy
- Santiago : Chago, Santi
- Sebastián : Tatán, Seba, Sebas, Bastian, Chano
- Sergio/ Sergi : Checo, Keko, Checho, Sergi, Serch, Cheke
- Tanislao : Tanis
- Teófilo : Teo
- Tomás : Tomy
- Ulises : Uli
- Valentín : Vale, Tinín
- Vicente : Chente, Cento, Tito, Vince
- Víctor : Vito, Viti, Vitín, Vic, Vititor
- Wenceslao : Wences
- Wilfredo : Willchi

女性常见名字的昵称和简称

- Abigail : Abi
- Adelaida : Adela
- Adoración : Dori, Ado

- Adriana : Adri
- Alejandra/Alexandra : Ale, Alu, Álex, Aleja, Alejita, Andra, Jandra, Jana, Lali, Alita
- Alicia : Licha, Ali
- Almudena : Almu, Dena, Deny
- Amanda : Mandy
- Amelia : Ame, Amelie, Amelita, Melia, Meli
- Ana : Ani, Anita
- Ana Belén : Ana, Anita
- Ana Elena : Anel
- Ana Isabel— Anabel :
- Ana Lucía : Analú, Anilú
- Ana Luisa : Analú, Analuí
- Ana María : Anamari
- Andrea : Andy, Andreíta, Nea
- Ángela : Gela, Kela, Angy, Angelita, Ángie, Tita
- Antonia : Toñi, Toña, Tonina
- Araceli : Ara, Lili, Leli, Celi, Cheli, Arita
- Argentina : Titina, Tina
- Asunción : Asun, Chon, Choni
- Bárbara : Barbi, Bar
- Beatriz : Betty, Bea, Becky
- Begoña : Bego, Goña, Goñi, Goñita
- Belén : Belu, Belencita, Bel, Belencilla
- Bibiana : Bibi
- Camila : Cami, Mila, Mili
- Carmen : Menchu, Carmela
- Carmen Luz : Calú
- Carolina : Carol, Caro, Carito, Lina, Callolla
- Catalina : Cata, Caty
- Cecilia : Ceci, Chechi, Chila
- Celedonia : Cele
- Celeste : Cel, Celes
- Claudia : Clau, Clota
- Concepción : Concha, Conchi, Conce

- Consolación : Chelo, Consuelo
- Cristina : Cristi, Cris, Tina, Tinita, Titi, Titina, Crispis, Quichi
- Daniela : Dan, Dani, Nanny, Niela
- Débora : Déborah, Deby, Debo
- Dolores : Lola, Loli, Lolita, Loles
- Dorotea : Dora
- Elena/ Helena : Ele, Eleni, Nena
- Emerenciana : Mere, Emeren
- Emilia : Emi
- Erika : Eri, Kika
- Esperanza : Espe, Lancha, Pelancha, Pera
- Estefania : Fani, Estefi, Estefa, Nani, Nia, Fefa, Tefy, Tefa
- Estela : Esti
- Eugenia : Euge, Genia, Quena, Queni, Uge
- Eulalia : Lali, Lala, Laya
- Eva : Evi, Evita
- Evelyn : Eve,Evita,Eylin
- Fabiola : Fabi
- Francisca : Chica, Paquita, Paqui, Paca, Pancha, Pachita, Fran, Cisca, Kika
- Feliciana o Felisa : Feli
- Fernanda : Feñi, Feña
- Florencia : Flor, Florcis, Floren, Flora
- Gabriela : Gabi
- Gemma : Gelma
- Graciela : Chela
- Gregoria : Goya, Gregor
- Guadalupe : Lupe, Lupita
- Heliodora : Dora
- Inmaculada : Inma, Macu
- Isabel : Chabela, Chabe, Isa
- Jennifer : Jenny, Jen
- Jessica : Jessi, Yeya, Jess
- Julia : Ju, Julita
- Juliana : Juli, Guli, Yuli

- Jimena : Mena
- Josefa o Josefina : Pepa, Pepita, Jose, Finy, Fina
- Joselyn o Jocelyn : Joce, Jocy
- Karina : Kari
- Kimberli : Kimi, Kim, Berli
- Lara : Larita
- Larissa : Lara, Laris
- Laura : Lala, Lori, Laurita, Lauri, Lali, Luri
- Leticia : Leti
- Lesly : Les, Lily, Maga, Maguza
- Liliana : Lily
- Lina : Lily, Linis
- Livianne : Liv, Anne, Livi, Ianne, Vianne
- Lourdes : Luly, Lulú, Lula
- Lorena : Lore, Loren
- Lorenia : Lore, Loren, Loreny
- Lucía : Lucy, Luli, Lulú
- Lucía Fernanda : Lucifer
- Luisa : Lucha, Lulú, Güisi, Luisi
- Ludivina : Ludi
- Luzdivina : Ludi, Luz
- Macarena : Maca, Maqui
- Magdalena : Malena, Magda, Mady, Mag, Mane
- Maite : Mai, May, Mayi
- Manuela : Manu, Manola, Manolita, Manoli
- Marcela : Mache, Chela, Marce
- Margarita : Margari, Marga, Mago, Maguito, Maggie, Margara, Mague
- María : Mari, Marica, Mayito, Mayita, Mary, Mariona, Maruja
- María del Carmen : Maricarmen, Mamen, Pape, Menchu, Perdiz, Mayka
- María del Mar : Marimar, Mar
- María de los Ángeles : Marian, Mange, Ange, Angie, Ann, Anny, Kankeles, Nines, Angeli, Gele
- María de Lourdes : Malú
- María Araceli : Mariceli, Maricel

- María de la Concepción : María Conchita
- María Dolores : Mariló, Marido, Mari Loli, Maloles
- María Eugenia : Maru, Maruja, Mara, Mane
- María Fernanda : Marifer, Mafer, Mafe
- María Inés : Mines
- María Isabel : Marisa, Maribel, Mabel
- María Jesús : Chus, Chusa, Maje, Marichuy
- María José : Mariajo, Majo, Marijó, Mai, Maya, Coté
- María Julia : Maju
- María Luisa : Marisa, Malú, Marilú, Magüi, Güisi, Jamia
- María Luz : Malú, Marilú, Mariluz
- María Paula : Mapao, Mapis, Mapau, Mapu
- María Paz : Maipa, Paz
- María Soledad : Marisol, Sole
- María Teresa : Marite, Maritere, Maite, Mayte, Mai, Techu, Maitechu
- María Victoria : Mariví, Mavi, Marivicky
- Marta : Martuki, Martita, Marti, Martucha, Martona
- Mercedes : Merche, Merchi, Meche, Mecha, Merce, Merci, Meme
- Melany : Mely, Mela, Meny, Any, Lany
- Mariana : Ana, Nita
- Marianela : Nela
- Micaela : Mica, Miqui, Mic
- Minerva : Mine, Mini
- Miriam : Miri, Mimi
- Milagros : Mili, Minie, Milizhita
- Mónica : Moni, Nica, Mona
- Montserrat : Monse, Monti
- Nadia : Nadi, Nayita, Nayi
- Natalia : Nati, Nata, Natu
- Natividad : Nati
- Nayra / Naira : Nay / Nai
- Nicanora : Nica
- Nicols / Nicole : Nicky, Ni
- Noelia o Noemí : Noe

- Nuria : Nuri, Nurita
- Obdulia : Duli, Dulia
- Oralia : Yaya
- Pamela : Pame, Pam
- Paola / Paula : Paulita, Pauli, Paulis, Pau, Pao, Pay, Poly, Paulistona, Pausi, Pola
- Pastora : Pas, Pastorita, Pasto, Tita
- Patricia : Pati, Patri, Pat, Patxi
- Patrocinio : Patro
- Petronila : Petra, Nila
- Pilar : Pili, Piluca, Pilo
- Purificación : Puri, Pura
- Ramona : Mona, Moncha, Moni, Monchita, Monsi, Ramoni, Ramonita
- Raquel : Raki, Raque, Quela, Rarra
- Refugio : Cuca
- Regina : Reginita, Regi, Gina, Gini, Ginita
- Renata : Reny
- Rigoberta : Berta
- Rosa : Rosi, Rosita
- Rosario : Chari, Charo, Chayo, Chayis, Rosi
- Salvadora : Dora, Dori, Dorín, Dorita, Salva, Sal
- Samantha : Sam, Sammy
- Sandra : San, Sandy, Chana
- Sandy : Zami, Tati, Tami, San
- Sara : Sarita
- Sheila : Seila, Sei
- Silvia : Chiva, Chivis
- Sofía : Sofi, Chofi, Chofis
- Soledad : Sole, Sol, Solete, Soleá, Chole, Chol
- Susana : Susi, Sus, Sani
- Susanne : Susy, Súsan, San
- Svetlana : Lana
- Tamara : Tamy, Mara, Tam
- Tanya / Tania / Tatiana : Tany, Tatia, Tati
- Teodora : Dodo, Teo, Tea, Ted, Teddy

- Teresa / Teresita : Tere
- Taylor : Tay, Tay-Tay, T, Lo, Ta, Ty, Toy, Tor
- Urania : Uris
- Valeria : Vale
- Vanessa : Vane
- Verónica : Vero, Nica
- Victoria : Vicky, Tori, Vic
- Virginia : Virgi, Ginia, Vigy, Vicky, Vir
- Vivianne o Viviana : Vivi, Vi, Viv, Vanne,'V, Viana,
- Varinia : Vari
- Ximena : Xime, Mena
- Yolanda : Yoli, Yola, Yoya
- Yaiza : Yai
- Yudith : Yudy
- Yvette : Yvi, Ive, Tita
- Lynette : Ly, Né, Lyn, Et